ポピュリズムの理性
On Populist Reason

エルネスト・ラクラウ
Ernesto Laclau

澤里岳史／河村一郎
〔訳〕
山本 圭
〔解説〕

明石書店

シャンタルに、
三〇年の歳月を経て

ポピュリズムの理性◉目次

第Ⅱ部 「人民」を構築する

凡例

一、本書は Ernesto Laclau, *On Populist Reason*, Verso, 2005 の全訳である。
一、原注番号は（ ）内に、訳注番号は＊を付して示し、注記はそれぞれ巻末にまとめた。
一、本文中の引用箇所への原著者による注釈は［ ］で示した。
一、本文中の訳者による注釈は〔 〕に入れて表わした。
一、原書におけるイタリック体の強調については、訳語に傍点を付した。
一、原書における大文字の強調については、〈 〉で表わした。
一、原書の明らかな誤記・誤植については特に断りなく修正してある。
一、本文中の引用箇所について、邦訳があるものは該当箇所を適宜参照したが、本書での文脈に合わせて独自に訳出し直している。
一、"heterogeneous"は原則として「異質（な）」と訳出したが、文脈に応じて「不均質（な）」とした。"difference"およびその派生語は原則として「差異」と訳出したが、文脈によって別の語を充てた箇所もある。"inscribe/inscription"は原則として「登録（する）」と訳した。訳語の選定方針については、「訳者あとがき」も参照されたい。

序文

本書で取り組まれる主要な論点は、集合的アイデンティティ形成の本性と論理である。社会学的パースペクティヴは、集団を社会分析の基本単位と考えるか、さもなければ、そうした単位を、より広範な機能主義的ないし構造主義的なパラダイムの枠内に位置付けて乗り越えようとするかしてきたが、そのことに対する基本的な不満から、私のアプローチ全体は始まっている。そうした型の社会的機能様式の前提にある論理は、私の見るところ、あまりに単純かつ画一的にすぎるので、アイデンティティ構築に伴う動きの多様性を捉え切れない。言うまでもないが、方法論的個人主義は、その諸形態《ヴァリアント》——合理的選択も含めて——のいずれをとっても、私が問いに付そうとしている種類のパラダイムに代わるいかなる代替案《オルタナティヴ》も提供してくれない。

こうした論点に取り組むために私が辿ろうとした経路は、二手に分岐したものである。第一の道は、集団という統一体を、私たちが要求 demand と呼ぶ、より小さな統一体へ分裂させることである。集団という統一体は、私の見るところ、諸要求の節合の結果なのである。この節合は、しかし、統一された全体として把握できるような、安定した実定的《ポジティヴ》な布置に対応するものではない。それどころか、一定の確立済みの秩序に請求《クレイム》を突き付けることがあらゆる要求の本性に属する以上、それ〔節合〕は、そうした秩序に対して、その内側にありながら外側にもあるという独特の関係を取り結ぶ。この秩序は要求を完全には取り込み切れないので、自らを首尾一貫した全体として構成できないのである。けれども、要求の方は、「システム」の枠内に請求として登録可能な何かへと結晶化しようとするからには、何らかの種類の全体化を必要とする。これらすべての両義的で矛盾し合う動きが、第四章で論じる、差異の論理と等価性の論理との間の様々な節合形式へと流れ込む。そこで論じるように、ある社会形成体の統一性を何らかの概念的に把握可能な対象のうちに固定することは不可能なので、そうした統一性を構成するに際して、名指し naming が中心的なものとなる。その一方で、不均質な諸要素を結集するには社会的接着剤《セメント》が必要だが、それらを節合する論理（機能主義的であれ、構造主義的であれ）はもはやその役目を果たさないとなると、社会を説明するに際しては、情動 affect が中心的なものとなる。フロイトは既にこのことを明確に理解していた。社会的な絆とはリビドー的なそれなのである。第四章で詳論される諸カテゴリー――差異の論理と等価性の論理、空虚なシニフィアン、ヘゲモニー――を、より幅広い範囲の政治現象へ拡張することで、私の研究は完結する。そのため、第五章では、浮遊するシニフィアンおよび社会的異質性の概念、第六章では、代表および民主主義の概念が論じられる。

それでは、なぜ、ポピュリズムについての議論を通じて、これらの論点に取り組むのか？ 私が永らく抱いてきた疑念のためである。すなわち、ポピュリズムを棄却することには、一群の周縁的な現象を社会的説明の欄外に降格するという以上の何かが関わっているのではないだろうか。かくも尊大な拒絶に関わっているのは、私が思うに、政治そのものの棄却である。つまり、共同体の運営は行政権力の側の関心事であって、後者の正当性の源泉は、「よい」共同体とは何かについての的確な知識にあるという、そうした主張である。これこそ、最初にプラトンによって創設されて以来、何世紀にもわたって、「政治哲学」の言説であった。「ポピュリズム」はつねに、合理的共同体という整然たる鋳型を問いに付す危険な過剰に結び付いていたのである。だから、私の任務は、思うに、この過剰が孕む特有の論理に光を当てることであり、そして、それが、周辺的現象に相当するどころか、あらゆる共同体的空間の現実の働きに刻み込まれているのを論証することであった。このことを念頭に置きながら、「群集」に関するこうした諸特徴が、大衆心理についての一九世紀の議論を通じて徐々に内部化されていった様子を示すことにする。それらは、初めのうち――例えば、イポリット・テーヌの著作において――、同化不能な過剰と見られていたのだが、しかし、フロイトの「集団心理学と自我分析」が示したように、あらゆる社会的アイデンティティ形成に内在するものなのである。以上を第一部で達成できればと思う。第七章では、人民アイデンティティの出現の諸条件を例証する歴史的な諸事例を扱う。一方、第八章では、人民アイデンティティ構成の諸限界を考察する。

こうした介入の帰結の一つとして、「ポピュリズム」の指示対象がぼやけるということがある。というのも、伝統的にはポピュリズム的と考えられてこなかった多くの現象が、私たちの分析ではその傘下に包含されるからである。この点で、私のアプローチは批判を受けるかもしれない。それに対して、私としては、社会分析における「ポピュリズム」の指示対象はつねに多義的で曖昧だったと応答するしかない。ポピュリズムに関する文献を一瞥する――第一章で論じられるように――だけで、この概念の儚さやその範囲の不精確さについての言及に満ち溢れているのがわかる。私が試みるのは、ポピュリズムの真の指示対象を見出すことではなく、その反対である。すなわち、ポピュリズムには指示対象としての統一性が存在しないと示すことである。というのも、それは、境界画定可能な一つの現象にではなく、多くの現象を横断して効果を及ぼす一つの社会論理に帰属するものなのだから。ポピュリズムとは、きわめて単純に言えば、政治的なものを構築する一つの仕方なのである。

多くの人々が、著作を通じて、また、長年にわたる個人的会話を通じて、これらの主題に関する私の見解を形作るのに寄与してくれた。彼らのリストを挙げるつもりはない——どのようなリストも、つねに必然的に不完全なものにしかならないだろう。最も重要な知的負債は、本文中での引用を通じて表明している。それでも、少数の人については割愛するわけにはいかない。これらの考えが長年にわたってその中で議論されてきた二つの背景がある。それらは、私の思想の発展にとってきわめて実りの多いものであった。一つは、エセックス大学での〈イデオロギー・言説分析に関する博士課程セミナー〉である。アレッタ・ノーヴァル、デヴィッド・ハワース、ジェイソン・グリノスが組織したものだ。もう一つは、バッファローのニューヨーク州立大学比較文学科における〈レトリック・精神分析・政治に関する大学院セミナー〉である。これは、私が同僚のジョアン・コプチェクと一緒に組織したものである。この他の二人にも大きく謝意を表したい。シャンタル・ムフ。彼女の激励と注釈は私の著作にとって不断の刺激の源泉であった。エセックス大学理論研究センターのノリーン・ハーバート。私の原稿を整える彼女の腕前は——他の多くの場合と同じく、今回も——掛け替えのないものだった。実に効率的な仕事ぶりで私の原稿の英語を改善してくれたこと、また、非常に有用な編集上の論評を何度か加えてくれたことに対して、編集者のギリアン・ボーモンにも感謝したい。

エヴァンストン、二〇〇四年一一月

第Ⅰ部

大衆への侮蔑

The denigration of the masses

第1章　ポピュリズム——多義性と逆説

政治分析のカテゴリーとしてのポピュリズムは、かなり独特な問題に私たちを直面させる。一方において、それは、頻出する概念、広範に用いられる——実に多様な政治的運動についての記述の一部分として——概念であるが、それだけでなく、後者〔政治的運動〕にとってきわめて中心的な何かを捉えようとする概念でもある。記述的なものと規範的なものの狭間で、「ポピュリズム」は、それが指し示す政治的・イデオロギー的現実について、決定的に重要な意義を持つ何かを把握しようとしている。この概念が見掛け上は曖昧だからといって、それが修飾語として果たす機能の重要性に関して、いかなる疑念も差し挟まれるものではない。しかし、この修飾語の内容については、明らかというには程遠い。ポピュリズムに関する文献が相も変わらず示す特徴といえば、この概念に何らかの精確な意味を与えることに対する躊躇——ないしは、困難——である。概念の明確さ——定義については言うまでもなく――が、この分野には著しく欠けている。ほとんどの場合、概念的な把握の代わりに、言葉にできない直観への訴え掛けだとか、様々な「関連する諸特徴」の記述的な列挙――関連性を押し出そうとしすぎて、例外への言及が膨れ上がり、土台が掘り崩されてしまうのだが――だとかが持ち出される。「ポピュリズム」を論じる知的戦略の、既存の文献における典型例が以下である。

ポピュリズムそのものは、〈右〉／〈左〉の二分法に基づく同定ないし分類を否認する傾向を持つ。それは多階級的な運動なのである。もちろん、あらゆる多階級的運動がポピュリズム的だと考えられるわけではないが。ポピュリズムは、おそらく、いかなる包括的な定義にも逆らう。この問題を暫く措くとすれば、ポピュリズムは通例、普通の人々にとっての政治的権利の平等や普遍的な参加の請求といった対照的な構成要因を含みながらも、しかし、しばしばカリスマ的な指導性の下で、何らかの種類の権威主義と融合する。そこにはまた、社会主義的な諸要求（少なくとも、社会的な正義への請求）、小規模な資産所有の精力的な擁護、強力なナショナリズム的成分、そして、階級の重要性の否認なども含まれる。特権的な利益集団は人民や国民に害をなすと大抵は考えられるので、それに抗するものとして、普通の人々の権利の肯定が加えられる。これらの要素のいずれかが、文化的・社会的状況に応じて強調されるが、しかし、これらすべてがほとんどのポピュリズムの運動の中に存在する。(1)

読者は何の苦もなく、関連する諸特徴としてジェルマーニが挙げる目録を拡張できるだろうし、反対に、それらの幾つかが欠けているところにポピュリズムの運動を見出すこともできるだろう。その場合、私たちの手元に残るのは、この語を定義することの不可能性だけである。社会分析に関わる限り、決して満足の行く状況とはいえない。

私としては、早速ではあるが、私たちの理論的探究を導く仮説を提出してみたい。すなわち、〈政治理論〉がポピュリズムとの関係で経験する袋小路は、決して偶発的なものではない。というのも、それは、現時点で政治分析に利用可能な存在論的道具の限界に根差しているからである、と。そして、社会的行為者《エージェント》は自分たちの政治経験の総体をいかにして「全体化する」のかという問いに〈政治理論〉がアプローチしてきた方法に内在する限界の幾つかが、理論的な躓きの石の在処としての「ポピュリズム」に反映されているのだ、と。こうした仮説を展開するために、ポピュリズムという問いの見掛け上の御し難さに対処しようとした試みの幾つかを、現在流布している文献の中から考察することから始めてみたい。私が例として取り上げるつもりなのは、マーガレット・カノヴァンの初期の著作、(2) それから、ギツァ・ヨネスクとアーネスト・ゲルナーの編集した、この主題に関するよく知られた書物収録の論文の幾つかである。(3)

ポピュリズムに関する文献の袋小路

ポピュリズムの概念の「曖昧さ」や、このラベルの下に包摂されてきた現象の多数性を考慮するならば、こう思われるかもしれない。ひとまず可能な知的戦略は、この多数性そのものを越えずにおこうとすることである、と。つまり、その中に留まり、そこに包含される経験的な諸事例の全範囲を悉く分析し、そうして、それらの限定的かつ記述的な比較が許す限りの結論を引き出すことである、と。カノヴァンが彼女の著作で行おうとしているのはこれである。そこでは、アメリカの人民党[*1]運動、ロシアのナロードニキ、第一次世界大戦の余波を受けたヨーロッパの農民運動、アルバータの社会信用党[*2]、アルゼンチンのペロン主義といった雑多な諸現象が（これら以外のものも含めて）網羅されている。

カノヴァンがこの多様性に対処する方法（すなわち、どのようにして、ある類型学を通じてそれを抑え込もうとするのか）に、そして、そこから彼女が引き出す結論に、暫くの間、注意を集中させてみるのも意義があるだろう。カノヴァンは、この多様性の真の広がりを完璧に自覚している。それは、まず、文献中に見出されるポピュリズムの定義の数々からわかる。彼女の提供する目録はこうである。

(1)「近代化の諸問題に直面した後進農業国［に出現する］社会主義」

(2)「基本的には、産業資本や金融資本の浸食に脅かされた、農村部の細民のイデオロギー」

(3)「基本的には、……変化する社会の中で伝統的諸価値を実現しようとする、農村部の運動」

(4)「人々の多数意見が少数のエリートに阻まれているという信念」

(5)「圧倒的多数派である素朴な人々と彼らの集合的伝統にこそ徳は宿るという主要前提に基づいた、すべての信条ないし運動」

(6)「人民の意志そのものが他のあらゆる基準にも優る至高のものであると、ポピュリズムは宣明する」

(7)「都市部の労働者階級および／または農民層の大衆の支持を受けながらも、これら二つの部門いずれかの自律的な組織的権力から帰結するわけではない政治運動(4)」

このような多彩さに直面して、カノヴァンは、農民ポピュリズムと、それから、農村部で起こるとは限らないが本質的に政治的で、「人民」とエリートの関係に基づくそれとを区別するのが重要だと考える。この区別を出発点として、彼女は、以下のような類型を描き出す。

農民ポピュリズム

(1) 農場主の急進主義（例、アメリカ人民党）
(2) 小作農運動（例、東ヨーロッパの農民政党の勃興）
(3) 知識人主導の農民社会主義（例、ナロードニキ）

政治的ポピュリズム

(4) ポピュリズム的独裁（例、ペロン）
(5) ポピュリズム的民主主義（すなわち、国民投票や「参加」への要求）
(6) 反動的ポピュリズム（例、ジョージ・ウォレス[*3]やその追随者たち）
(7) 政治家の側からのポピュリズム（すなわち、「人民」の統一の訴え掛けに頼った、非イデオロギー的で広範な連合の形成[(5)]）

最初に注意すべきなのは、この類型学には、区別を確立するための首尾一貫した基準がまったく欠けていることである。いかなる意味で、農民ポピュリズムは政治的ではないのか？　また、農民的なものとは別の政治的動員のモデルを「政治的」ポピュリズムがもたらすとして、それの社会的側面と政治的側面の関係はどのようなものか？　あたかも、思い付くままに取り上げた一連の運動について、ただ単にカノヴァンが、目立った印象を受けた特徴を選び出しているかのように、そして、その違いに基づいて区別の型を作り上げているかのようにして、万事は進む。だが、このようなやり方で、その名に値する類型学が構成されることはまずない。各カテゴリーが排反的で互いに重なり合わないことを一体何が保証するというのか（カノヴァン自身も認めるように、当然ながら、まさにそうした重なり合いが起こっている）？

　おそらく、カノヴァンが提供しているのは、語の狭義の意味における類型学ではなく、むしろ、「ポピュリズム」という語の使用を統御する言語的分散の地図なのだと、そう論じられるかもしれない。ウィトゲンシュタインの「家族的類似」を彼女が持ち出すのも、ある程度、この方向を指し示すようにも思われる。だが、仮にそうだとしても、この分散を統御する論理には、カノヴァンが提供している以上の精確さが必要である。ポピュリズムという症候群《シンドローム》を構成する諸特徴が論理的に統一されたモデルに還元される必然性はないが、少なくとも、それぞれの場合にこの概念の流通を統御してきた家族的類似がどのようなものなのか、理解できなければならないだろう。例えば、カノヴァンが指摘するところでは、アメリカにおける人民党の運動は、農場主の農民運動であっただけでなく、ジャクソン[*4]流民主主義に鼓舞されての「エリート、富豪、政治家、専門家に対する草の根の反抗といった顕著な政治的側面」(6)もあった。さて、そうなると、彼女が語っているのは、この運動を「ポピュリズム的」と呼ぶべき理由は、（農民という）社会的基盤ではなく、ある特定の政治的論理――社会的にはきわめて不均質な諸運動のうちに存在する、一つの政治的論理――がこの基盤に加えた屈曲のうちに見出されるということにならないだろうか？

カノヴァンは、分析の様々な箇所において、ポピュリズムの特殊性を、社会的内容そのものではなく、何らかの内容を組織する政治的論理の方に割り当てそうになっている。例えば、彼女の主張によると、ポピュリズムに普遍的に見出される二つの特徴は、人民への訴え掛けと反エリート主義である[7]。しかも、どちらの特徴も、何らかの特定の社会的ないし政治的（イデオロギー的）な内容に恒常的に割り振られるものではないとまで、彼女は述べている。こうなると、両特徴を社会的内容ではなく政治的論理の観点から規定することへの道が開かれる、そう思ってもよいはずだろう。ところが、その種のことは何一つ起こらない。というのも、カノヴァンは、そうした社会的な規定性の欠如を、彼女のいう普遍的に見出される二つの特徴に対応したカテゴリーの有用性をかなり縮減してしまう欠点と見るからである。例えば、こうである。「この多義的な「人民」の称揚は、様々な形式を取りうる。ペロン主義的レトリックの行う冷笑的な操作からナロードニキの卑屈な自己卑下に至るまで、あらゆるものがそこに包含されるので、ポピュリズム概念の定義にはあまり役に立たない[8]」。反エリート主義の場合にも、状況は僅かにましであるに過ぎない[9]。

それでもなお、カノヴァンの分析には、ポピュリズムが歴史的に取ってきた多数の形式を削減しようとしたりしない――そして、この意味で、最悪の種類の還元主義を回避している――という長所があるわけだが、この領野の文献のほとんどは、ポピュリズムに何らかの特定の社会的内容を割り振るという誘惑に抵抗していない。例えば、ドナルド・マクレイはこう書く。

だが、何らかの種類の近代化なり産業主義なり、呼び方はお任せするが、そういったものの脅威の下で、社会の主として農業を営む層が、比類なく有徳なものとしての共同体および（大抵は）民族《フォルク》への信念を自分たちの政治行動の憲章に掲げるとき、私たちはたしかに、自動的かつ適正にポピュリズム的という語を用いるはずである。それは、平等主義的で、ありとあらゆるエリートに対抗する。現在を再生させるべく、神話的過去に目を向ける。権利簒奪と外国の陰謀を混ぜ合わせる。社会的・政治的・歴史的な不可避性を謳ういかなる教義をも受け入れることを拒む。そして、その帰結として、英雄的な指導者や立法者――新たなリュクルゴスのような――のカリスマに媒介されて即座に差し迫った黙示録的出来事への信奉に向かう。以上のすべてを備えつつ、国家介入によって達成されるべき政治的目的を目指す短期的な連合の動きで、ただし、現実的で真剣な政党ではないようなものがあれば、そのとき、ポピュリズムが最も典型的な形態で存在していることになる[10]。

驚くべきことではないが、真のポピュリズムをこのように詳細に記述した後で、マクレイは、自分のカテゴリーを「実際に存在する」ポピュリズムに適用しようとして幾らかの困難を見出す。その結果、彼は、現代のポピュリズムは自分の理念的モデルとあまり共通点を持たないと認めなければならなくなる。

私が思うに、二〇世紀後半のポピュリズムは、かなりの部分において、ロシアやアメリカから伝えられたものではない。それよりも、ヨーロッパ思想の諸項目が、別個に拡散した後に再結合して、様々な現地固有のポピュリズムが形成されたのである。これらのうち、旧来のポピュリズムの多義性のうちの幾つかは、原始主義的要素とも進歩主義的要素とも混ざり合った。人種（例えば、黒人であること《ネグリチュード》）や宗教（とりわけイスラームだが、しかし、仏教、千年王国信仰的キリスト教、ヒンドゥー教も）が、古風な徳と模範的人格の混合物に付け加えられた。農民的な原始主義は減退した勢力だが、それでも、インドでは栄えているようだ。陰謀や権利簒奪は、新植民地主義やＣＩＡの策動についての様々な説に組み込まれている。「市民的諸原理の非対称性」は、ポピュリズム的な「直接行動」の規範となった。自発性や高潔さも称賛されるが、それらは今ではとりわけ若さと同一視され、そのため、理想的な若さ（神話ではお馴染みの形象）が、礼賛すべき人格としての自作農《ヨーマン》だとか純朴な農民だとかに概ね取って代わった。現代マルクス主義は、「若きマルクス」へ旋回する中で、ポピュリズム化した。「新左翼」における、合意への関心および幅広い非政治主義のうちには、ポピュリズムがある。(11)

この混沌とした列挙の問題点は、もちろん、ここで論及された諸運動に、マクレイ論文で定義されたポピュリズムの諸特徴がほとんど、或いはまったく見られないということである。それでもなおそれらがポピュリズム的と呼ばれるとしたら、古典的ポピュリズムと何かを共有すると考えられるからなのだが、しかし、この何かの本性については、皆目見当もつかないままである。

これが、ポピュリズムに関する文献の一般的な特質である。すなわち、一般的概念に含まれる規定が多くなるほど、当の概念は具体的分析のヘゲモニーを握れなくなるのである。その極端な事例が、ピーター・ワイルズの論文「教義ではなく症候群」(12)である。ポピュリズムの概念が実に入念に作り上げられる。革命的でないことや、階級闘争に対立することから始まって、経済的な理想型として小協同組合制を採用すること、宗教的であるが宗教的既得権層と対立することにまで及ぶ、二四もの特徴が挙げられ、きわめて多様な次元が網羅される。驚くことではないが、ワイルズは試論の第二部を、例外の分析に充てるしかなくなる。あまりに夥しい数の例外があるので、ワイルズのモデルの二四の特徴すべてを示す政治運動など一つでもあるのだろうかと疑わしくなってくる。彼は自己矛盾を拭い去ろうとさえしない。例えば、一七六頁での注釈によると、「ポピュリズムは、プロレタリア的であるのも難しい。職人に比べてプロレタリアには、伝統的な考え方はあまり見られない。彼らの仕事は大規模な規律に従うが、これは実のところ、大前提と矛盾する」。

ところが、二頁後では、こう告げられる。「マルクス、ウェッブ夫妻、スターリンら正真正銘の社会主義者から見れば、社会主義はファシズムよりも遥か彼方にある。だが、レーニンは、ナロードニキが、それどころかポピュリズムが理念や手法に広く流入することを許した。他の共産主義者たち、とりわけ、アルド「ママ！」・グラムシと毛沢東が彼に従った」。レーニンやグラムシが、プロレタリアのヘゲモニーを築こうと努める以外の一体何をしたというのだろうか。

ワイルズの立論の端的な不条理さは、彼がポピュリズム的と考える運動の目録を作ろうとするとき、一段と明らかになる。「それゆえ、以下の人々や運動はポピュリズム的であり、多くの共通点がある。水平派《レヴェラーズ》、真正水平派《ディガーズ》[*5]、チャーティスト（道徳派および実力派）[*6]、ナロードニキ、アメリカの人民党運動、社会革命党《エスエル》[*7]、ガンディー、シン・フェイン党[*8]、鉄衛団[*9]、アルバータの社会信用党、カルデナス[*10]、アヤ・デ・ラ・トーレ[*11]、サスカチュワンのCCF[*12]、プジャード運動[*13]、ベラウンデ[*14]、ニエレレ[*15]」[13]。もちろん、これらの指導者や運動が持つとされる「多くの共通点」については何も告げられない。それらについて少しでも知っていれば、いずれにせよ、それらがワイルズ論文の冒頭で記述された症候群ではありえないことはわかるが。それゆえ、彼の最後の論評——いかなる歴史家も、理解の道具としての［ポピュリズムの］概念を無視することはできない——にも、ある概念を無視するためにはまずそれを持っている必要があるという憂鬱な注釈を付したくなる。

ここまでに考察されたすべてのテクストにおいて、ポピュリズムに特有なもの——それを定義する次元——は、体系的に回避されている。私たちは、こう自問し始めなければならない。この体系性の理由は、もしかしたら、政治を分析する者の精神を導く何らかの定式化されざる政治的偏見のうちにあるのではないか、と。間もなく示すつもりだが、この論争へのピーター・ワースレイの主要な貢献は、そうした前提から離れ始めたことにあった。けれども、その前に、この前提そのものについても何かを言っておくべきだろう。そのためには、ヨネスクとゲルナーの論叢収録の別の論文を参照すればよい。ケネス・ミノーグの「政治運動としてのポピュリズム[14]」である。

ミノーグの分析の根拠となるのは二つの区別である。第一のものは、レトリックとイデオロギーの区別である。「ある運動の構成員が用いるレトリック——運動の必要性に応じて、どこからでも手当たり次第に剽窃できる——と、運動の深層の流れを表現するイデオロギーとを注意深く区別しなければならない[15]」。第二のものは、運動とそのイデオロギーとの区別である。これらの区別を自分で用いる際にもミノーグは決して整合的ではないのだが、それにしても、彼にとって、一つの規範的な等級付けがあるのは明らかである。最低の段階はレトリックに、高次の段階は運動に割り振られる。そして、イデオロギーは、不安定な中間状態として、運動の制度化された形態の一部となることと、単なるレトリックに失墜することとの間にある。後者がポピュリズムの明白な運命《マニフェスト・デスティニー》[*16]である。それは、本質的に過渡的な政治的形成体なのである。アメリカ人民党について語りながら、ミノーグはこう主張する。

したがって、ここには、意義深い二つの特質を備えた運動がある。すなわち、ひとたび諸条件が変化すると、それは実に速やかに消滅したということ。そして、そのイデオロギーは借り物の諸要素の継ぎ接ぎだったということ。実のところ、第一節で用いた語法に従うならば、真剣な意味では何のイデオロギーもなく、単なるレトリックしかなかったのである。それが深く根を下ろすことはなかった。そもそも育つべきものなどほとんどなかったからである。困難な時代状況についての理屈を慌ただしく組み立てただけなので、事態が改善された途端に放棄されてしまう(16)。

そして、第三世界イデオロギーについては、こう言うしかない。

確立されたヨーロッパのイデオロギーとは対照的に、これらの信念は雨傘のようなものだ。天候の急変に応じて差し上げてはみたものの、事情が変われば惜しみなく処分してよい。そして、これは、産業化した世界の周縁部の貧民が経験しなければならない絶望と希望の変転への反応として、完全に理に適ったものであるように見える。彼らには、教説を形成している余裕はない。プラグマティズムこそが、彼らの振舞いを繋ぐ唯一つの縒り糸であるに違いない。……それだから、多くの様々な運動を網羅しながら、現代世界における政治理念のこうした特有の性格を認知する際に、「ポピュリズム」という語を用いる傾向が強まっていることは、正当に合理化してよいと私は思う。ポピュリズムとは、産業システムの貧しい周縁部への帰属を自覚する者たちの間に見出される型の運動である。この意味で、それは産業主義への反応と受け取られてよい。しかし、それは、その最も深遠な衝動が往々にして産業化することにあるのかもしれない、そうした者たちの反応である。あなたが彼らを攻撃するとしたら、彼らに加われない場合だけ（そして、加われるようになるまで）でしかない。つまり、ポピュリズム運動の知的空虚を説明するのは、この両価性である。(17)

これらの区別と、それらを根拠付ける知的戦略に、注意を集中させてみよう。「イデオロギー」が、政治行動に関わるレトリックと区別して考察できるとしたら、レトリックの方が、純然たる言語上の装飾品で、それが伝達する内容に何の影響も与えないものとして理解されている場合でしかない。これはレトリックに関する最も古典的な考え方で、論理との違いがその土台にある。社会学でいうと、論理の相当物としてレトリックに対置されるのが、適切に規定された利害を軸に構成され、外部環境と合理的に交渉するものとしての社会的アクターという概念である。そのような社会観からすれば、散漫なポピュリズム的象徴を軸にアイデンティティが構成された社会的行為者《エージェント》のイメージなど、非合理性の表現でしかありえない。ミノーグの論文が映し出す倫理的な侮蔑は、実のところ、ポピュリズムに関する文献の多くが共有するものである。けれども、もし、論理の領域が自らを完結した秩序として構成し損なうとしたら、そして、この完結をもたらすのにレトリックという装置が必要なのだとしたら、どうなるだろうか？　その場合、レトリックという装置自体――隠喩、換喩、提喩、濫喩――が、拡張された社会的合理性の手段となる。そうなると、もはや、イデオロギー的な呼び掛けを、単なるレトリックとして棄却するわけにはいかなくなる。それゆえ、ポピュリズム的な政治的象徴の不精確さや空虚さを、あまり安易に棄却してはならない。万事が、そうした空虚さのもたらす遂行的行為に懸かっているからである。例えば、アメリカ人民党について、ミノーグは主張する。

アメリカ人民党は、ほとんど即座に、農村部の貧困や生産物の低価格という具体的な状況に反応していたように思われる。……大事な点は、いかなる運動も、味方の獲得を目論みながら敵を選択するということである。つまり、「産業的アメリカ」に反抗すると宣言することで、都会の自由主義者や、都市部の社会主義者、無政府主義者といった、アメリカ社会の他の非ポピュリズム的な諸集団と連携する可能性が人民党に与えられたのだった[18]。

しかし、明らかながら、住民全体の多くの部門を横断する幅広い人民アイデンティティがレトリックの操作を通じて何とか構成できていたのだとすれば、ポピュリズム的主体が現に構成されていたということである。これを単なるレトリックとして棄却することには何の利点もない。レトリックは、イデオロギーへの寄生者であるどころか、実際には、イデオロギー世界の解剖術であるはずだ。ミノーグの議論にとって決定的な、「イデオロギー」と「運動」の区別に関しても同じことが言える。彼は、ある運動の研究者が「そのイデオロギーに屈すること」の危険を警告する[19]。けれども、どうやって、そこまで厳密にイデオロギーを運動から隔てるのだろうか？　そのような区別自体、明らかに、人々の頭の中の理念と彼らが参与する行動という旧来からの区分しか連想させない。だが、この区別は擁護できない。ウィトゲンシュタイン以来私たちが知っているように、言語ゲームは、言語の交換と、それが埋め込まれた行動との両者から構成される。そして、発話行為の理論は、制度化された社会生活を構成する言説の継起《シークエンス》についての研究を、新たな足場の上に置いた。このような意味において、シャンタル・ムフと私は、言語的要素と非言語的要素の両者を節合する構造化された全体性として、言説を定義したのである。[20] この視点からすれば、運動とそのイデオロギーとの区別は、無益であるのみならず、的外れでもある。大事なのは、ある社会的な勢力ないし運動が自らの政治的営為全般を実行に移す際の言説の継起を規定することなのだ。

ミノーグの区別――ポピュリズムに関係して広く見られる態度の、あくまでも一例でしかないが――を問いに付すにあたって、当然ながら、私の目標は主に、分析の視角を反転させることにあった。そこに欠けているもの――その曖昧さ、そのイデオロギー的空虚さ、その反知性主義、その過渡的な性格――という観点からポピュリズムを見るような政治的合理性のモデルから始める代わりに、一般化されたレトリック（いずれ見るように、「ヘゲモニー」と呼べるもの）という観点から、このモデルなり合理性なりを拡張し、それによって、ポピュリズムを、政治的生の構造化にとって特徴的でつねに現前する可能性として、明らかにするためである。異常性、逸脱、操作といった観点からポピュリズムにアプローチすることは、私たちの理論的戦略とはまったく両立しえない。

だからこそ、私は、ピーター・ワースレイの試論「ポピュリズムの概念[21]」をとりわけ斬新なものだと思うのである。主として記述的な立論から、ポピュリズムの特有性を概念的に把握しようとするそれへと動き出す手前で、彼の介入は立ち止まってしまうのだが、それでも、そうした方向で彼が示すあらゆる萌芽的な異論は、私が思うに、根本的に健全なものである。そうした動きのうちの三つが、とりわけ有望である。

1　彼は、諸理念の内容の単なる分析から、ある特定の文化的状況においてそれらが果たす役割——この役割は、それらの使われ方だけでなく、その知的な内容そのものにも変容を加える——へ進む。

反対に、ここで示唆されているように、諸理念は、それらが産み出されたりそれまで根付いてきたりしたのとは異なる一連の文化的状況に取り入れられていく過程で、新たな行動の枠組みに組み込まれて別様に使われることで別の社会学的意義を担うことになるが、しかし、それだけでなく、理念としても変容を加えられることになろう。というのも、それらは必然的に、他の心的備品と節合されるはずだからである。既存の「利害」、認知的な要素や構造、実効的な準備態勢、等々。これらすべてが、受け入れ側の環境の部分をなす。「本来の」理念は、したがって、この過程の中で本質的に変容を加えられて、別の理念とならざるをえない[22]。

そう、これはきわめて重要である。取り組むべき課題は、理念の体系を理念として比較すること以上に、それらの遂行的《パフォーマティヴ》な次元を探究することなのである。例えば、ポピュリズムの、イデオロギーとしての相対的な単純さや空虚さは、多くの場合、エリート主義的にそれを棄却するための前置きでしかないが、それに、そうした単純化や空虚化の過程が遂行しようとしているもの——つまり、それらが表現している社会的合理性——という観点からアプローチしなければならない。

2　ワースレイは、ポピュリズムを、自由主義・保守主義・共産主義・社会主義といった他の型と比較されるべき組織化ないしイデオロギーの一つの型としてではなく、まったく別々のイデオロギー的符号を有する諸運動のうちに見出されうる、政治文化の一つの次元として見る。

ポピュリズムという症候群は、……いかなる個別の政策であれ、いかなる個別の全般的イデオロギー体系の種類であれ、また、民主主義、全体主義、等、いかなる政体の型であれ、そうした形態や状況として個別に表明されたものよりも、遥かに広大である。このことが示唆するように、ポピュリズムは、単に、ある個別の全般的イデオロギー体系の種類だとか組織化の型だとかとしてではなく、政治文化全般に関わる、一つの強調点、一つの次元として了解された方がよい。もちろん、あらゆる理念型がそうであるように、従来「ポピュリズム的」と評されてきたものを含めた一定の政治的な文化や構造によって、それは十分密接に近似されるであろう[23]。

この動きは決定的である。というのも、ワースレイが正しい――私はそう思う――とすれば、ポピュリズムの普遍的な内容を同定しようとする営為全体の虚しさが明白になるからである。私たちが見てきたように、これが、ポピュリズムの社会的基盤を同定しようとする試みに繰り返しつながってきた。その結果、まったく異質な社会的基盤を備えているので「ポピュリズム的」運動と呼び続けるしかないような契機が見出されるだけである。だが、もちろん、この陥穽を回避して、ポピュリズムを、イデオロギー的・社会的な差異を横断する一つの次元として同定しようとするのであれば、そうした次元が何なのかを特定する責務を負うことになる。ワースレイはこれを、少なくとも十分に納得に足る仕方では、行っていない。

3　古典的アプローチとこれら二つの点で訣別したおかげで、ワースレイは、潜在的に実りの多い次なる一群の動きを起こすことができる。二つだけ言及しておこう。第一のものは、第三世界のポピュリズムについての主張である。すなわち、「社会・経済的階級は、先進諸国においてそうであるほど決定的な社会的実体ではない。……したがって、階級闘争は的外れな考え方である(24)」。

ワースレイは、もちろん、第三世界イデオロギーに言及しているだけで、彼自身の見解を述べているわけではない。けれども、ロシア農民層において社会・経済的区別と社会・政治的連帯が重なり合うというレーニンの考え方の限界に関する彼の批判的分析を見ると、第三世界ポピュリズムが階級闘争を拒絶するると論ずるとき、彼は、何らかの形態の「虚偽意識」について民族誌的説明を与えるだけでなく、「階級闘争」を政治的動員の普遍的な標語として一般化することの真の難点を指摘しているように思われる。

第二の動きとして、彼は、あらゆる安易な還元主義的試みを回避して、操作という不純な次元をポピュリズムの必然的な構成因と見ようとする。彼はこう主張する。

シルズによるポピュリズムの定義の一部を変更して、真正かつ実効的な人民の参加を包括し、また区別できるようにする――「偽りの参加」（扇動、「TVによる統治」等）を除去することなく――ことが……望ましいだろう。そうすれば、「ポピュリズム」は、人民と指導層《リーダーシップ》の「直接的」関係性（複雑で大規模ないかなる社会においても、不可避的に、端的な神秘化ないし象徴化が主とならざるをえない）だけでなく、より広範に、人民の参加一般（偽りの参加も含めて）を指すことになるだろう(25)。

これもまた重要である。というのも、ポピュリズム分析から、あらゆる必然的な倫理的断罪の態度——私たちが見てきたように、見掛け上は「客観的」な多くの分析の根にある態度——を除去できるようになるからである。

代替アプローチを求めて

ここまでの手早く明らかに不完全な文献調査から、続いて、前述の行き詰まりを回避しようとする代替的な視点の探求へ進んでもよいだろう。そうするためには、これらの行き詰まりを導いた分析の基本的前提を問いに付すことから——場合によっては、反転させることから——始めなければならない。二つの基本的な点が考慮されるべきである。

1　まず自問しなければならないのだが、ポピュリズムを定義するのが不可能である（或いは、ほとんど不可能である）というのは、その政治的論理に固有の種類の合理性を概念的に把握することがア・プリオリに排除されるような仕方で、ポピュリズムを記述していることの結果なのではないだろうか。実際その通りだと私は思う。ポピュリズムが、単に「曖昧さ」、「不精確さ」、「知的貧困」という観点から、現象としては端的に「過渡的」なもの、その手続きという点では「操作的」なもの、等々として記述されるだけだとしたら、その種差を積極的《ポジティヴ》な観点から規定できるわけがない。それどころか、立論全体が挙って、政治行動の中の合理的で概念的に把握可能なものを、その二分法的な対立項から、すなわち、非合理的で定義不能なものと見做されたポピュリズムから、隔てようとしているように思われる。この知的戦略上の決断がひとたび下されてしまえば、「ポピュリズムとは何か？」という問いは、至極当然ながら、別の問いに置き換えられてしまう。すなわち、「どのような社会的・イデオロギー的現実に、ポピュリズムは当て嵌まるのか？」という問いである。固有の合理性をすべて剥奪されてしまえば、説明項《エクスプラナンス》は被説明項《エクスプラナンドゥム》に対して全面的に外的であるしかない。だが、あるカテゴリーを適用することは、依然として、その適用を正当化する何らかの種類の外的な連関があると想定することだから、先の問いは大抵、第三のものに置き換えられる。すなわち、「ポピュリズムは、どのような社会的な現実ないし状況の表現なのか？」という問いである。この段階まで至ると、ポピュリズムは単なる付随的現象の水準まで完全に降格されている。こうしたアプローチにとって、ポピュリズムの形態には説明を要するものは何もない。「なぜ、一定の政治的な選択肢ないし目的はポピュリズム的な手段を通じてのみ表現されうるのか？」という問いは生じさえしない。語られるのは、ポピュリズムの表現する社会的内容（階級その他の党派的な利害）だけで、なぜそうした表現形式が必要となるかについては、皆目わからないままである。私たちは、古典派政治経済学の価値理論に関係してマルクスが記述したのと似たような状況にいる。労働が価値の実体であることは示されたが、なぜ、この基層的な実体が等価交換という形式の下で自らを表現するのかは説明されなかったのである。この地点に至ると、私たちは大抵、先ほどまで概観してきた通りの居心地の悪い二者択一を迫られる。すなわち、ポピュリズムを、その歴史的な諸形態《ヴァリアント》の一つに制限するか、さもなければ、つねに狭隘すぎることになる一般的な定義を試みるか。後者の場合、著者たちは通例、先述のような自滅的な立論に向かう。「ポピュリズム」というラベルの下に一連のきわめて雑多な運動を列挙する一方で、そうしたラベルが何を意味するのかについては何一つ語らないのである。

2　ポピュリズムについてのこうした言説上の侮蔑から離れる最初の歩みは、しかし、その記述に用いられる諸カテゴリー――「曖昧さ」、「不精確さ」等々――を問いに付すことではなく、それらを棄却することの根底にある偏見を拒絶して、額面通りにそれらを受け取ることである。つまり、「曖昧さ」を、高度に精確な制度的規定に統御された成熟態の政治的論理に対置するのではなく、それとは別でもっと基本的な一群の問いを自らに問い始めなければならないということだ。すなわち、「ポピュリズムの言説の「曖昧さ」は、社会的現実自体が一定の状況下では曖昧かつ未規定であることの帰結ではないのか？」、と。そして、そうなのだとしたら、「ポピュリズムとは、政治・イデオロギー上の稚拙な操作というよりも、むしろ、それ自身の合理性を備えた一つの遂行的行為なのではないだろうか――つまり、一定の状況においては、曖昧さが、適切な政治的意味を構築するための前提条件となるのではないか？」、と。最後に、「ポピュリズムは本当に、社会的アクターの未成熟さに由来し、いずれ後の段階で取り替えられるはずの、過渡的な契機なのか、それとも、むしろ、政治的行動の一つの恒常的次元として、あらゆる政治的言説において（様々な程度において）必然的に出現し、いわゆる「より成熟した」イデオロギーの諸操作を転覆し錯綜させるものではないのか？」、と。例を挙げよう。

よく論じられるところでは、ポピュリズムは政治空間を「単純化し」、一群の複雑な差異や規定を、必然的に不精確な二つの極についての、硬直した二分法に置き換えてしまう。例えば、一九四五年、ペロン将軍は国粋主義的《ナショナリスティック》姿勢に立って、アルゼンチンが取りうる選択肢はブレイドン（アメリカの〔駐アルゼンチン〕大使）かペロンのどちらかだと主張した。そして、よく知られているように、この擬人化された二者択一が、人民対寡頭支配《オリガルキー》、勤労大衆対搾取者、等々といった二分法を通じて、他の諸言説にも広まった。お分かりのように、こうした二分法のうちには、あらゆる政治－イデオロギー的境界を構成する二分法においてそうであるように、政治空間の単純化があり（あらゆる社会的単独項が、二分法の一方または他方の極を軸として集結するようになる）、そして、両極を指示する語は必然的に不精確とならざるをえない（さもなければ、それらが再集結させるはずのすべての個別性を網羅できない）。しかし、そうだとすれば、この、単純化し、一定の語を不精確化するという論理は、政治行動の条件そのものではないだろうか？　政治が全面的に行政に置き換えられてしまい、個別化された諸差異の処置を通じて漸進的技法《ピースミール・エンジニアリング》が敵対的二分法を完全に廃棄してしまう、そうしたありえない世界においてでなければ、「不精確さ」や「単純化」が本当に公共圏から根絶されることはないだろう。けれども、そうだとすれば、ポピュリズムという標識《トレイドマーク》は、それ自体が端的に政治の必然的な構成要素であるような政治的論理を、特に強調したものでしかない。

　ポピュリズムを棄却するもう一つの仕方は、私たちが見てきたように、それを「単なるレトリック」に降格させることである。だが、これも既に指摘したように、比喩表現という動きは、非レトリック的な用語で記述しうる社会的現実の単なる装飾物であるどころか、政治的アイデンティティを構成する論理そのものと見てよい。隠喩の場合を取り上げるだけにしておこう。ご承知のように、隠喩は、類比の原理に基づいて語の間に置換関係を確立する。さて、先述のように、いかなる二分法的構造においても、一群の個別的な諸アイデンティティや諸利害が、二分法の一方の極を軸として、自らを等価的な差異として再集結させていく。例えば、「人民」の様々な部門が被る諸不正は、「寡頭支配」と対比することで、互いに等価なものに見えてくる。だが、これは端的に、それらすべてが、寡頭制権力に対峙するという点で互いに類比的だということである。それならば、これは、隠喩的再結集以外の何だというのか？　言うまでもないが、より制度的な言説を構築していく中でこうした等価性が打破されるとしても、それも、別様ではあっても等しくレトリック的な技巧を通じて進行する。つまり、こうした技巧は、単なるレトリックどころではなく、あらゆる政治空間の構成および解体を統轄する論理に内在するものなのである。

それゆえ、ポピュリズムの理解を進めるためには、不可欠の条件《シネ・クア・ノン》として、それを社会科学の言説内部の周辺的な位置から救い出すことが必要だと言ってよい。後者〔社会科学の言説〕は、ポピュリズムを、十分な合理性という地位によって威厳付けられた政治的諸形態に単純に対立する項として、思考不可能なものの範域に閉じ込めてきた。強調しておきたいが、このような降格が可能だったのは、そもそもの初めから、ポピュリズム的運動についての考察の中に倫理的断罪という要素が強く存在してきたからに外ならない。ポピュリズムは格下げされてきただけでなく、侮蔑されてもきた。それが棄却されてきたのは、ある一定の正常態、一つの禁欲的な政治的宇宙を言説によって構築することの一環であって、ポピュリズムという危険な論理はそこから排除されなければならなかったのである。ところが、こうした観点からすると、反ポピュリズム的な攻勢の基本戦略は、これとは別の、より広範な論争のうちにも刻み込まれている。一九世紀社会科学の大いなる恐怖《グランド・プール》であったもの、「大衆心理」に関する議論の総体である。私たちの主題にとっての範列となるこの論争は、大体のところ、正常なものを病理的なものから隔てる社会的境界の構成と解体の歴史として見てよい。この議論が進む過程で、一群の区別や対立が立てられ、それらが、「常軌を逸した」政治現象——ポピュリズムも含めて——に関わるパースペクティヴ全体を組織化する母型として働くことになる。この母型についての考察を私の出発点としたい。この知の歴史の震央に位置する一つの古典的テクストの分析から始めるとしよう。ギュスターヴ・ル・ボンの『群衆心理』である。

第2章　ル・ボン――暗示と歪曲された表象

ギュスターヴ・ル・ボンの名高い書物『群衆心理』(1)は知の十字路に位置する。ある意味で、それは、一九世紀が大衆心理という新たな現象に対して、病理学的領域に属するものとして取り組んだ仕方の、極端な形態《ヴァージョン》である。しかし、もはやこの現象は、消滅すべく運命付けられた偶発的な逸脱として考察されてはいない。それは、近代社会の恒常的な特徴となったのである。そうなると、それは、棄却されたり即座に断罪されたりするわけにはいかず、それどころか、新たな権力テクノロジーの対象とならなければならない。「群集は、古代の伝説のスフィンクスのようなものである。彼らの心理が差し出す諸問題の解決に到達する必要がある。さもなければ、甘んじて彼らに呑み込まれるしかない(2)」。この科学的な企てを実行するために、ル・ボンは、それまで提示された中で最も体系的な大衆心理の描像――瞬く間に、しかも長く続く成功を収め、多くの人（フロイトを含む）に称賛された描像――

を作り出した。彼の分析の基調は「暗示」の概念だった。私たちは後でそれに立ち戻ることにしよう。けれども、私たちの出発点となるのは、ある限定された地盤、「イメージ、言葉、定式」の地盤において、ル・ボンの見るところでは暗示がどのように働くのかを考察することである。というのも、ここにおいて彼は、ポピュリズムに関する本書第二部での私の議論にとって決定的な一群の論点に触れているからである。

ル・ボンにとって、群集の形成において言葉が行使する影響力の鍵は、言葉がその意味作用とはまったく独立に喚起するイメージのうちに見出される。

> 言葉の力はそれが喚起するイメージに固く結び付いていて、その実際の意味作用からはまったく独立している。その意味が最も不明確に定義された言葉が、ときとして最も大きな影響力を有する言葉となる。例えば、民主主義、社会主義、平等、自由、等々といった語がそうだ。これらの意味はとても曖昧で、大部の書物をもってしても精確に固定するには足りない。それでも、確かに、これらの短い音節群には、実に魔術的な力が付着していて、まるですべての問題の解決策がそこに包含されているかのようだ。それらは、きわめて多様な無意識の切望やその実現への希望を綜合しているのである。(3)

現代の理論的観点からすれば、ル・ボンはここで、二つのよく知られた現象を示唆していると言ってもよいだろう。すなわち、シニフィアンとシニフィエの関係（ル・ボンの用語では、言葉とイメージの関係）の非固定性、および、ある特定の言葉を軸として複数の意味が圧縮される重層的決定の過程である。けれども、ル・ボンにとって、このイメージの連合は、言語そのものの本質的な構成要因ではなく、その濫用である。言葉には真の意味作用があり、それは、複数の無意識的な切望を綜合する機能とは相容れない。強固な境界が言語の真のあり方を、群集による濫用から隔てるというのが、彼の分析全体にとって疑念の余地のない前提である。

言葉とイメージの連合の恣意性を踏まえるならば、それらの相互的な節合からは、いかなる合理性も排除されている。

道理や論拠は、ある一定の言葉や定式に立ち向かうことができない。それらは群集を前にして荘重に発せられ、口にされた途端、どの顔にも尊敬の表情が浮かび、皆が頭を垂れる。多くの者にとって、それらは自然の威力とも、超自然的な力とも思われる。人々の心のうちに壮大で曖昧なイメージを喚起するが、そうしたイメージを包み込むまさにこの曖昧さによって神秘的な力が増幅される。……すべての言葉、すべての定式に、イメージを喚起する力があるわけではない。かつてこの力を持っていたが、使われているうちにそれを失って、心の中にいかなる反応も呼び覚まさせなくなったものもある。それらは空しい音となったのであり、その主な効用は、そうした音を用いる人に思考の義務を免除することにある。(4)

私たちはここに、ル・ボンが提供する必要があると考えている説明の限界を見る。彼の分析は、言葉とイメージの連合を統御する内的論理を探知しようとはせず（フロイトの分析はそうするはずだが）、純粋に表示的な意味作用の観点から理解された合理性との相違を記述しようとするだけである。

言葉とイメージの連合が完全に恣意的である以上、それは時代や国に応じて様々である。どの特定の言語が研究されるとしても、それを構成する言葉たちが年月とともにかなり緩やかに変化するのに対して、これらの言葉が喚起するイメージや、これらの言葉に付着した意味は絶え間なく変化するのが見て取られる。……異なる民族の間で最も異なる意味を有するのは、まさしく、大衆が最も頻繁に用いる言葉である。例えば、当節かくも頻りに用いられる「民主主義」や「社会主義」といった言葉について、これは当て嵌まる(5)。

そして、ル・ボンはそこから、真の新たなマキアヴェッリとして、政治家たちに一片の助言を与える。「そうなると、政治家の最も本質的な職務の一つは、民衆的な言葉、或いは多少なりとも中立的な言葉によって、旧来の名の下では群集が辛抱できない事物に命名を施すことにある。言葉の力はかくも偉大なので、最も不快な事物を群集が受け入れられるものにするには、それを巧みに選択された語で呼ぶだけで足りる(6)」。

ル・ボンにとって、この言葉／イメージの弁証法と、群集の言説が構成される地盤そのものである幻想の出現との間には、明らかな関連性がある。

彼ら［大衆］はいかなる代価を払ってでも幻想を持たねばならないから、本能的に、昆虫が光を求めるように、自分たちが欲しいものを授けてくれる修辞家の方に向かう。真理ではなく誤謬が、つねに諸国民の進化における主要な要因だった。社会主義が今日かくも強力である理由は、それが、なお活力に満ちた最後の幻想たる点にある。……大衆が真理を渇望したことは決してなかった。誤謬が魅惑的であれば、大衆は、自分たちの気に入らない証拠から身を逸らして、誤謬を崇拝する方を選ぶ(7)。

言葉の「真の意味作用」と言葉が喚起するイメージとの解離が可能となるためには、幾つかのレトリック上の技巧が必要である。ル・ボンによれば、そのような技巧が三つ存在する。断言、反復、感染である。「端的かつ単純で、あらゆる推論や証明を免れた断言は、群集の精神に何らかの観念を入り込ませる最も確実な手段の一つである。断言が簡潔であればあるほど、証明や論証の見掛けが乏しければ乏しいほど、それの担う重みは増す(8)」。反復の方はといえば、その「力は、反復された言明がやがては、無意識的自己という、私たちの行動の動機を産み出す深奥の領域に埋め込まれるという事実に依る。一定の時間が経てば、私たちは、反復された主張の作者が誰かを忘れて、遂にはそれを信じ込んでしまう(9)」。最後は、感染である。

観念、感情、情動、信念は、群集のうちで、細菌のそれ並みに強烈な感染力を有する。この現象は、動物でも数多く集まったときには観察されるわけだから、きわめて自然的なものである。……群集として集結した人間たちの場合、あらゆる情動は実に速やかに感染する。このことがパニックの突発性を説明する。狂気の類いの脳の異常は、それ自体が感染力を持つ。狂人の専門家である医師たちの間での狂気の頻発はよく知られている。実のところ、近年では、人間から動物に伝わる狂気の形式――例えば、広場恐怖――も例証されている(10)。

ここで、私たちは、ル・ボンの列挙する大衆心理の諸特徴の記述的妥当性を、そうした特徴が彼の言説の中で結び付けられている規範的判断から区別しなければならない。言葉とイメージの関係の非固定性は、政治的に有意味なあらゆる言説の働きにとって、まさにその前提条件である。この視点からすれば、ル・ボンの指摘は洞察に富んだ啓蒙的なものである。けれども、語の真の意義とそれに偶発的に連合したイメージとの区別についてはどうだろうか？　この区別は、大雑把に言って、外示《デノテーション》と共示《コノテーション》の区別――現代の記号学が徐々に問いに付しつつある区別――に対応する。シニフィアンとシニフィエを一対一で対応させるためには、言語は命名法《ノウメンクレイチュア》の構造を持つ必要がある――言語の中にはいかなる実定的《ポジティヴ》な項もなく差異だけがあるという、ソシュールが定式化した言語学の基本原理に、相反する何かである。言語は二つの極、範列関係《パラディグマティック》（ソシュールが連合関係と呼んだ）と統辞関係《シンタグマティック》を軸として組織化される。これが意味するのは、純粋に外示的な意味の可能性そのものを、連合関係の傾向性が体系的に転覆するということである。ソシュールの与えた例を幾つか取り上げてみよう。言語には、自らの形式の規則化に向かう趨勢がある。主格を表わすラテン語の単語「orator〔雄弁家は〕」には属格「oratoris〔雄弁家の〕」が対応するのに対して、主格「honos〔名誉は〕」には属格「honoris〔名誉の〕」が対応する。だが、言語形式の規則化へ向かう趨勢は、主格が「r」で終わるすべての言葉を属格において「ris」で終わるようにする。そのため、ラテン語の発展がより進んだ段階では、「honos」は「honor」に置き換わる。言語形式を規則化するこれらの連合的規則は、幾つかの場合には、まったく新しい言葉を創り出すこともある。これは、ソシュールが比例第四項と呼んだ規則である。réaction には形容詞 réactionnaire が対応するから、類比によって、répression は répressionnaire

を導くが、これはフランス語に元々は存在しなかった語である。[11]

私たちの目的にとって最も重要なのは、この連合の過程が、文法的水準――ソシュールが主に研究した水準である――だけでなく、意味論的水準でも働くという事実を強調しておくことである。実態においては、両水準は不断に交錯し合い、様々な方向に進みうる連合を導く。これは、精神分析が本質的に探査する過程である。例えば、〈鼠男〉についてのフロイトの研究では、鼠が性病を広めるがゆえに、「鼠」は「ペニス」と連合するようになる。この場合、連合は主にシニフィエの水準で働く。しかし、そもそも言葉の類似性（フロイトが「言葉による架け橋」と呼んだもの）から連合が帰結する場合もある。ドイツ語の「ratten」は「分割払い」を意味し、そのため、金銭が〈鼠〉コンプレックスに持ち込まれる。さらに、「spielratten」は賭博狂を意味し、しかも、〈鼠男〉の父が賭博の負債を抱えていたので、これもまたコンプレックスと連合した。[12]ご覧のように、連合がシニフィアンの水準で始まるかシニフィエの水準で始まるかは、完全に二次的な事柄である。どちらにしても、その諸帰結は両方の水準で感知され、シニフィアン／シニフィエの関係性の転位として翻訳される。

このようである以上、ある語の「真の」意味（必然的に永続的であるはずの）を、それと共示的に連合する一連のイメージから、単純に識別することはできない。連合のネットワークは、言語の構造そのものの不可欠の部分だからである。もちろん、このように主張したからといって、ル・ボンが言及する種類の連合から、その特有の性質が奪われるわけではない。それでも、この特有性が位置付けられるべきなのは、各々の遂行性の型という観点から互いに識別される、より広大な一群の連合という文脈であることは示唆される。言語の真の意味のためには統辞的結合だけが必要だとして、これらの連合をその濫用として提示する点に、間違いがあるのだ。

これが最も明らかになるのは、真の意味作用と喚起された意味との解離をもたらす手段としてル・ボンが記述した三つの「レトリックの技巧」を考えるときである。いずれの場合も、ル・ボンの立論は、各技巧が実行するとされる遂行的な働きを相当なまでに単純化するのでなければ、維持できない。一つずつ考察してみよう。断言――ル・ボンにとってこれは、不当な働きであり、その唯一の機能は、断言されたものとそれを支えるかもしれない何らかの推論との連関を断ち切ることにある。彼にとって、合理的な証明の可能性を越えた何かを主張することは、何らかの形式の嘘でしかありえない。しかし、そうだろうか？　社会的相互作用は、根拠付けられていない断言など存在しない地盤として、理解されるべきなのだろうか？　断言が、皆の経験のうちに存在しながらも既存の支配的な社会的言語では定式化できない何かを承認せよという訴えだとしたら、どうだろうか？　そのような断言――それは、聖パウロの言うように、「ギリシア人にとっては狂気、異教徒にとっては醜聞」だろう――は、既存の社会的合理性の諸形式とは共約不可能だからといって、嘘に還元されてしまってよいのか？　断じて否である。証明を越えた何かを主張することは、既存の言説の首尾一貫性を捨て去ることによってのみ主張できるような真理の出現の第一段階かもしれない。もちろん、ル・ボンが言及する事例――嘘をつく一つの仕方としての、証明なき断言――はありえないものではないが、それは、彼に思いも及ばない一連の他の可能性のうちの一つの例に過ぎない。

反復についても同じことが言える。それについてのル・ボンの最初の主張の幾つか――つまり、社会的習慣は反復を通じて創り出される、そして、こうした習慣は「無意識的自己という、私たちの行動の動機を産み出す深奥の領域に」埋め込まれる――は、直ちに受け入れられる。その意味で、反復は、社会関係が形作られるときに数多くの役割を果たすと言ってよい。試行錯誤の過程を通じて、共同体は周囲の環境に適応できるようになる。一つの被支配集団は、度重なる敵対的経験の中で同じ敵を認知することを通じて、自身のアイデンティティ感覚を獲得する。一群の儀式や制度化された手筈、広範なイメージや象徴に立ち会うことを通じて、共同体は自身の時間的連続性の感覚を獲得する、等々。そういった意味で、反復は社会的・倫理的な生の条件である。ベンジャミン・フランクリンの言う通りである。「私は漸く結論に達したのだが、完全に有徳であることが私たちの利益に適うという単なる思弁的確信では、道を踏み外すことを防ぐには足りない。堅固で規則正しい行動の精確さを当てにできるようになるためにはまず、不都合な習慣を断ち、良好な習慣を獲得し確立しなければならない[13]」。けれども、ル・ボンは、反復という実践を巡って演じられる複数の言語ゲームを探究することはせずに、そこから一つの要素――合理的熟慮への対立――だけを取り出す。疑念が残らないようにしよう。ル・ボンが排反的な二分法として構築するのは、習慣一般対合理性ではない。操作を通じて創出される習慣と、合理的決断が沈澱した結果としての習慣〔という二分法〕である。しかし、習慣の合理性がその正当性を保証するものである以上、「合理性」と「非合理性」というカテゴリー以外の選択肢は与えられない。例えば、彼はこう主張する。

群集の行う劣った推論も、より高次の推論と同じように、観念の連合に基づく。だが、群集が連合させる観念の間には、類比という見掛け上の絆しかない。……群集の推論の特徴は、互いに単に見掛け上のつながりがあるだけの、類似していない諸事物を連合させること、そして、特殊な事例を直ちに一般化することである。……論理的な論証の連鎖が、群集にはまったく把握できない。それだから、群集は推論しないとか、誤って推論するとか、推論によって影響されないとか、そのように言っても差し支えない[14]。

したがって、ル・ボンの推論がどのように構造化されているかは明らかである。つながりを欠いた——すなわち、純粋に連合的な——共示作用が、論理的論証の過程に対立するのである。その結果、群集に特有の推論の仕方として理解できるものなど何もないということになる。その作用様式《モーダス・オペランディ》は、厳密かつ狭義に解された合理性の、単なる否定的な裏面として取り扱われる。反復が、複数の実例のうちに存在する何か同等なもの——例えば、多様な社会階層にわたって、搾取という共通の経験が共有されているという感覚——を指し示している可能性は、まったく考慮に入れられない。

最後は、感染である。ル・ボンにとって、感染は病理的な伝達の形式でしかありえない。それの説明は、「暗示感応性」という一般的現象のうちに見出されることになる。この当時、大衆心理に関する言説のうちに遍在していた、機械仕掛けの神《デウス・エクス・マキナ》である。けれども、暗示感応性を説明するのは、それまで何の注意も払われてこなかった何かなのだ。フロイトはこう述べている。「暗示はあらゆるものを説明するがそれ自体としては説明を免れているという見方に逆らう方向に、私の抵抗は向かった[15]」。この場合にも、ル・ボンの教条主義的な見方の土台を掘り崩す一群の問いが定式化できる。例えば、感染が、病ではなく、一群の人々に共有された共通の特徴の表現だとしたら、直接的な仕方で言葉にするのが困難で、何らかの形式の象徴的表象でしか表現できないようなものだとしたら、どうなるだろうか？

自分の分析する諸カテゴリーの各々が拓く可能性の地平をル・ボンが体系的に単純化していることを、私たちはどう説明できるだろうか？　彼の説明はなぜ、かくも一面的で偏っているのか？　初期段階の大衆心理学の大半を支配してきた二つの決定的な仮定に、彼の思想が根拠を置いているからだと気付くのに、長くは掛からない。第一の仮定は、私が引用してきた文章から十分に明らかなはずだが、社会の組織化の合理的諸形式と大衆現象とを分割する線は、大体のところ、正常なものを病理的なものから隔てる境界と一致するというものである。この第一の仮定は、さらに、もう一つの仮定のうちに埋め込まれている。もちろん、ル・ボンにも存在するが、しかし、大衆行動に関する同時代の文献の大半に見られるものである。すなわち、合理性と非合理性の区別は概ね、個人と集団の区別に重なるというものだ。集団の部分になることで、個人は社会的退化の過程を経験するというのである。彼はこう述べる。

組織化された群集の一部となるという、ただそれだけの事実によって、人は文明の階梯を数段降りてしまう。一人でいるとき、彼は教養のある個人かもしれない。群集の中では、野蛮人――本能のままに行為する生き物――になる。彼には、自発性、暴力、残忍さがあり、原始的存在の熱狂と英雄的行為もある。言葉とイメージ――群集を構成する諸個人の各々に対してはまったく影響を与えないはずの――によって容易く感銘を受け、そして、自分の最も明白な利益にも周知の習慣にも反した行為を犯す誘惑に容易く駆られてしまうという点でも、彼はますますこの原始的存在に近付く。(16)

この事実は、ル・ボンより遥かに以前から指摘されてきた。セルジュ・モスコヴィッシに言わせれば、

> この現象は、周知の記録によって普遍的に確認される。ソロンによれば、個々のアテナイ人は悪賢い狐だが、集団としてのアテナイ人は羊の群れである。フリードリヒ大王は、麾下の将軍たちの各々を個人としては信頼していたが、それでも、参謀会議に一堂に会した彼らを愚か者と描写した。そして、次の実に的確かつ普遍的な格言は、ローマ人に負うものである。元老院議員たちは皆善人だが、ローマ元老院は有害な獣である。[17]

第三章で素描する知の歴史は、主として、これら二つの仮定が次第に放棄されていく歴史である。この放棄によって、大衆社会の諸問題に対して、より細やかな別のアプローチが可能となった。私の物語は、この知の変換の零度から——すなわち、イポリット・テーヌの著作において、二つの仮定が最も露骨で最も非妥協的な仕方で定式化された時点から——始まる。その後で、精神医学の理論が変容し、そして、個人の「合理性」が次第に集団へと移転されることで、どのようにして、大衆行動の新たな理解への道が拓かれたかを記述したい（ル・ボン自身が既に、テーヌ的な二分法からの一定の離脱を示している）。このパラダイム転覆の絶頂点はフロイトの研究である。そこにおいて、二つの仮定は決然と放棄される。

第3章　暗示、模倣、同一化

暴徒と社会の解体

フランス革命期の大衆動員に関するテーヌからの一組の引用を、無作為に取り上げてみよう（無作為に、と言ったのは、同種の記述が見出されない頁は『近代フランスの起源』にはほとんどないからである）。最初の引用は、地方での蜂起への参加者の成り立ちに関わる。

密輸業者、禁制品である塩の密売業者、密猟者、浮浪者、物乞い、逃亡囚がどれほど多かったか、そして、飢饉の年にはどれほど数を増すか、私たちは見てきた。こうしたすべてがそのまま暴徒の新兵となり、騒擾の中で、或いは騒擾に乗じて、各人が自分の懐を満たす。コー地方一帯ではルーアン近郊でも、ロンシュロル、ケヴレヴィリー、プレオー、サン・ジャック、周囲の近隣地区すべてで、武装した無頼漢が群れを成して家々に、とりわけ司祭館に押し入り、気に入ったものを手当たり次第に奪う。……農民たちも、盗賊に家から誘い出される。人は不誠実の斜面をたちまち滑り落ちる。それなりに誠実な者が、成り行きで、或いは意に反して暴動に加わるうちに、罪を問われないことや利得に唆《そそのか》されて、その行為を繰り返すのである。……あらゆる重要な叛乱のうちには、似たような、悪人、浮浪者、法の敵、野蛮人、うろつく無法者がいる。狼のように、獲物の臭いがすればどこにでも彷徨い出るのである。公的・私的な悪意の指揮者かつ執行者を務めるのが彼らなのだ。……これ以降、こういった連中が新たな指導者層を構成する。というのも、いかなる暴徒のうちでも、先頭に立って破壊の手本を示すのは、最も大胆で最も節操を欠いた者だからである。手本は感染する。始まりはパンへの渇望でも、終わりは殺人と放火である。解き放たれた蛮行が、必需品のための限定的な反抗に、無限定の暴力を付け加える(1)。

第二の引用が言及するのは、暴動を可能にする、権威のメカニズムの崩壊である。

政府が見掛けだけしか存在しない解体された社会の只中で、明らかに、一つの侵略が進んでいる。恐怖によって達成される野蛮人の侵略である。暴力によって始まり、そして、一〇世紀から一一世紀のノルマン人の侵略のように、一つの階級全体の征服と財産没収に終わる侵略である。……これが、ヴェルサイユやパリで起きている事態である。そして、パリでもヴェルサイユでも、ある者たちは洞察力の欠如と心酔を通じて、他の者たちは盲目と不決断を通じて――後者は弱さを

通じて、前者は暴力を通じて――、誰もが苦心してそれをなし遂げようとしている。(2)

この記述の二、三の特徴は、直ちに目に付く。テーヌが私たちに与えるのは、各々の目的が明示され、その間の両立不可能性が後続する暴力の源泉となる、社会勢力間の衝突といった描像ではない。社会的目的は確かに彼の記述の中に存在する――「必需品のための限定的な反抗」――が、社会的行動を説明するだけの力はない。それは、「浮浪者」、「無頼漢」、「盗賊」の行動の結果でしかない「無限定の暴力」によって――すなわち、あらゆる種類の社会的合理性から逃れる諸勢力によって――、圧倒されてしまうのである。同様に、政府が状況を制御できないことも、革命前夜の君主制の客観的状況とはほとんど関係なく、「洞察力の欠如」、「心酔」、「盲目」、「不決断」の結果として――すなわち、主観的な失敗の帰結として――提示される。テーヌから得られるフランス社会の記述は、全体として、自らの解体へと導く諸勢力の噴出に脅かされた社会有機体の記述である。だが、重要な点は、これらの勢力が、それら自身として首尾一貫性を欠いていることである。それらは、単に、通常は社会規範に制御されている本能的衝動が解き放たれた結果でしかない。そうだとしても、そうした衝動の性質をどのように説明するのか？(3)

まず手始めに問うてみたいのは、一九世紀の最後の三分の一において、群集心理学者がこの論点に取り組む際に利用できた知的道具が何であったかである。スザンナ・バロウズは、状況を以下のような観点から要約する。「催眠術の諸理論からは、集団に特有の興奮のメカニズムが取り出された。一般大衆向きの進化論からは、人間文明のヒエラルキーが構築された。さらに、医学からは、異常心理のモデルと、群集行動についての最も雄弁な隠喩とが借用された。群集は、一九世紀後半のフランス人たちの記述によれば、アルコール依存症者か女性に類似していた」[4]。

テーヌのアプローチにおいて、これらの構成要因すべてが同等の重みを持つわけではない。後の群集理論においてあれほど中心的となる暗示は、彼にとって何も重大な役割を果たしていない。このことの理由の一部は時代的なものであり――催眠術は、シャルコーがそれを有効な科学的実践として採用して以降そうなったような、中心的な論点ではまだなかった――、一部は、バロウズが鋭敏に指摘するように、「気が狂った社会の「屑」だけが、大勢の集まりを操作できる」のだから、指導者には「何ら特段の技量もカリスマ的権力もなかった」[5]というテーヌの考え方に由来する。しかし、これを別にすれば、群集理論の他のあらゆる支配的特徴が、この上なく露骨な形で、彼のアプローチに見て取られる。精神的感染の法則の結果として、人間集団の中の最も犯罪的な部分が暴徒を牛耳る。群集行動は、獣的本能だけが幅を利かす自然状態への逆戻りを伴う以上、無政府状態がその不可避の結果である。この前提にあるのは、ジャクソンとリボーが「解体のメカニズム」と呼んだものの観点から理解された、生物学的退化――ダーウィン的なアプローチにおける――である[6]。さらに、アルコール依存が群集行動と密接に関連付けられる。暴動は大概、ありとあらゆるアルコール漬けの乱痴気騒ぎに終わる[7]。

けれども、テーヌのアプローチは、群集行動の非合理的性質を強調するだけに留まらなかった。それは、社会体の中のどの階層が、とりわけ群集へと堕し易いかを示そうとする試みでもあった。テーヌが提示するフランス史のイメージは、政治的身体《ボディ・ポリティック》を組織していた慣習的制度の解体から帰結する漸進的な衰退というそれである。この衰退は絶対主義とともに始まった。フランス社会の諸制度を伝統的に構造化していたあらゆる中間団体が、容赦のない中央集権化を通じて破壊されたのである。この過程はその後、啓蒙主義によって加速した。社会を再構築する空想的な計画が、社会的自制のあらゆる概念を掘り崩す転覆的な考え方を普及させるのに役立った。それゆえ、革命の過程が開始されたとき、それを理に適った限界内に抑え込むものは何もなかった。第三身分はその過程のヘゲモニーを握れなかった。主導権はあっさりと、第四身分――テーヌからすれば、革命過程の真の担い手であった、都市の下層大衆――の手に落ちた。

　この全般的衰退の中では、あらゆる集団が群集に堕しうる。テーヌは、群集研究者たちの常識となるもの――つまり、合理性は個人に属するもので、群集に参加すると、合理的な属性の多くが失われるという――を先取りしている。彼は群集行動を、植物や動物といった下等な生命形態だとか、社会組織の原始的な形態だとかと比較したがる[8]。現代社会でも、群集的な伝染の危険は、ある一定の集団において他よりも大きい。すなわち、貴族は民衆階級よりも精神的感染に侵されにくく、女や子供は男よりも侵され易い。女性と群集行動の連関は、実のところ、テーヌ独特の見解ではない。それは当時の一般的な見解だった[9]。こうした見解の背後にある理論は、生物学的進化の過程で、男性は女性よりも精神的能力を発展させてきた（女性の頭蓋骨は男性ほど大きくなっていないので、大脳の力も著しく劣る）というものであった。そのため、女性は錯乱に陥り易く、本能的衝動を抑制する能力に欠ける。一九世紀末に向けて群集への不安が大きくなるのに応じて、女性の描像は好意的でなくなっていく。「女性に関して〔一八〕九〇年代に書かれた他の多くの記述においても、人を脅かし、品位を貶め、劣っているものすべてが、女に体現されていた。錯乱者と同じく、暴力に耽る。子供と同じく、絶えず本能に弄ばれる。野蛮人と同じく、血と性への欲望は飽くことを知らない[10]」。

　ここまで議論が進めば明らかなはずだが、群集行動に関する言説全体は、正常なものと病理的なものとの明確な境界画定の線に大きく依拠するようになったので、次第に、医学に――とりわけ精神医学に（それだけというわけではないが）――対して従属的な立場に置かれていった。ヤープ・ファン・ヒネケンが報告するところでは、パリの国立図書館には、この連関に取り組むべく当時書かれた、数百冊の書物が所蔵されている。それらの表題は示唆的である。例えば、一八七二年に公刊された一冊は、『病的心理学から見た人間とパリの叛乱行為』と題されている。次節で取り組むつもりだが、この議論の中心にあるのは、催眠術に関するフランスでの論争と、それから、イタリアでロンブローゾと彼の学派が練り上げた「生来的犯罪者」の概念である。

催眠術と犯罪学(11)

群集心理の「科学的」考究の震央を提供したのは、一九世紀の最後の十年間にフランス精神医学界を席巻した、催眠術についてのサルペトリエール学派とナンシー学派の論争だった。とはいえ、この論争が起こった背景には複雑な知の歴史があった。そこでは、最終的に採用されたもの以外にも多くの選択肢が、大衆行動の理論家たちの手元にあったのである。選ばれた名そのもの――群集――が既にして軽蔑的な響きを帯びていた。アプフェルバウムとマクガイアはこう主張する。

実のところ、群集という概念は、本質的に、暴力的で破壊的な行動を表わす婉曲語法だったように思われる。留意すべきは、群集という語が当時、社会主義者の界隈では決して用いられていな

> かったことである。社会主義者は、大衆の感染よりも集産主義的な連帯に関心を寄せていたのだ。……群集行動が破壊的なものだというこの考え方への賛意は、あれら二人の著者［タルドとル・ボン］が研究の対象を記述するのに公然と価値観を帯びた語彙に訴えていることからも、申し分なく立証される。その一方で、群集の記述には奇妙なほど、一八七〇年代の反コミューン側の論客の文献を思わせるものがあった。……だが、それと同時に、催眠術的暗示が隠喩として持ち出されることも、実のところ、大衆行動に関与する者についての資格否認を示唆していた。この当時、催眠術的暗示は心理学的病理学とのつながりを深めていたからである。[12]

大衆心理学者が、群集行動の研究において動物磁気説《マグネティズム》に依拠しようとした場合、実質的に三つの選択肢があった。[13] 一つは、ベルガス、カラ、ブリソの心霊術の伝統である。彼らの「調和協会」[*1]は、ある種の半ば神秘主義的な無政府状態《アナーキズム》を構成していた。残りの二つは、サルペトリエールのシャルコーと、それから、ナンシーのリエボーおよびベルネームに代表されるアプローチだが、私たちがとりわけ関心を寄せるべきはこれらの間の論争である。シャルコーにとって、催眠現象には厳密な生理学的基盤がある。

> シャルコー学派の立場……を最も適切に表わすのが、幾つかの主たる要因の強調である。すなわち、(a)催眠術は、一定の生理学的な諸条件が同時に満たされたときにだけ効く。(b)催眠による夢遊病は、三つの区別された段階——昏睡、硬直状態、夢遊病——を経て厳密に進行する。(c)それは取り消し不能なほど、神経病理学に連関している。そして、(d)特定の器質的原因がある。病理

学的異常との連関は催眠現象の存在にとって死活的だと考えられたので、催眠状態と歴史的状況を区別するには病因学的分析だけで足りるとされた[14]。

反対に、ナンシー学派の立場はより心理学的なものだった。病理学と催眠術的暗示の間にいかなる必然的な連関も認めることを拒絶し、誰であっても、正常な状態において後者を経験しうると主張した。

さて、群集心理研究者たちの理論的選択を支配した価値観の特徴は、集合的行動について利用可能だった様々なモデルの中から、彼らがシャルコー学派の諸カテゴリー――まさしく、病理学的次元を最も重視するもの――を選択したということである（彼らが用いる用語法はしばしばベルネームのものである――彼らは催眠術よりも暗示について語る――が、概念的枠組みは間違いなく、シャルコーのヒステリーのモデルから提供されている。そのうえ、様々な論者が指摘してきたように、群集理論研究者たちは様々な精神医学の学派間の論争には滅多に言及せず、これらの各学派の発見内容をあたかも一体で区別されないもののように提示する傾向にある）。この作業によって、大衆行動を病理学的枠組みの中に固定することが完了した。

ここには、台頭する大衆の資格否認がある。病理学的な失見当識を基準とした、きわめて意図的なモデルの選択がある。この資格否認を、コミューンのような歴史的出来事へ適用する意図があったことは、タルドが群集の諸活動を三つの型の社会的蜂起に区分したことからも例証されるだろう。そのいずれもが著者には、姿を変えた癲癇を想い起こさせるとのことだが。これらの蜂起には以下が含まれる。(a)社会的動乱および／あるいは内戦。(b)秘儀崇拝《カルト》、民族《ネイション》、宗教、といった熱狂状態。(c)諸外国との戦争。……この時代に利用できたはずの群集の描き方を考慮すれば、上のような焦点の合わせ方は、なされた選択が意図的だったことを際立たせる。……既に指摘したように、群集心理学と同じ時期には、労働組合運動《サンディカリズム》や肯定的な集合的行動に関する文献が大量に存在していて、タルドやル・ボンの共有しないイデオロギー的な見方からとはいえ、大衆を建設的に評価していた[15]。

一九世紀後半の科学主義は、イタリアでは別のパターンを辿った。フランスでの催眠術論争が知られていなかったわけではないし、幾つかの重要な効果を及ぼしもしたが、主要な影響はダーウィン思想から、チェーザレ・ロンブローゾの犯罪学上の諸命題との融合を通じて与えられた。彼の著書『犯罪人論』は一八七六年の公刊である。ロンブローゾは、トリノで臨床精神医学、後には犯罪人類学の教授職にあったが、軍医として、隔世遺伝的に犯罪を引き起こす可能性のある特徴を発見することを目的に、イタリア軍新兵の身体測定を始めた。相当数の犯罪者の身体測定――とりわけ頭蓋骨の――を行った後、彼は、一群の弁別可能な身体的特徴は犯罪性向の烙印であり、遺伝によって伝わるという結論に達した。彼は「有害な性格が……羊の黒さのように、先祖返りの形で再出現する傾向を示す」可能性を主張した。「そして、人類にあっても、何の原因も見当たらないのに折に触れて家系内に現われる最悪の性向の幾つかは、おそらく、野蛮状態への先祖帰りなのかもしれない。私たちは、そこからさほど多くの世代を隔てているわけではないのだ。それどころか、この見方は、あれは一族の黒い羊だという常套句にも認められるように見える[16]」。彼は後に、政治的蜂起（とりわけフランス革命）の際の暴徒犯罪に研究を拡大し、驚くべきことではないが、主な発想源としてテーヌを引用する。

一八八〇年代初頭、ロンブローゾの影響を受けた実証主義的犯罪学派は、自前の雑誌『精神医学誌』、『犯罪人類学および刑法学』の公刊を開始した。これらはその後、『民法学および刑法学における実証主義学派』に引き継がれた。議論の主要な題目は、群集犯罪者の刑法上の責任という問題だった。この学派の若く傑出した一員だったスキピオ・シゲーレは、影響力のあった著書『犯罪群集』において、人類学的／生物学的な犯罪動因に根差した無法者の集団の周囲に組織される「生来的犯罪者」と、様々な環境的要因により犯罪行動へ至る「一時的犯罪者」という区別を確立した。シゲーレによれば、生来的犯罪者は厳罰をもって処罰されるべきだが、一時的犯罪者は執行猶予付きの判決に留めるべきである。この二つを識別する基準は、犯罪者が以前に有罪宣告を受けたことがあるかどうかでなければならない（しばしば指摘されてきたように、この基準は多分に疑念の余地がある。同じ人物が、純粋に情況的な理由から何度か違法行為を犯すこともあるだろう）[17]。シゲーレはフランスの論争にも精通していたので、全体としては、群集行動の源泉に関して幾分か折衷的な説明を与えた。古典的な原因――道徳的感染、社会的模倣、催眠術的暗示――に、彼は、原始的な情動的傾向と、群集活動に関与する人々の数という量的要因とを付け加えた。シゲーレの師エンリコ・フェリは、犯罪者の五つの型を同定した。「生来的」犯罪者、精神異常的犯罪者、習慣的犯罪者、一時的犯罪者、熱情的犯罪者である。

けれども、議論が進むにつれて、ロンブローゾの提唱した解剖学的特徴と犯罪性との関係を疑問視する傾向が次第に高まった。ロンブローゾ自身、『犯罪人論』の版を重ねる度に、純粋に生物学的な要因に対して環境的要因の重要性を強調するようになった。一八八五年にローマで開催された第一回国際犯罪人類学会で、イタリアとフランスの犯罪学者が初めて対決した。後者は前者の解剖学‐生物学的モデルを初めて問いに付した。一八八九年のパリでの第二回国際学会では、対決は一段と先鋭化した。イタリア側の解剖学上の証拠全体に砲火が浴びせられたのである。一八九〇年代以降、群集行動の生物学的説明は明らかに後退した。イタリア実証主義学派は、イタリア国内では一定の力を発揮する立場を維持し、ファシズム初期の刑法改革においては一定の勝利を収めもしたが、国際的にはその影響力は減退した。この減退は、部分的には、病理学的モデルの解体の結果として群集行動研究の新潮流が出現したためだった。

　病理学的モデルのこうした解体の決定的進展は、群集心理学の伝統そのものが開始された国で起こった。フランスである。一九世紀の最後の十年間に、シャルコーおよびベルネームに率いられて競合関係にあった精神医学の流派間の論点はすべて決定的に解決された。勝利はナンシー学派に帰したのである。このことの諸帰結は、私たちの研究にとってかなりの重要性を有する。まず第一に、生理学的モデルの崩壊は、伝統的に群集心理学の根拠となってきた病理学的な地盤を解体した。大衆社会への移行に伴う新しさが――さらには、危険性が――どのようなものだとしても、そうした新しさや危険性は、初期の群集理論を支配していた病理学的アプローチでは扱い切れないことが次第に明らかとなった。大衆社会が必要としたのは、実証的《ポジティヴ》な特徴付けであり、社会の解体という言語に支配されたそれではなかった。だが、これ以外にも、おそらくもっと重要な何かがあった。群集心理学は、その欠点が何であれ、社会的・政治的アイデンティティの構築における幾つかの決定的に重要な側面――それ以前は適切に扱われていなかった側面――に触れていた。言葉とイメージの関係性、「合理的な」ものに対する「感情的な」ものの優位、全能性感覚、暗示感応性、指導者との同一化、等々。いずれも、集合的行動の真の特徴である。これらに焦点を合わせたことは、社会的行為体《エージェンシー》と社会的行動の理解に群集理論が与えた最も独創的な貢献であった。だとしたら、なぜ群集心理学者たちは結局は失敗したのか？　その理由を見出すのは難しくない。反人民的なイデオロギー的偏向のためである。彼らが、硬直して不毛な二分法――個人／群集、合理的／非合理的、正常／病理的――という枠組みに言説を嵌め込んだからである。けれども、これらの厳格な対立のうちに幾らかの柔軟性《スプレス》が導入されれば、これら二つの極の各々が部分的に相手と混淆し合えば、それだけで、まったく異なる描像が出現する。というのも、その場合、群集理論研究者が記述した大衆行動は、社会的逸脱の一覧ではなく、あらゆる種類の社会的・政治的生を、様々な程度において構造化する諸過程のそれとなるからである。彼らの発見内容を包括的な政治理論に統合することが必要だった。それを、逸脱したもの、周辺的なもの、非合理的なものに格下げしてしまうのではない理論である。この突破が可能になるためには、パースペクティヴの根源的な変化が必要だった。このルビコン河は数年の後、ウィーンにおいて渡られたのだった。フロイトは、正常な心理を理解する鍵を精神病理学が握っていると告げることになる。そして、自身の論点を証明するために、彼は大衆心理研究を、テーヌやル・ボンの記述した下層民《カナイユ》からではなく、高度に組織化された二つの集団から始める。軍隊と教会である。フロイトに進むのに先立って、けれども、私としては、フロイトの突破を一定程度まで可能にした他の幾つかの進展に言及しておかなければならない。

タルドとマクドゥーガル[*2]

社会心理学のより複合的なアプローチへの前進は一つのパターンを辿った。それを規定する主要な特徴は次のものである。⑴集団類型学において差異化が増大する。⑵ル・ボン的群集の多くの諸特性がより恒常的な集団に移譲され、さらに、これらの新たな社会的存在に適用されることで当の諸特性が再定義される。⑶もっぱら個人に属すると考えられていた多くの諸特性が、集団へと移譲される――この移譲によって、初期の集団心理学を支配していた硬直的な集団／個人の対立がぼやけ始める。初めの二つの特徴が主としてガブリエル・タルドの理論的介入に関わるとすれば、第三のものはウィリアム・マクドゥーガルの研究に見出されることになる。

タルドの知的軌跡に、このパースペクティヴの変化が徴候的に示されている(18)。最初、「模倣」という彼の中心的なカテゴリーは、依然として「暗示」の概念に完全に支配されていた。一八九〇年公刊の『模倣の法則』では、模倣と夢遊病の厳密な類比《アナロジー》が樹ち立てられる。指導者（催眠術師に相当する）の役割が、模倣の可能性を規定する際に中心的である。新しさの導入を伴う創出（指導者に対応する役割）と、人民大衆に対応する社会的再現様式である模倣との間に、明確な区別が引かれる。社会の結束は、こうした模倣の法則の結果である。これは複数の水準で働くが、つねに、合理的かつ創造的な契機を低位の非創造的な契機に従属させる方向に進む。例えば、信念［croyances］という認知的側面は、感情的側面［désirs］に対比して二次的な役割を占める。模倣の可能性そのものが、高次の精神的機能を犠牲にして低次の機能を増強することに懸かっているのである。彼の経歴のこの段階においてタルドが与えた大衆行動の記述では、初期の群集理論研究者の決まり文句が悉く繰り返される。群集は合理的思考ができないとされ（彼は、アンリ・フルニアルに倣って、群集を「脊髄だけの生き物」と呼ぶ）、未開人や女性と同一視される。そして、あらゆる種類の集団への結集が体系的に貶められる。

けれども、既にこの初期段階においてタルドは、後の思想を先取りする一群の差異化を確立している。以下において、タルドの二つの試論を論じてみたい。初期の「犯罪群集と犯罪結社」は一八九三年に初版が公刊された。二番目の「公衆と群集」は論叢『世論と群集』（一九〇一年）に収録された[19]。これらを比較してみると、タルドの導入した区別が徐々に陰影を増すことに気付く手助けとなる。

タルドは第一の試論を、人間の様々な凝集形態の間に、それらが到達した内的組織化の程度に応じて区別を設けることから始める。同じ街路を進む歩行者、列車の同じ車室に乗り合わせた人々、レストランで黙って相席に着く者たちは、潜在的な社会集団である。何らかの突発的な出来事が彼らを単一の情動のうちに融合した場合（列車の脱線、街路での爆発、等々）にだけ、それは現実的なものとなる。「こうした場合に、私たちが群集と呼ぶ、第一次の程度の結合が生まれる。一連の中間的な程度の結合を経て、そうした未熟で過渡的な無定形の凝集体から、この語の最も広い意味で組織団体 corporation と呼ぶことのできる、あの組織化されて階層的な、持続的で規律のある群集へと到達する[20]」。これら二つの極――群集と組織団体――のいずれの側も、相手を犠牲にして全面的に優位を占めるに至ることはない。このことからして既に、タルドが記述しているのは、社会的組織化の様々な型ではなく、程度は異なるにしても、社会体の構造化のうちにつねに存在する様々な社会論理なのではないかという疑念を、私たちは抱きたくなる。とはいえ、一つの共通の特徴が、群集と組織団体の両者に共有されている。集団の基礎が、指導者の存在によって提供されるということである。だから、「あらゆる種類の真の結合体には、あの共通かつ恒常的な特徴がある。公然と目に見えていたり、隠れていたりする首領によって作り出され、多少なりとも導かれるということである。群集の場合には大抵隠れているが、組織団体の場合にはつねに明らかに目に見えている」[21]。これによって、ある集団を統合する支配的な理念が集団に刻み込まれている程度を区別するための一定の基準が与えられる。「いかなる形態の人間の結合体も、次のようにして区別できると主張してよい。(1)幾多の思想ないし意志のうちの一つが指導的なものになる仕方によって、それが勝利を収めるまでの諸思想や諸意志の競合状態によって、(2)指導的な思想や意志に与えられる便宜の多寡によって」[22]。理念が集団のヘゲモニーを握る程度は、群集よりも組織団体において明らかに高い。

　つまり、群集と組織団体は、一つの連続体の両端であり、その間には多くの諸形態《ヴァリエーション》や暫定的な分類の余地がある。だが、いずれにしても、大衆という事象は、群集と組織団体の両者の働きが結合した結果である。後者の存在がなければ、前者はいかなる知的指針も欠くことになり、暴徒の爆発以上のものにはならないだろう。群集的な事象を通じた伝播がなければ、組織団体の社会的影響は必然的に限定されてしまうだろう（タルドが幾分か詳細に論じている、一九世紀の無政府主義者《アナーキスト》の企てを考えてみればよい）。けれども、私たちの目的にとって重要なのは、一つの組織団体（タルドの用語では、犯罪的かどうかはともかくとして、結社《セクト》）に端を発する理念が伝播していくメカニズムに注意を向けることである。この伝播は、それを受容できるだけのイデオロギー的地盤が前以て構成されているかどうかに懸かっている。本質的なのは、「会話や読書によって、クラブやカフェに足繁く通うことによって、魂の準備を整えておくことなのだが、そうなれば、緩やかな模倣の長期に及ぶ感染の中で、新参の思想にも以前からあるものという印璽が押されて受容し易くなる」[23]。理念の伝播の萌芽的な段階、二人の人間の結合においても、それを強化するには暗示が必要となる。二人の成員の一方〔暗示者 suggestionnaire〕が能動的な役割を担い、他方〔被暗示者 suggestionné〕が受動的な役割を担う。理念の伝播が大きな集団に拡張されるときには、二つの現象のどちらかが起こりうる。暗示が集団の全構成員の間で、指導者を含めて、相互的な現象として作動するか、さもなければ、後者〔指導者〕による一方的な暗示行動がなされるのである。

ここで導入されるべき重要な区別がさらにある。暗示のメカニズムは、二つの部分の物理的現前を必要とする場合もあるが、距離を隔てて働くこともあるのだ（タルドが指摘するように、この後者の可能性は、社会的暗示と催眠術の同一視が誇張されるべきではないことを示唆する）。遠隔的な暗示も集団の結束をもたらすことに促されて、タルドは、集団の指導者像に関して新たな一群の区別を立てる。原始的な集団は、「鉄の意志、鷲の眼力と強い信念、豊かな想像力、不屈の自負」を指導者に要求する。ところが、ひとたび文明化の過程が、指導者像に関して、無差別な強さよりも知力や想像力に長けていることを優先するようになると、先の諸特徴は切り離して考えられるようになる。そうなると、大衆の行動は、あまり暴力的でもトラウマ的でもなくなり、より制御し易くなる。「文明化は、幸いなことに、書物や新聞の普及の結果、地理的な面でも名宛人の数においても絶えず拡大することを通じて、他の人々に対する遠隔作用を不断に増大させるという効果を有する。これは、文明が……かくも多くの害悪を代償としながらも……果たす貢献として決して小さなものではない[24]」。

「犯罪群集と犯罪結社」のこの簡潔な要約から、以下の結論を引き出せる。(1)模倣のメカニズムは、社会という連続体《スペクトラム》全体にわたって、等価的な関係を創造する方向に進む。(2)模倣を説明するものは、暗示感応性という観点から理解されるべき、人間の性向である。(3)しかし、この暗示感応性は、一群の限定的な社会現象――群集行動――にだけ見出されるのではなく、人間のあらゆる制度（広い意味で、組織団体として理解される）において働いている。(4)文明化は、社会の差異化を徐々に増大させ、その結果、遠隔作用の果たす役割が拡大する。だからといって、暗示の中心性も、指導者／被指導者の双対という基本構造も変化するわけではないが、両者が働く仕方は一段と複雑になる。私たちはル・ボンの二元論の単純性から明らかに遠ざかりつつある。

　模倣に関するタルドの考え方は、一八九〇年代に変化する。[25] 私が記述してきた暗示の二つの形態――指導者を含む集団の全構成員間の相互的暗示と、指導者から集団構成員への一方的暗示――のうち、次第に中心性を与えられていくのは前者である。この中心性は、私たちが見てきたように、タルドが文明の発展の支配的な路線と考えるものの結果である。すなわち、社会的組織化の型が前進するにつれて、遠隔作用が直接的な物理的接触に置き換えられるのである。ファン・ヒネケンも指摘しているが、「interspiritual, intermental, interpsychological」といったように、「inter-〔相互―〕」という接頭辞を、タルドはきわめて頻繁に用いる。その結果、模倣は暗示という観点からは理解されなくなっていく。「彼の見るところ、集結した集団における社会的影響は一種の暗示として理解できるかもしれないが、分散した集団における社会的影響はある種の相互作用として考えられた方がよい。強調点を移し続けることによって、タルドは、群集心理学の古いパラダイムと縁を切り、ル・ボンの限定的なアプローチを迂回し超越できた[26]」。

　この新たなアプローチは、タルドの一八九八年の試論「公衆と群集」に明らかに見て取られる。群集と公衆の対照が、冒頭で言明される。「群集の心理学は確立された。今や、以下の新たな意味で理解された、公衆の心理学が確立されなければならない。すなわち、純粋に精神的な集合性として、物理的には分離していて完全に心的にだけ結束している諸個人の散布状態としてのものである」[27]。この意味での公衆は、古代世界や中世には知られていなかった。その出現の前提条件は、一六世紀における印刷機の発明だった。しかし、この頃の読者公衆は少数であり、一八世紀を俟ってようやく一般化と細分化の過程――フランス革命期に、政治ジャーナリズムの到来とともに深化され強化される過程――が始まった。とはいえ、この当時、革命的公衆とは主にパリ市民だった。真に国民的《ナショナル》で、国際的《インターナショナル》でもある公衆の出現を見るには、二〇世紀を、高速の輸送・通信手段の発展を待つ必要があった。タルドによれば、群集――家族と並んで、社会集団のうちで最古のもの――は過去に属する。私たちの社会の未来は、公衆にこそ見出されるべきなのである。「こうして、相互に作用する三つの発明、印刷機、鉄道、電信が結び付けられることで、報道の驚くべき力が形成された。あの驚嘆すべき電話は、護民官や説教師のかつての聴衆をかくも信じられないほどに拡大した。それゆえ、私たちの時代は「群集の時代」だという精力旺盛な著者ル・ボン博士に与することはできない。それは、まったく別の、公的なものの時代、公衆の時代なのである」[28]。

公衆と群集の構造的差異は、タルドによって明確に規定されている。人は、多数の公衆に属することはできても、群集には一つしか属せない。この複数性の帰結は、公衆が「懐疑主義における進歩とは言わないまでも、寛容における進歩」を表わすということである。そして、公衆から群集へ後退する動きは大いに危険かもしれないが、きわめて例外的であり、「公衆から生じた群集の方が、いかなる公衆にも先立つ群集と比べて僅かでも残忍さを欠くかどうか検討してみるまでもなく、二つの公衆が対立したとしても、不確定な境界を越えていつでも合流するかもしれないわけだから、明らかに、社会の平和にとって、対峙する二つの群集が遭遇するよりも遥かに危険は少ない」[29]。公衆は、自然的な諸要因の影響にも、人種的な諸要因の影響にもあまり左右されない[30]。新聞発行者が公衆に行使する影響力は、指導者が一定の時点で群集に行使するものほど強烈ではないが、長期的に見れば、より深く持続的である。それは、以前は言説的形式に表象できなかった散漫な感情状態に、表現を与え、イメージへと結晶化するのである。

エドゥアール・ドリュモン*3が反ユダヤ主義を呼び起こすには、彼の扇動の企てが、全人口中に散らばっている一定の精神状態に呼応する必要があった。とはいえ、そうした精神状態に共通の表現を明瞭に与える声が上がるまで、それは、純粋に個人的で、さほど強烈でもなく、感染力も弱く、無自覚なままに留まっていたのだった。……私は、住民が一人のユダヤ人も見たことがないようなフランスの諸地方を知っている。だからといって、反ユダヤ主義が猖獗《しょうけつ》を極めるのが妨げられるわけではないのは、彼らが反ユダヤ主義的な新聞を読んでいるからである[31]。

公衆の出現は、新たな社会的実在を既存のものに付加するだけでなく、後者の間の関係を統御していた社会論理を変化させる。従来からあるすべての集団——宗教的、経済的、芸術的、政治的、等々——が、自前の新聞を保有しようと望み、自前の公衆を構成する。けれども、そうすることで、それらは、自身のアイデンティティも、他の諸集団との関係も根本的に変化させる。それらは、職業上の諸利害の純粋な表現から、理念的切望や心情的意見、理論的理念といった観点から理解された諸部門の表現となっていく。「諸利害は……つねに理論や情念の中に封印され昇華されたものとしてだけ……それ［報道］によって表現される。それは諸利害を精神化し理念化するのである」[32]。同じく、政党も、かつてのような不動の参照点ではなくなる。それは、公的になるにつれて、多様なイデオロギー的影響力に縦横に貫かれ、数年毎に分裂と再結集を繰り返すことになる。私たちのポピュリズム分析にとっても決定的な、社会集団のこうした変形に伴う主要な帰結を明確に述べておこう。すなわち、従来の大衆理論研究者たちが群集を、社会の合理的組織化に固有の差異化を解体する方向に、そして、未分化な大衆に個人を吸収する方向に進むものとして提示したのに対して、この同質化の論理は、タルドによれば、群集の場合だけでなく、公衆の場合にも働いている。それだから、

私たちが指摘してきたあらゆる差異にもかかわらず、群集と公衆という、社会進化のこの二つの極限は以下の事実を共有する。つまり、様々な諸個人を統合する絆は、彼らの多様性自体を通じて、相互に有用な特殊性を通じて、彼らを調和させることにあるのではない。そうではなく、彼ら自身を互いのうちに反映させ合うことにある。生得ないし獲得された類似を通じて彼ら自身を、単純で強力な単一性――だが、その力は、群集よりも公衆において遥かに大きい！――の中で、しかも、個々の差異が自由に戯れるのを妨げはしない理念や情念の交感の中で、連携させることにあるのである[33]。

群集の様々な型《タイプ》や、公衆の場合にそれらに対応する諸特徴についての、タルドの冗長な議論は割愛しよう。それは――重要ではあるのだが――、私たちの主要目的から余りにも懸け離れてしまうからである。ここで大いに関連するのは、タルドが導入する最後の一つの区別――愛情の群集と憎悪の

群集の区別――だけである。ここでも再び、群集と公衆の差異化が強調されなければならない。「激怒した群集が要求するのは、一つ以上の首である。しかし、公衆の活動はそれほど単純ではない。それは容易に、陶片追放、迫害、財産没収といった発想にも、改革やユートピアの理想にも向かうからである」。だが、公衆の場合にも、憎悪は中心的な役割を果たす。「新しくて巨大な憎悪の対象を公衆のために発見したり発明したりすることは、依然として、ジャーナリズムの王者の一人になる最も確実な手段の一つである[34]」。けれども、タルドの結論は全面的に悲観的なわけではない。公衆の長所は、慣習を流行に、伝統を革新に置き換えることにだけ見出されるものではない。「彼らはさらに、実に多様で果てしなく衝突し合う人間の連合体の間の明確で持続的な分割を、未完成で可変的な分節形成に置き換える。恒常的刷新と相互浸透の過程の中で、その境界はぼやけていくのである[35]」。

初期の群集理論研究者たちが群集の精神生活を個人のそれと対置したのに対して、ウィリアム・マクドゥーガルは、群集と、高度に組織化された集団との区別――個人の到達点を前者は低め、後者は高める――を導入する。フロイトが指摘したように、マクドゥーガルによる群集の描像は、ル・ボン流の群集理論研究者の研究に見出されるのと同じくらい、好意を欠いたものである。彼は、純然たる偶発的な結集以上のいかなる群集にも見出される同質性という次元を強調する。「それゆえ、一つの群集を形成する人々の間には、精神的構成についても、利害や心情についても、ある程度の類似性が、集団としての一定程度の精神的同質性があるはずだ。そして、人間のいかなる結集であれ、この精神的同質性の程度が高くなるほど、心理学的群集はより速やかに形成され、集合的生の表出はより顕著かつ強烈になる[36]」。

群集の形成には、情動の高揚と強化が必要である。マクドゥーガルが典型的なものとして持ち出すのは、切迫した危険に直面したときに諸個人の集団が経験するパニックである。マクドゥーガルは、同一の情動がこのように群集内に急激に拡散することを、「情動の直接的誘発の原理」と彼が呼ぶものの結果として説明する。「その場にいる個体のうちのごく少数が何らかの脅威の対象に気付いただけで、人々（や動物）の集まりがたちまち、パニックに陥った群集に変貌するという事実は、原始的な共感反応による情動の直接的誘発という原理によって理解できる」[37]。同じように、群集の中で卓越した立場を占める恐れ知らずの少数の個体がパニックを食い止めることもある。

同じ直接的誘発の原理が、他の諸情動の拡散も説明する。これが、そうした諸情動を共有する者すべてに、強大で抗いがたい一つの力を感じさせるのである。このことは、群集の精神の二つの特色に関係する。

まず第一に、個人は、群集の一人になると、自己意識、自分が一箇の人格だという自覚をかなりの程度まで失う。それに伴って、とりわけ人格的関係についての彼の意識にも何かが起こる。彼は一定の範囲で脱人格化されるのである。第二に、この後者の変化にも密接に関連するが、個人的責任の感覚が減退する。個人は、自分には制御できない諸力に包み込まれ、影を投げ掛けられ、駆り立てられているように感じる[38]。

群集には、構成員の平均的知性を低下させる効果がある。これは、全員が従うべき水準を最下層の精神が確定することの結果であり、また、群集構成員の暗示感応性が増大することの結果である。その結果が、私たちには既に見覚えのある記述である。

未組織で単純な群集の心理学的特徴を、私たちは次のように要約できるだろう。それは過度に情動的、衝動的、暴力的、移り気、無定見、優柔不断で、行動は極端、粗雑な情動と洗練されない心情しか示されない。極度に暗示を受け易く、熟慮においては注意を欠き、判断においては性急、単純で不完全な形式の推論しかできない。容易く動揺し誘導され、自己意識を持たず、自尊心と責任感に欠け、自身の力の意識に駆り立てられがちである。それだから、無責任で絶対的な力についてついて予期されるような、あらゆる徴候が産み出される。[39]

以下、同様。

ところが、高度に組織化された集団に移ると、状況はまったく異なる。「一時的で未組織な群集の行動を、より高次の平面に引き上げる状況が一つ……ある。すなわち、その全構成員の精神に、明確に定義された共通の目的が存在していることである」[40]。そうした共通の目的を構造的に定義する諸特徴を記述する前に、マクドゥーガルにとって、未組織な群集の水準以上に集団の意識を引き上げるための五つの前提条件が何かについて、簡潔に言及しておきたい[41]。第一のものは、集団が何らかの種類の時間的連続性を有する必要があるということである。第二に、集団の構成員は、「集団について、その性質・組成・機能・能力について、さらに、集団に対する個人の関係について、何かしら適切な理念を形成して」いなければならない。第三に――これは本質的ではないが――、他の集団との相互作用を通じて、構成員は、自分たちの属する集団について幾分か相対的な見方を作り上げていなければならない。第四に、「集団の構成員の精神の中に一群の伝統・習慣・慣例が存在していて、互いに対する、また、集団全体に対する彼らの関係を規定する」ということである。第五の、そして最後の前提条件は、集団の内的な分化《ディファレンシエーション》ないし組織化の存在である。これは、条件四で特定された伝統ないし習慣に立脚することもあれば、外部の権力から集団に課せられることもある。

適切に組織化された集団の事例として、マクドゥーガルは、日露戦争での日本軍を挙げる。この種の集団では、個人がそれによって自分を全体の一部分として見る機能的な分化と、集団の最も有能な構成員（軍隊の場合、総司令官）への熟慮と選択の資格の割り当てとが組み合わせられる。集合的行動の最良の諸属性と、個人の熟慮や決断とをこのように組み合わせることで、組織化された集団の知的・道徳的標準は、その個々の構成員の標準よりも遥かに引き上げられる。鍵となる文章が以下である。

これが、あらゆる人間集団の実効的な組織化の本質的特徴である。これによって、集合的行動の共通の目的が全員に意志される一方で、手段の選択は、熟慮と選択の資質に最も恵まれ、それを行う最善の立場にある者に委ねられることが確保される。さらに、そのように選択された手段によって諸部分が、共通の目的を成し遂げるべく協調しながら自発的に行動することが確保される。このようにして、適切に組織化された集団の集合的行動は、単純な群集のそれのように、群集の平均的個人よりも遥かに劣った知性・道徳性の程度をもたらすような、単に衝動的で本能的な行動などではなく、集団の平均的構成員より遥かに高次の知性・道徳性の程度を表現した、真に意志的な行動となる。つまり、全体は、その平均的構成員の水準以上に引き上げられるのだ。しか

も、情動の高揚と、熟慮に基づいて組織化された協調によって、最高の構成員の水準以上にまで引き上げられるのである。(42)

最後に、マクドゥーガルの集合的意志――すなわち、集団の構成員の精神に現前する共通の目的――の概念について言っておくべきことがある。彼は、一般的ないし集合的な意志と全個人の意志という準ルソー的な区別を行うことから始める。集合的意志を構成するには、共通の目的だけでは足りない。彼が挙げる例は、罪を犯したとおぼしき黒人にリンチを加える、アメリカ南部の白人の群集である。無慈悲な決定を下して処刑を実行するという共通の意志に集団は支配されているが、それだけでは集合的意志を構成するには足りない。何が欠けているのか？　多分に高度に対象備給《カセクテッド》された、集団そのもののアイデンティティのイメージへの同一化である。どうすれば、それが生じるのか？　ここで、マクドゥーガルの社会心理学における個人的意志と集合的意志の関係を考慮しなければならない。彼が「自尊感情」と呼ぶもの、自己同一性の感情は、彼によれば、他の対象にも拡張される。

自己が同一化するすべての対象に、自己に属するものとして、つまり、広義の自己の部分として扱われるすべての対象に〔拡張される〕。この拡張は主として、他者が私たちをそのような対象と同一視するという事実に依拠する。その結果、私たちは自らを、その対象に向けられた他者のあらゆる注視・態度・行動の対象であるように感じ、そして、私たちが個々人として同様の注視・態度・行動から影響を受けるときと同じ仕方で、それらから情動的に影響を受ける。さらに示されたように、そうした感情は、それとは別に育まれてきた対象への愛着の感情と融合することを

通じて、純粋な自尊感情以上に広範で情動的に豊かなものとなることもある。(43)

マクドゥーガルは、愛国者の軍隊と傭兵の軍隊との比較を通じて、論点を説明する。彼の考え方のまさに中核には、自尊心と、集団への同一化とを厳密に隔てるものは存在しないということがある。というのも、自尊心とはつねに、既に社会化された自己を尊重することであり、諸対象の存在は、そうした自己の構築そのものの一部分として前提されているからである。

自尊感情と高度な集団的感情との主要な差異は、後者には通例、集団自身のための、また、仲間の構成員のための、集団への献身という要素が伴うことである。つまり、集団的感情は、自尊的性向と利他的性向との綜合なのであり、そこにおいて、それらが相互の支持と強化へと調和する。強力な利己的衝動が、自己の福利の促進よりも高次の諸目的へと昇華させられるのである。(44)

重要な点は、マクドゥーガルにとって、集団の統一性そのものが、集団の構成員の統一性を等価的に確立する同一化の共通の対象に根差していることである。私たちは既に、同質化する「理念と情念の交感」――この交感がもたらす等価性――は、群集の場合だけでなく、公衆でも働いているというタルドの主張のうちに、これと似たものを見出していた。この等価性という概念――もちろん、マクドゥーガルやタルドの理論構築を遥かに越えて展開されるのだが――は、本書第二部で私が提示するポピュリズム理解にとって決定的である。けれども、その前に、フロイトの果断な介入を考察しなければならない。

フロイトによる突破《ブレイクスルー》

フロイトの「集団心理学と自我分析」（一九二一年）は、疑いもなく、大衆心理学においてそれまでに為し遂げられた最も根源的な突破――たとえ、最初から認めねばならないように、その洞察の潜在性が十分に展開されるのを妨げた幾度かの行き詰まりがあったとしても――であった。フロイトの研究は、以下のような主張から始まる。すなわち、個人心理学と社会心理学の対照は、注意深く考察してみると、明確さをほとんど失ってしまうのだが、それというのも、個人は人生の最初からつねに変わることなく、「模範としての、対象としての、助力者としての、敵対者としての」他の誰かに結び付いていて、「それゆえ、個人心理学は、そもそもの始めから……同時に社会心理学でもある[45]」からだというのである。けれども、それに続く箇所で、フロイトはこの社会的連関の構成的性格を相対化する。彼の論ずるところでは、親、兄弟姉妹、愛の対象、医師とのこうした社会的連関は、「ある一定の別の過程と対比される。私たちが「ナルシス的」と記述するものである。そこでは、欲動の充足は、他の人々の影響から部分的ないし全面的に撤退している[46]」。フロイトは、社会的欲動とナルシス的欲動の差異に基づいて、社会心理学と個人心理学の区別を確立する。これから見るように、このことは重要な帰結をもたらす。というのも、彼の結論によれば、二つの心理学は並行して進化してきたもので、社会的結束の別々の側面に適用されるからである。集団の通常の構成員が、彼ら相互の連関に関する限り、社会心理学の標識下に入るのに対して、ナルシシズム（個人心理学の地盤としての）が十全に適用されるのは、集団の指導者に対してだけとなる。(47) とはいえ、議論のこの初期段階にあっても、疑問が抱かれるかもしれない。すなわち、ナルシシズムにおいて欲動の充足が他の人々の影響から撤退するとしても、この「撤退」は、その拒絶自体のうちに、他者への参照の痕跡を残してはいないのか、と。そして、その意味で、社会的過程の部分に留まるのではないか、と。

この点には後ほど立ち戻ろう。けれども、まずは、フロイトの議論の主要な道筋を再構築しなければならない。フロイトの主張によれば、彼の先達たちの社会心理学は、社会的拘束の本性よりも、群集の部分となるときに個人が経験する変化を記述することに関心を寄せてきた。「暗示」が、この拘束の本性を規定しようとしたあらゆる努力の限界だった。フロイトが提案するのは、「暗示」をそれ自体が説明を要する語として脇に置くこと、そして、社会的結束の本性を説明する鍵カテゴリーとしてリビドーに訴えることである。社会的結束はリビドー的結束なのである。そうなると、それは「愛」に関わるすべてに関係する。その核は、もちろん、性愛にある。だが、精神分析が示してきたように、性愛を「一方では、自己愛、他方では、親子の愛、友愛、人類一般への愛、さらには、具体的対象や抽象的理念への献身」から分離するわけにはいかない。欲動は、両性間の関係においては性的合一へ向かうが、「他の情況においては、この目的から逸らされたり、そこに達するのを妨げられたりしながらも、それでもつねに、その元来の本性は十分に保全され、その同一性を認識可能なままに保たれる」(48)。続いて記述されるのが、教会や軍隊において作動するリビドー的拘束である。一方では、これらの制度の構成員を互いに結び付け、他方では、彼らすべてを、キリストや総司令官といった指導者に結び付けるものである。さらに、そうした指導的人物が思いがけず消え失せたときに起こる崩壊の過程も記述される。

フロイトが次に議論するのは、他の人々との密接な紐帯すべてに宿りながらも、もっぱら抑圧を通じて知覚から閉め出される、嫌悪ないし敵意の感情である。密接な関係にある人々にこの敵意が向けられた場合、両義的《アンビヴァレント》な感情ということになる。だが、見知らぬ人に向けられると、そこには自己愛の――ナルシシズムの――表出が明確に見て取られる。けれども、集団形成の場合、自己愛は制限されたり中断されたりする。フロイトの言葉でいうと、「集団内の諸個人は、あたかも自分たちが一体であるかのように振舞い、他の構成員の奇矯さを許容し、自分を彼らに合わせ、彼らに嫌悪の情を抱かない。ナルシシズムのこうした制限は、私たちの理論的見解によれば、もっぱら一つの要因、他の人々へのリビドー的拘束からしか産み出されない。自己への愛は、ただ一つの障壁――他者への愛、対象への愛――しか知らない」[49]。こうなると、集団構成員の間に確立される種類の情動的結束を研究することが必要となるが、これはさらに、恋慕という現象を綿密に検討することにつながる。集団を束ねるこうした情動的拘束は、明らかに、愛の欲動である。それは、その元来の目的から逸らされたものだが、フロイトによれば、きわめて精確なパターンを辿る。同一化である。

同一化は、フロイトによれば、オイディプス・コンプレックスという初期個人史に関連した、「他の人格への情動的拘束の最初期の表現」[50]である。同一化には三つの主要な形式がある。第一のものは、父との同一化である。第二のものは、愛の選択‐対象との同一化である。第三のものは、フロイトによれば、「性欲動の対象ではない何らかの他人と共有された共通の性質を、何らかの形で新たに知覚する度に」生じる。「この共通の性質が重要であるほど、この部分的同一化はより上首尾に進み、そうして、新たな拘束の始まりとなりうる」[51]。この第三の型の同一化が、集団構成員間の相互拘束に見出されることになるものである。そして、フロイトが――疑念を残しながらも、決然と――付け加えるところによれば、この同一化が基づく共通の性質は「指導者への拘束の本性のうちにある」[52]。指導者への拘束を、どのように理解すればよいのか？　フロイトはこの問いに、「恋慕」の様々な形式という観点からアプローチする。第一次的な恋慕の仕方は、ある対象において性的充足を経験することである。けれども、対象に備給された心的エネルギーは、満足が得られる度に消尽される。そうなると、欲求が定期的に更新されるという意識が「情愛の」感覚としての愛につながり、情熱の静まった休止期の間も対象に結び付けられるようになる。親に対する子供の愛は、ひとたび本来の性的欲動の抑圧が定着してしまえば、この「情愛としての」性質を帯びる。個人の将来の生は、この官能的愛／情愛の二元性に支配されることになろう。それらは、同じ対象を重層的に決定するかもしれないし、別個の対象に備給される二つの極となるかもしれない。対象への愛の備給は、ナルシス的なリビドーが溢れて対象にまで広がることを意味する。これは様々な形態を取り、様々な程度を示すが、それらの共通分母は対象の理想化なので、したがって、対象は批判を免れることになる。それゆえ、「愛の選択の多くの形式において、対象が、私たち自身では達成できない何らかの自我理想の代役を務める」という状況が生じる。「私たちがそれを愛するのは、自分自身の自我について到達しようと励んできた完全性のため、だが今や、自分のナルシシズムを満足させる手段として、この迂遠な仕方で入手しなければならない完全性のためなのである[53]」。

ひとたび議論がこの地点まで到達すると、フロイトは、三箇所のとりわけ濃密な段落において、彼の以前の歩み《デマルシュ》で切り拓かれた二者択一のシステムを考量し直す。私たちが恋慕するとき、「自我はますます控え目で謙虚になり、対象はますます崇高で貴重になる。遂には、対象が自我の自己愛を丸ごと所有し、そうして、当然の帰結として、自我の自己犠牲に至る。対象がいわば自我を喰い尽くしてしまうのである。……この状況全体を、一つの定式のうちに完全に要約できるだろう――対象が自我理想の場所に置かれたのだ」[54]。それでは、恋慕と同一化の関係についてはどうか？　ここで、フロイトの議論は幾分か躊躇いがちになる。だが、この躊躇こそが、それをとりわけ啓発的にしているものなのだ。彼がまず述べるところでは、同一化と、極端な形態の恋慕――彼が「魅了」や「呪縛」と記述する――との差異は、同一化では自我が対象を自身に取り込むのに対して、恋慕では「自我が対象に屈して、自分自身の最も重要な構成要素を対象で置き換える[55]」という事実のうちに見出されなければならない。

　ところが、ここで躊躇が始まる。というのも、この記述は「本当は実在しない区別の幻想を創り出している」からである。「経済論的に見て〔自我が〕貧しくなったか豊かになったかが問題なのではない。極端な場合の恋慕を、自我が対象を自らに取り込んだ状態として記述することも可能である[56]」。そこで、彼はこの区別を他のものに置き換えようとする。同一化においては、対象は失われ、自我に取り込まれる。自我は、「失われた対象というモデルに倣って」自らを変容させる。恋慕の場合には、自我を犠牲にして、自我による対象の過剰備給《ハイパーカセクシス》が起こる。しかし、この二者択一にもフロイトは必ずしも満足しない。この時点で、彼は決定的な問いを自らに問う。「対象備給《カセクシス》が放棄されるというのは本当に確かなのか？　対象が残されたままの同一化はありえないのか？[57]」ここで彼は、別の二者択一の可能性を示唆する。「要するに、対象は自我の場所に置かれるのか、それとも、自我理想の場所に置かれるのか？[58]」

　これを以て、私たちはフロイトの議論の頂点に到達する。彼はそこから、催眠術と恋慕を簡潔に比較することに、さらに、指導者への共通の愛（もちろん、その性的衝動性を阻まれた愛）の結果として人々の間に築かれる等価的忠誠という観点から集団形成を性格付けることに進む。社会的結束の定義が、この分析から導かれる。「この種の一次的集団は、一つの同じ対象を各人の自我理想の場所に置いた、そして、その結果として、各人の自我において互いに同一化した、多数の個人である」[59]。さらなる議論に向けて、私たちは、この分析に含意された二つの結論を取り出しておかなければならない。第一に、この論点について厳密にフロイトの議論に従う限り、同一化が起こるのは指導される者たちの間であって、彼らと指導者の間ではない。そうなると、後者が同輩中の第一人者《プリムス・インテル・パレス》である可能性は閉ざされる。第二に、いかなる同一化の根拠も、もっぱら指導者への共通の愛であることになる。同一化と恋慕の区別に関する、フロイトの曲折に満ちて多分に躊躇いがちな苦闘は、社会的結束の構成における諸機能の厳密な分化――兄弟間の同一化、父への愛――のうちで、一見したところは解決される。私たちはそこから、社会を構成するものとしての群れ《ホルド》の神話へと、また、ナルシス的な心的行為と社会的な心的行為の分化という観点からの個人心理学と社会心理学の区別へと、容易く進むことができる。

この注目すべき理論的な連なりをどう考えるべきだろうか？　一つの可能な結論は、ミケル・ボルク＝ヤコブセンが到達したものである[60]。彼の見方によれば、フロイトは、政治的なものに批判的な仕方でアプローチしたり、そこに社会的結束という本質の疎外を見たりするのではなく、社会的なものを、政治的なものによって成型されたものとして、最愛の首領の存在に自らの構成を依拠するものとして理解している。社会は、もっぱら指導者の存在によって首尾一貫性を確保された、同質的な大衆として理解されるのである。確かに、フロイトにとって、社会的結束の樹立に関わる限り、政治的なものが創設的な役割を果たす。指導者への共通の愛が、互いに同一化する者たちに共有された特徴であるというフロイトの見方が、何らかの形でボルク゠ヤコブセン流の読解を促すというのも、確かにその通りである。けれども、私の考えでは、彼の結論は行き過ぎである。というのも、指導者との関係を一方的に強調するならば、フロイトのテクストの中で、様々な社会的配列《アレンジメント》が現実的な可能性として示唆されている箇所すべてを、単純に、無視することになるからである。そうした箇所では、社会的拘束の成立における政治的なものの役割が必ずしも疑問視されるわけではないが、しかし、別の種類の政治も確かに喚起されている。そのすべてが、ボルク゠ヤコブセンの看取した権威主義的含意を孕むわけでもない。こうした別の可能性の含意を十分に展開させるならば、社会的なものについて、遥かに複雑な描像が浮上し、そうなると、「集団心理学と自我分析」の理論的介入の意味が新たな光の下に現われてくる。自分のモデルの社会的有効性を見定めようとするフロイトの試みは、本質的に、二つの方向に進む。

　まず最初に、組織化を通じて社会が個体としての諸特質を獲得する可能性が——社会的凝集の別の様式として——切り拓かれる箇所がある。一つの対象を自我理想の場所に置き、各人の自我を通じて相互に同一化する諸個人から成るものという、集団の定義——先に引用した——に先立って、以下の重要な限定があるのだ。「私たちはようやく、集団について、少なくとも、ここまで考察してきたような集団——つまり、指導者を有するが、過度の「組織化」によって個体としての諸特質を二次的に獲得するまでには至っていない——について、リビドー的構成を表わす定式を与えることができる」[61]。フロイトはさらに、集団の知的不利は「知的任務の遂行を集団から引き揚げて個々の構成員に委ねることで」克服できるというマクドゥーガルの見解に異議を唱える。フロイトの念頭にある代替案は、遥かに根源的なものである。「個人に特徴的だったのに集団形成に際して個人の中から消滅してしまう、まさしくそうした諸特徴を、いかにして集団に調達するのか、ここに問題は存する」[62]。フロイトがこれを、単に類推的な意味ではなく文字通りの意味で言っていたことは、一九二三年版に付加された脚注で、ハンス・ケルゼンによる批判を正面から斥けていることからも証明される。ケルゼンは、そのような組織化を集団の精神に付与することは、実体化（個人にしか属さない心的機能を社会に割り当てる）をもたらしかねないと指摘していたのである。

それでは、社会的凝集の二つの様式――一方は、「組織化」によって社会が個体としての二次的な諸特質を獲得することに基づき、他方は、指導者とのリビドー的紐帯に根差す――のこの対立を、どのように理解するべきなのか？　これらは、別個の種類の集団に適用されるのか？　そうではなく、様々な程度において、あらゆる社会集団の構成に関与する社会論理なのか？　私は、この第二の仮説が正解だと思う。私の見るところ、全面的に組織化された集団も、純然たるナルシス的指導者も、端的に、二つの社会論理が様々な仕方で節合される連続体の背理法《リダクティオ・アド・アブサドゥム》的な――つまり、不可能な――極限でしかない。けれども、「組織化」と「ナルシス的指導者」が、フロイトのテクストの全体構造《エコノミー》の中でそのような身分にあると証明するためには、両原理のそうした結合を、テクスト上の実例として幾つか示すことができるのでなければならない。これが、私の次の任務である。

実際には、それは困難な任務ではない。フロイトは、そうした結合の例を数多く挙げているからである。「自我における分化の程度（邦訳「自我の一つの段階」）」という示唆的な表題の章で、彼は、個人の習得した素養が群集の中で消滅するという驚異、「個人が自分の自我理想を放棄して、指導者に具現された集団理想に置き換えるということを意味するものとして」――あらためて、こう述べられている――解釈されるべき驚異を論じる。けれども、彼は直ちに付言しなければならない。

補正のために付言しなければならないが、この驚異は、あらゆる場合に等しく大きいわけではない。多くの個人においては、自我と自我理想の分離はそれほど進むわけではない。この二つは依然として、速やかに合致する。自我はしばしば、初期のナルシス的な自己満足を保存しているからである。指導者の選出は、この事情によって大いに促進される。彼は、関与する諸個人の典型的性質を、特に明らかに際立った純粋な形式で有しているだけでよい。そして、より大きな力と、より多くのリビドー的自由という印象を与えるだけでよい。そうなれば、その場合、強力な首領への欲求が大抵、彼で折り合いを付けることになる。そして、そうでもなければおそらく彼が決して得られそうもなかった優越を彼に備給することになる。[63]

フロイトはこの新たな説明で、正確には何を語っているのか？　端的に、強力な指導者への欲求が個人で折り合いを付ける場合、指導者は、指導されることになる者たちと共有する諸特徴を彼が特に際立った仕方で提示するときに限って受け入れられるということである。言い換えれば、被指導者は、かなりの程度まで、指導者と同じ素材《イン・パーリ・マテリア》でできている。ということは、後者は同輩中の第一人者《プリムス・インテル・パレス》となるのである。そして、この構造上の変容から、三つの重大な帰結が導かれる。第一に、集団の構成員間の同一化を可能にする「共通の何か」は、単に指導者への愛だけに基づくわけにはいかず、指導者と被指導者が共有する何らかの積極的《ポジティヴ》な特徴に基づくことになる。第二に、同一化は、自我と自我の間でだけ起こるわけではない。自我と自我理想の分離は、決して完全ではないからである。これは、指導者との同一化が一定程度まで可能になることを意味する。「集団心理学と自我分析」への「補遺」でフロイトは、軍隊とカトリック教会を対比しながら、この可能性を仄めかす。軍隊で兵士が自分を総司令官と同一視するのは滑稽だが、教会は、信者が他のキリスト教徒と同一化する以上のことを要請する。「彼はキリストとも同一化し、他のすべてのキリスト教徒を、キリストが彼らを愛するように愛さなければならない。したがって、両方の場面で、教会は、集団形成によって与えられたリビドー態勢が補充されることを要請する。対象選択が起こったところに、同一化が付加されなければならない。そして、同一化があるところに、対象愛が付加されなければならない[64]」。第三に、指導者が、集団の全構成員に共通する特徴を特に際立った仕方で提示するからこそ指導するのだとすれば、彼はもはや、純粋な形では、専制的でナルシス的な支配者ではありえない。一方において、同一化を可能にする共同体の実質性そのものに参与することで、彼のアイデンティティは分裂する。彼は父だが、しかし、兄弟の一人でもあるのだ。他方で、彼の支配する権利は、彼が特に目立った仕方で全員と共有する特徴を集団の他の構成員が承認することに基づく以上、指導者はかなりの程度まで、共同体に説明責任を負う。指導力への欲求は依然として存在するだろう――その構造的な理由を、フロイトは実際には探究していないが、私たちは間もなくそれに立ち戻るつもりである――が、それは、ナルシス的な専制君主の概念に伴うものではなく、遥かに民主的な指導力である。私たちは事実上、グラムシがヘゲモニーと呼んだ、合意と強制の独特の結合から懸け離れたところにいるわけではない。

この議論を締め括るにあたって強調しておきたいのだが、フロイトは、集団形成の過程を、群れ《ホルド》の権威主義的な首領の中心的役割に還元するのは不可能だと明敏に気付いていたからこそ、「集団心理学と自我分析」第六章の冒頭において、他に考えられる状況や社会的結合の目録を提供しているのである。それは、実際、知的に踏破されるべき処女地の、ある種の綱領的な記述である。省略《イン・イクテンソ》なしに引用するに値する。

さて、他にも多くのことが、集団の形態学において、検討され記述されるべく残されている。私たちは、自然発生的に生じる、多少なりとも安定した様々な種類の集団に注意を向けなければならず、それらの生成と解体の条件を研究しなければならない。とりわけ、指導者を戴く集団と、指導者のいない集団の区別に関心を寄せなければならない。指導者を擁する集団こそがより原初的で完全なものなのではないか、他の集団では、理念、抽象物が指導者の位置を占めるのではないか（この状態への移行段階に当たるのが、目に見えない頭目を擁する宗教的集団である）、さらには、共通の傾向性や、多くの人の共有する願望がこれと同じ仕方で代替物として役立つのではないか、考察しなければならない。この抽象物は、あらためて、二次的指導者とでも呼べる人物のうちに、多少なりとも完全に具現されるかもしれないし、そうなれば、理念と指導者の関係に興味深い多様性が生じるだろう。指導者ないし指導理念は、いわば、否定的なものでもありうる。特定の人物や制度への憎悪が、肯定的な心服と同じような仕方で統一する働きをなすかもしれないし、同じような種類の情動的拘束を呼び起こすかもしれない。そうなると、指導者は集団の本質にとって本当に不可欠なのかという問いも――他の諸々の問いと並んで――生じるだろう[65]。

結論――出発点に向かって

大衆社会についての考察に一貫性を与えるような、テーヌからフロイトまで繰り返される主題などあるのか。あると私は思う。それは、社会の同質性（ないし無差別性）と社会の分化《ディファレンシエーション》という二元性についての、漸進的な理論的再検討のうちに見出されるはずである。この過程の始まり、大衆行動についての積極的な評価の零度と私たちが呼んだものにおいては、この二元性は、実際には、二元論である。テーヌにとって、社会はその内的凝縮力を犠牲にしない限り、同質化する諸力に扉を開くことはできない。諸条件の平等化は、あらゆる階層や分化の瓦解――すなわち、社会秩序の倒壊――しか意味しない。私たちが見たように、彼にとって、フランス革命とは大虐殺だったわけだが、これは、絶対王政がもたらした画一性の直接的な結果だった。個人を国家に結び付けていた中間団体が、悉く取り払われてしまっていたのである。彼にとって、社会的同質性と、いかなる種類のものであれ社会組織の瓦解とは、同義であった。

この非妥協的な出発点から始めて私が綴ってきた物語は、同質化する（すなわち、等価的な）社会論理を、存続可能な社会体の実際の働きに適合させようとした、一連の努力の物語である。同質化／分化の二元性は維持されたが、二元論としての性格は次第に薄まっていった。最初に、正常なものと病理的なものの明確な区別がぼやけ、これに並行して、従来はもっぱら個人に属すると考えられていた多くの機能が、集団へと移譲された。ル・ボンは群集を共同体の不可避的な部分と見て、それを限

郵便はがき

料金受取人払郵便

神田局
承認

8080

差出有効期間
2020年1月
31日まで

切手を貼らずに
お出し下さい。

101-8796

537

【受　取　人】

東京都千代田区外神田6-9-5

株式会社 **明石書店** 読者通信係 行

お買い上げ、ありがとうございました。
今後の出版物の参考といたしたく、ご記入、ご投函いただければ幸いに存じます。

ふりがな お名前	年齢	性別

ご住所 〒　　-

TEL　（　　）　FAX　（　　）

メールアドレス	ご職業（または学校名）

＊図書目録のご希望 □ある □ない	＊ジャンル別などのご案内（不定期）のご希望 □ある：ジャンル（　　） □ない

書籍のタイトル

◆本書を何でお知りになりましたか？

□新聞・雑誌の広告…掲載紙誌名［　　　　　　　　　　　　　　　　　　　　　　　　　　］
□書評・紹介記事……掲載紙誌名［　　　　　　　　　　　　　　　　　　　　　　　　　　］
□店頭で　□知人のすすめ　□弊社からの案内　□弊社ホームページ
□ネット書店［　　　　　　　　　　　　］　□その他［　　　　　　　　　　　　　］

◆本書についてのご意見・ご感想

■定　価	□安い（満足）	□ほどほど	□高い（不満）
■カバーデザイン	□良い	□ふつう	□悪い・ふさわしくない
■内　容	□良い	□ふつう	□期待はずれ

■その他お気づきの点、ご質問、ご感想など、ご自由にお書き下さい。

◆本書をお買い上げの書店

［　　　　　　　市・区・町・村　　　　　　　書店　　　　　　　店］

◆今後どのような書籍をお望みですか？

今関心をお持ちのテーマ・人・ジャンル、また翻訳希望の本など、何でもお書き下さい。

◆ご購読紙　(1)朝日　(2)読売　(3)毎日　(4)日経　(5)その他［　　　　　　新聞］

◆定期ご購読の雑誌［　　　　　　　　　　　　　　　　　　］

ご協力ありがとうございました。

ご意見などを弊社ホームページなどでご紹介させていただくことがあります。　□諾　□否

◆ご 注 文 書◆　このハガキで弊社刊行物をご注文いただけます。

□ご指定の書店でお受取り……下欄に書店名と所在地域、わかれば電話番号をご記入下さい。
□代金引換郵便にてお受取り…送料＋手数料として300円かかります（表記ご住所宛のみ）。

書名	冊
書名	冊

ご指定の書店・支店名	書店の所在地域 都・道　府・県　　市・区　町・村
	書店の電話番号　（　　　　）

界内に抑え込むためのある種の操作的な教理問答《カテキズム》を考案した。タルドにとって、同質化の等価的契機は、彼が「模倣」と呼んだもののうちに――創造や発明の契機の後に通常続く、反復的な実践のうちに――見出されることになる。つまり、等価的契機は、社会という建造物にとっての接合剤《セメント》そのものなのである。このことは、私たちが見てきた通り、後に彼が群集と公衆の区別を立てるようになると、ますます当て嵌まった――公衆は群集よりも、社会の秩序立った機能と両立し易いが、それにしても、どちらも等しく、類似性という同質化の論理に基づくのである。マクドゥーガルに関して言えば、一方で、群集と組織的集団の明確な区別を立てながらも、他方で、彼は、ある対象との共通の同一化に基づく「集合的意志」という概念を通じて、等価的な原理を、高度に組織化された集団の構成条件として導入したのだった。テーヌにとって対蹠的だった分化と同質性は、もはや互いに対立していない。ここにおいて、私たちはフロイトの理論構築の間近にいる。

　フロイトを以て、二元論の最後の残滓が消滅する。彼が与えてくれたのは、共約不能な原理群の不均質な合算としてそれまで提示されてきたすべてを、一つの統一された理論的母胎からようやく思考できるような、知の枠組みである。彼のテクストに関する私の読解が正しければ、すべてが同一化という鍵概念の周囲を巡っていて、社会‐政治的な選択肢の複数性を説明するための出発点は、自我と自我理想の距離の程度のうちに見出されることになる。その距離が増大する（なぜか？――これは私たちが問わなければならないはずの問いである）とき、フロイトの記述した中心的状況――集団構成員としての仲間との同一化、そして、自我理想の役割の指導者への移譲――が見出されることになる。その場合、共同の秩序を根拠付ける原理がこの秩序に対して超越的となり、その原理との対比において、集団構成員間の等価的な同一化が増大することになる。反対に、自我と自我理想の距離が狭まれば、私が先に記述した過程が起こる。指導者は集団構成員の選択－対象となるが、しかし、集団の部分でもあり、相互的同一化という一般的過程に参与している。その場合、共同体秩序の根拠の部分的な内在化が起こる。最後に、自我と自我理想の断裂が完全に架橋されるという、想像上の（背理法的な《リダクティオ・アド・アブサドゥム》）場合には、これもフロイトの理論が極限的例として熟考した状況が見出されることになる。個人の諸機能の共同体への全面的な移譲――組織化を通じた――である。全面的に調停された社会という種々の神話――つねに変わらず、指導力の不在を、すなわち、政治的なものの衰微を前提とする――が共有するのは、この最後の型の展望《ヴィジョン》である。

この選択肢群のシステムを手にしたことで、私たちはいよいよ、ポピュリズムの問いに立ち戻ることができる。私たちが考察を始めるにあたって列挙した諸々の言説的戦略において、ポピュリズムは、一つの政治現象として棄却されたり格下げされたりしていたが、しかし、いずれの場合も、決して、政治的結束を構築する数多の正当な仕方の一つとして、その特有性において、真に思考されてはいなかった。そして、私たちは既に、ポピュリズムが棄却される理由は、私が「大衆への侮蔑」と呼んだものにおいて持ち出される理由とまったく無関係とも言えないのではないかという強い疑念を抱いている。いずれの場合も、周辺性、一時性、純然たるレトリック、曖昧さ、操作、等々に対する、同様の非難が見出される。私たちの心に忍び込む疑念はもう一つある。こうした棄却は、いずれの場合も、ある同一の偏見――すなわち、社会の構造化や制度化の名の下に、「群集」ないし「人民」という未分化な境遇を忌避すること――と結び付いてはいないかという疑念である。ポピュリズム的な動員が、テーヌの記述したような完全に無定形な大衆活動の表現でないのは確かだが、彼から離れて、ル・ボンやタルド、マクドゥーガルの記述する、より組織化された現象へ進むにつれて、ポピュリズムと集団行動の差異は著しく縮小する。それでも、フロイトにおいて、私たちは、より複合的で有望なアプローチに到達したのである。ここにおいて、あれらの諸形態《ヴァリエーション》を、一つの統一された理論的母胎のうちで説明される選択肢群として見ることができるようになったのだ。これが、本書第二部で「ポピュリズム」概念を練り上げる際の、私の出発点となる。

この課題に取り組むのに先立って、けれども、二点ほど所見を述べておきたい。第一に、精神分析という枠組みにおいて理論を構築したことの結果として、フロイトは研究対象に対して、勝れて発生論的なアプローチをとる。したがって、彼のカテゴリー群を社会‐政治分析の道具として役立てるためには、構造的な再定式化が明らかに必要となる。私たちは、ポピュリズムについての議論という文脈においては、この課題に十分には取り組めないのだが、それでも、第四章の冒頭で、この方向への最小限の歩みを幾らか進めるつもりである。第二に、フロイトを出発の地点に置くからといって、本書は「フロイト的」企てとして理解されるべきものではない。フロイトが取り組まなかった多くの論点があるし、また、彼が辿らなかったものの、私たちの目的にとってはきわめて重要な、多くの道筋がある。それゆえ、私の探究は、複数の知的伝統に訴えなければならない。願わくば、この間テクスト性が探究を過度に折衷的にしてしまわないことを。

第Ⅱ部

「人民」を構築する

Constructing the 'people'

第4章　「人民」、空虚の言説的産出

存在論に関する幾つかの瞥見

暫くの間、第一章の終わりに立ち戻ってみよう。そこで示唆したように、ポピュリズムにアプローチする一つの可能な仕方は、それに付与されてきた軽蔑的なラベルの幾つかを額面通りに受け取ることであり、そして、そうした軽蔑的な含意が維持されるのは、かなり疑問の余地のある一群の仮定を分析の起点として受け入れた場合に限られると示すことであろう。私が言及した二つの軽蔑的命題は次のようなものであった。(1)ポピュリズムは、それが語り掛ける聴衆に関して、その言説に関して、その政治的公準に関して、曖昧かつ不確定である。(2)ポピュリズムは単なるレトリックである。これに対して、私は二つの異なる可能性を対置させた。(1)曖昧さや不確定性は、社会的現実についての言説の欠点ではなく、ある一定の情況においては、社会的現実そのものの側に刻み込まれたものである。⑵レトリックは、自己充足的な概念構造に対比された付随現象ではない。というのも、いかなる概念構造も、レトリックの技巧に訴えることなしには、自らの内的整合性を見出さないからである。仮にそうだとすれば、結論はこうなる。ポピュリズムこそが、政治的なものそれ自体の存在論的な構成について何かを理解するための王道である、と。私は本章で、このことを証明するつもりである。しかし、そうする前に、私の分析を統御する幾つかの一般的な存在論的仮定を明示化しておかなければならない。私は別の著作で[1]これらの側面を予備的な仕方で探究したことがあるので、ここでは、それらの著作の主要な結論を、本書の議論に関連する限りにおいて、要約するだけにしておこう。

三つのカテゴリー群が、私の理論的アプローチの中心にある。

1　言説。言説は、客観性《オブジェクティヴィティ》そのものが構成される主要な地盤である。幾度か明らかにしようと試みてきたように、言説ということで私が意味するのは、言うことや書くことの範囲に本質的に限定された何かではなく、諸関係が構成的な役割を演じる諸要素の何らかの複合体である。これが意味するのは、諸要素は関係的複合体に先立って存在するのではなく、それを通じて構成されるということである。つまり、「関係」と「客観性」は同義語なのである。ソシュールは、言語のうちには実定的《ポジティヴ》な項は存在せず、差異《ディファレンス》だけがある――何かあるものは、他の何かへの示差的《ディファレンシャル》な関係を通じてのみ、それがそうあるものである――と主張した。そして、狭義に理解された言語に妥当することは、意味形成的な（つまり、対象的《オブジェクティヴ》な）あらゆる要素に妥当する。一つの行動は、他の可能な諸行動との差異を通じてのみ、そして、継起的だったり同時的だったりする他の意味形成的な諸要素――言葉や行動――

―との差異を通じてのみ、それがそうあるものである。こうした意味形成的な要素の間には、おそらく、二つの型の関係だけが存在しうる。結合と置換である。コペンハーゲン学派とプラハ学派が言語学の形式主義を徹底して以降、ソシュールにおける音声的・概念的な実質への隷属をも乗り越えて、この根本的突破の存在論的含意が十全に展開できるようになった。純粋に領域限定的な言語学への参照は、かなりの程度まで放棄されたのである。

「関係」のカテゴリーが私の分析にとってこのように中心的であることを踏まえれば、私の理論的地平が同時代の他のアプローチといかに異なっているかは明らかである。例えば、アラン・バディウは集合論を基礎的存在論の地盤と見る。しかし、外延性の概念が集合論にとって中心的であることを踏まえれば、関係のカテゴリーは精々のところ、周辺的な役割しか果たせない。だが、様々な全体論的アプローチの方にも、同じく、究極的には私のパースペクティヴと両立不可能な何かがある。例えば、機能主義は社会的全体について関係的な考え方を有する。だが、そこでは、諸関係は機能に従属しているから、そうなると、与えられた示差的な諸節合に必然的に先立ち、かつ、それら以上のものである構造的全体に、目的論的に再統合されてしまう。さらに、レヴィ＝ストロースのような古典的な構造主義的パースペクティヴ――そこには確かに目的論は不在である――においても、全体は諸差異の戯れ以外の何かのうちで統一性を達成する。この何かとは、人間精神の基本的カテゴリー群なのだが、それは、あらゆる変動《ヴァリエーション》を、基層にある一群の諸対立項に統御された諸要素の組み合わせに還元してしまうのである。私のパースペクティヴからすれば、諸差異の戯れの彼方には何もない。全体のうちの幾つかの要素をア・プリオリに他の要素より優先させる根拠は何一つない。ある要素が何らかの中心性を獲得するとしても、それは諸差異の戯れそのものによって説明されるのでなければならない。いかにしてか？　これが、私の第二のカテゴリー群へと導く。

2　空虚なシニフィアン、およびヘゲモニー。私は、これらのカテゴリーをきわめて大まかな仕方で提示しておく。というのも、それらには、本章で幾度か立ち戻らなければならなくなるからである。理論的論拠をさらに展開させたヴァージョンについては、「なぜ空虚なシニフィアンは政治にとって重要なのか[2]」を参照されたい。私たちの二重の課題は以下の通りである。

(1)　純粋に示差的なアイデンティティ群を論じていることを踏まえれば、私たちは何らかの仕方で、それらのアイデンティティがその内部で差異的なものとして構成される、そうした全体を規定しなければならない（実定的《ポジティヴ》で、外在的にのみ関係し合うアイデンティティ群を論じているのならば、明らかに、この問題は生じない）。

(2)　ア・プリオリな「最終審級における決定」の能力を備えた、何らかの必然的な構造的中心を仮定しないとなると、全体化する脆弱な地平を辛うじて構成する「求心的」な諸効果は、諸差異それ自体の相互作用から由来するしかない。どうすればこれが可能か？

「なぜ空虚なシニフィアンは政治にとって重要なのか」で私が提示したのは、以下の諸段階を経て構造化される議論である。第一に、純粋に示差的な総体があるとすれば、その全体性は個々の意味作用それぞれのうちに存在していなければならない。そうした全体性を概念的に把握することが、意味作用そのものの条件である。第二に、しかし、そうした全体性を概念的に把握するためには、その限界を把握しなければならない――すなわち、それをそれ自身以外の他の何かから差異化しなければならない。この他の何かとは、しかし、また別の差異でしかありえない。そして、私たちはあらゆる差異を包摂する全体性を論じているのだから、この別の差異――全体性の構成を可能にする外側を提供してくれる――は、後者〔全体性〕にとって内在的であり、外在的ではないはずである――ということは、それは、全体化という役目にはそぐわないはずである。それだから、第三に、真の外側がありうるとすれば、この外側が、単にもう一つの、中立的な要素であるのではなく、排除されたそれである場合、自分自身を構成するために全体性が自分自身から放逐する何かである場合しかない（政治的な例を挙げるならば、一つの社会がそれ自身の一体性の感覚に到達するのは、人口のうちの一定の区画を悪しきものとして取り扱うことを通じてである）。しかし、これが新たな問題を創り出す。排除された要素に対比される限りで、他のすべての諸差異は互いに等価である――排除されたアイデンティティに対する共通の拒否において、等価なのである（想い起こしておかなければならないが、これは、フロイトが予見した集団形成の可能性の一つである――集団の成員間の相互的同一化を可能にする特徴は、何かないし誰かに対する共通の憎悪でもありうる）。だが、等価性とはそもそも差異を覆すものなのだから、それゆえ、あらゆるアイデンティティは、差異の論理と等価性の論理とのこの緊張のうちで構築される。

第四に、このことは、全体性の座にはこの緊張だけしか見出されないということを意味する。私たちの手元にあるのは、究極的には、挫折した全体性、回復不可能な十全性の場所でしかない。この全体性は、不可能かつ不可欠な対象である。不可能というのは、等価性と差異の緊張は、究極的には乗り越えられないからである。不可欠というのは、いかに脆弱であろうとも、何らかの類いの完結性がなければ、意味作用もアイデンティティも存在しないからである。第五に、しかし、私たちが示したのは、そうした対象を十全に決定する概念的手段が存在しないということでしかない。ところが、代表は概念的把握よりも幅広い。この不可能な対象は、何とかして代表の領野に接近する必要がある。代表には、しかし、その唯一の手段として、個別の諸差異しかない。私が展開した議論はこうである。この地点において、一つの差異が、個別の差異であるのを止めることなく、共約不可能な全体性を代表する役目を引き受ける可能性がある、と。そうなると、それの身体は、それが依然としてそうである個別性と、それが担い手となる普遍的な意味作用との間で分裂する。共約不可能な普遍的意味作用を何らかの個別性が引き受けるというこの操作こそ、私がヘゲモニーと呼んだものである。そして、この具現された全体性ないし普遍性が、私たちが見てきたように、一つの不可能な対象なのだとしたら、ヘゲモニーを握ったアイデンティティとは、空虚なシニフィアンの次元に属する何かだということになる。到達不可能な十全性を具現した、特異な個別性である。こうなると明らかな通り、全体性のカテゴリーが根絶されることはありえないものの、しかし、それは、挫折した全体性として、根拠ではなく地平なのである。仮に社会が確定的な存在内容によって統一されている——経済、人々の精神、体系の一貫性、何であれそうしたものによる、最終審級における決定——とすれば、全体性は厳密に概念的な水準で直接的に代表されうるかもしれない。そうではない以上、ヘゲモニー的全体化は、根源的な備給——つまり、ア・プリオリには決定できないもの——を、そして、純粋に概念的な把捉とはまったく違った意味作用のゲームへの関与を必要とする。これから見るように、ここでは、情動の次元が中心的な役割を果たす。

3　レトリック。字義通りの語が比喩的なそれによって代用されるたびに、レトリック的転位が起きている。先の議論に大いに関わるレトリックの一つの側面だけを指摘しておこう。キケロは、レトリックの技巧の起源を考察するにあたって、[3] 社会の原始的段階を想像した。そこでは、言語内で利用可能な言葉よりも、名指されるべき事物の方が多く、そのため、言葉を一つ以上の意味で用いる必要があるので、それを原初の、字義通りの意味から逸脱させることになるというのである。彼にとっては、もちろん、こうした言葉の不足は純粋に経験的な欠如を表わしていた。しかし、この欠如が経験的なものではない、と想像してみよう。つまり、本質的に名指しえない何かを名指すことを、言語が機能するための条件として要請するような、言語における構成的な阻害にそれが関連している、と。その場合、本来の言語とは、字義通りのものではなく比喩的なものの方であることになる。というのも、名指しえぬものに名を与えなければ、そもそも言語が存在しないのだから。古典修辞学では、字義通りの語に代置できないような比喩的な語は、濫喩と呼ばれた（例えば、「椅子の脚」について語るような場合である）。意味のいかなる歪曲も、その根底には、字義通りの語では端的に伝達できない何かを表現する必要性があるという事実に向き合うならば、この議論は一般化される。この意味で、濫喩《カタクレシス》は一つの特定の比喩以上のものである。それはレトリック性そのものの共通分母なのである。この点において、この議論は、ヘゲモニーと空虚なシニフィアンについての先の論評に関連させることができる。空虚なシニフィアンが、不可能かつ不可欠な対象を名指す必要から、すなわち、意味作用の零点でありながら、あらゆる意味形成過程の前提条件でもあるところから生じるのだとしたら、ヘゲモニー的作業は徹底して濫喩的なものであることになる。これから見るように、「人民《ピープル》」の政治的な構築は、この理由によって、本質的に濫喩的なものなのである。

「人民」の産出に介入する言説的な諸技巧を解明するためには、レトリックについてさらに多くを後ほど語る必要があるのだが、ここでは暫く、この問題を脇に措いておきたい。しかし、もう一つだけ、焦点を合わせておく必要のある論点がある。私が主張してきたように、ヘゲモニーの関係においては、ある一つの個別的な差異が、自分を超過した全体性の代表を引き受ける。このことは、古典修辞学の兵器庫内の、ある特定の比喩に明確な中心性を与える。提喩《シネクドキ》（全体を代表する部分）である。そこからさらに示唆されるように、提喩は、単にもう一つのレトリック上の技巧として、隠喩《メタファー》や換喩《メトニミー》といった他の比喩に並べて分類学的に付加されるべきものではない。何か別の存在論的機能があるのだ。ここで、この問題に関する議論に着手するわけにはいかない。修辞学上の分類の一般的基礎に関わる以上、それは、本書の主題を大幅に超過してしまうからである。ただ通りすがりに、レトリックの分類は古典的存在論のカテゴリー群に付随するものであること、そして、後者を問いに付すならば前者の諸原理にも重大な帰結が及ばないわけにはいかないことを述べるだけにしておこう。

私たちは今や、ポピュリズムを論ずるのに必要な前提条件の大半を手にしている。

要求と人民アイデンティティ

最初の決断が下されなければならない。私たちの分析の最小単位は何か？　この問いへの応答次第ですべてが変わる。集団そのものを最小単位とする決断もありうる。その場合、私たちはポピュリズムを、既に構成された一つの集団のイデオロギーないし動員型式として——すなわち、ポピュリズム自体とは別の一つの社会的現実の表現（付随現象）として——見ることになる。あるいはまた、ポピュリズムを、集団という統一体そのものを構成する一つの仕方と見ることもできる。第一の選択肢を採るならば、すぐさま、第一章で記述したあらゆる陥穽に直面する。第二のものを選ぶならば――そうすべきだと私は考えるのだが――、私たちはその実質的含意を受け入れなければならない。すなわち、「人民《ピープル》」とは、一つのイデオロギーの表現という性質を帯びた何かではなく、社会的行為者《エージェント》間の現実的関係なのである、と。他の言い方をすれば、それは、集団という統一体を構成する一つの仕方なのである。もちろん、それが唯一の仕方というわけではない。社会的なもののうちで作動し、ポピュリズム的なそれとは異なる型のアイデンティティを可能にする別の論理もある。それゆえ、ポピュリズム的な節合実践の特異性を測定しようというのならば、集団より小さな単位を単離し、ポピュリズムがもたらす統一体の種類を決定しなければならない。

私たちの出発点となる最小単位に相当するのは、「社会的要求」のカテゴリーである。別の機会にも指摘したように(4)、「要求 demand」の概念は英語では多義的である。要望 request を意味することもあるが、請求 claim を意味することもありうる（「説明を要求する」というように）。この意味の多義性は、しかし、私たちの目的に役立つ。というのも、ポピュリズムを定義する最初の特徴の一つは、要望から請求への移行のうちに見出されることになるからである。

別々の諸要求がどのようにして出現するか、そして、それらがどのようにして節合の過程を開始するか、一つの事例を挙げてみよう。この事例は想像上のものだが、第三世界諸国で広く経験される状況にかなりよく対応している。発展途上の産業都市周辺の貧民街に住み着く大量の出稼ぎ農民を考えてみてほしい。住宅問題が生じる。その影響を被る人々の集団が、地域当局に何らかの種類の解決策を要望する。ここには、おそらく当初は要望でしかない要求がある。要求が満たされれば、問題は終わりである。だが、そうならなければ、人々は、隣人たちも、他の、同様に満たされない諸要求――水、健康、学校教育、等々の問題――を抱えていると気付き始めるかもしれない。状況が相当期間にわたって変わらなければ、実現されない諸要求が蓄積し、制度的システムがそれらを示差的な仕方で（それぞれを他から隔離しながら）吸収する能力は徐々に失われ、そして、そうした諸要求の間に等価的な関係が樹立される。外的な諸要因に阻まれなければ、容易に、亀裂が広がり、制度的システムが人民から引き離されるという結果に至るだろう。

つまり、ここには、内的境界の形成がある。満たされない諸要求の等価的な連鎖が出現することを通じた、局所的な政治的連続体《スペクトラム》の二項対立化である。要求が請求に転化しようとしているのだ。満たされるかどうかを問わず別々のままに留まる要求を、民主的要求と呼ぶことにしよう(5)。等価的な節合を通じて幅広い社会的主体性を構成する複数の要求を、人民的要求と呼ぶことにしよう――きわめて初発的な水準ながらも、歴史の潜在的なアクターとしての「人民」が構成され始めているのである。ここには、萌芽的な形で、ポピュリズム的布置がある。ポピュリズムの二つの明確な前提条件が既にある。(1)「人民」を権力から分離する、内的な敵対性の境界の形成。(2)「人民」の出現を可能にする、諸要求の等価的な節合。第三の前提条件があるが、これは、政治的動員がより高い水準に達するまでは実際には生じない。すなわち、これらの様々な諸要求――それらの等価性は、その時点に至るまでは、漠然とした連帯の感情以上のものではなかった――の、安定した意味作用システムへの統合。

もう暫く局所的水準に留まれば明瞭に見えてくるのだが、これらの等価性――それなしにはポピュリズムはありえない――は、等価的な連鎖の拡大においても、それらの象徴的統合においても更なる数歩が踏み出されて初めて、強固なものとなりうる。ジョージ・リューデの記述した、産業革命以前の食糧暴動を例に取ってみよう。(6) より基本的な段階では、束の間の等価性を樹立するのは、「先例の影響力」――大衆理論家たちの「感染」に対応する――である。例えば、一七七五年のパリ一帯での小麦粉暴動[*1]において、「これら［暴動］は、何らかの中枢地点で統率の下に引き起こされた同時発生的な噴出などではなく、各地の主導者に加えて先例の影響力にも呼応して勃発した、一連の小規模な暴発群だった。……例えば、マニイでは、人々は（一七マイル離れた）「ポントワーズでの蜂起に触発された」と報告されている。ゴネス南郊のヴィユモンブルでは、買い手の提示する低価格を支持する論拠として、「パリではパンの値段は二スーに固定されているし、ゴネスで小麦は一二フランである」とされた。こうした事例は他にも挙げられる」(7)。これら初期の暴動は、大革命期に起こったものとは対照的に成功しなかったわけだが、それは次の事実によって説明される。すなわち、一方では、それらの等価的な連鎖が、他の社会的諸部門の要求にまで拡大しなかったこと。他方で、農民層が自分たちの要求を、更なる一つの等価的な環《リンク》として登録できるような、全国規模の現状批判の言説が見当たらなかったこと。リューデはこの点をきわめて明確に述べている。

これ［彼らの失敗］は、こうした初期の暴徒たちが孤立していたためだった。彼らはそれぞれにおいて、……軍隊、教会、政府、都市ブルジョワジー、農民土地所有層が手を組んで対抗してくるのに……直面したのだった。そのうえ――そして、きわめて重大な点だが――、「自由」、人民主権、人権といった、後に下層階級と中産階級を共通の敵に対して同盟させることになった新たな諸理念は、未だ、都会や農村の貧民の間に流通し始めていなかった。……標的となったのは、農場主や裕福な借地農、穀物商、製粉業者、パン屋だけであった。……政府や既成秩序を打倒すること、新たな解決策を推進すること、さらにいえば、政治行動によって苦情の原因を是正しようとすることすら、問題とならなかった。これが、一八世紀の食糧暴動の実情である。似通った運動が大革命下でも現われることになるが、自発性や政治的素朴さの程度はまったく似ていない(8)。

ここには、ある二重のパターンが見て取られる。一方で、等価的な連鎖が拡大するにつれて、その構成に入り込む諸々の環《リンク》の性質はより雑多になる。「群集が暴動を起こすのは、飢えていたり、そうなる恐れがあったりするからかもしれないし、何らかの深甚な社会的苦痛を抱えているからかもしれない、即座の世直しや千年王国《ミレニアム》を求めてのことかもしれないし、敵を破壊したり、「英雄」に喝采を送ったりしたいからかもしれない。しかし、これらの理由のうちのどれか一つだけのためであることは滅多にない(9)」。他方で、対峙が、単なる挿話的なもの以上になってくると、参与する諸勢力は、等価的な諸構成要素のうちのあるものに、自分たちを他から区別する投錨点の役割を付与しなければならなくなる。こうしたパースペクティヴから、リューデは、暴動の表面上の動機と、「そういった騒擾において少なからぬ役割を果たした、基層の動機や、伝統的な神話や信念――群集心理研究者や社会科学者が「根本的」ないし「一般化された」信念と呼んだもの(10)――」との間に区別を設ける。彼が論じるのは、「均等化」への本能、抜本的革新への反感、人民の保護者ないし「父」としての王と「正義」との同一視であり、また、宗教や千年王国をめぐって繰り返される一連の主題群である。これらの主題のすべてが、明確に識別されるパターンを示す。それらには、当該の諸要求の実際上の物質的内容とは異なった役割がある――そうでなければ、これらの諸要求に根拠や整合性を与えられないはずである。例えば、「均等化する本能」について、リューデは主張する。

伝統的な「均等化する本能」がある。……金持ち、お偉方、権威の側の者たちを犠牲にして、一定程度の基本的な社会正義を追求するよう、貧民を駆り立てるものである。相手が政府の役人か、封建領主なのか、資本家か、それとも中産階級の革命指導者なのか、それはどうでもよい。相争う諸党派のスローガンを越えて、この共通の地盤の上で、戦闘的サン・キュロットが、「教会と国王」を掲げる暴徒や、千年王国を追い求める農民に合流する。……群集の「均等化する」本能は、急進的な大義のためにも、反急進的な大義のためにも同じくらい容易に活用される(11)。

彼が引き合いに出す他の諸事例も同様に、多くを物語るものである。ゴードン暴動[*2]の際に、群集は、カトリック一般ではなく富裕なカトリックを攻撃した。「教会と国王」騒擾の際に、ナポリの人々はジャコバン派を攻撃したが、それは、彼らが無神論のフランス人の同盟者だったからだけでなく、それよりも、主として、彼らが四輪馬車を乗り回していたからだった。ヴァンデの反乱[*3]の際、農民がパリの革命に反抗したのは、彼らが在地領主よりも富裕な都市を憎悪したからである。結論に誤解の余地はない。この「均等化する本能」がきわめて多様な社会的内容に付随しうるとすれば、それは、それ自体としての固有の内容を持ちえない。ということは、イメージや言葉等々、それを通じてこの本能が認識されるもの、継起する具体的内容群に時間的連続性の感覚を与えるものは、まさしく、私が空虚なシニフィアンと呼んだものとして機能するのである。

このことが、ポピュリズムにアプローチするための格好の出発点を提供してくれる。より展開されたポピュリズム概念を作り上げるのに必要な三つの構造的次元のすべてが、右で言及したばかりの各地の動員のうちに殻に包まれた状態《イン・ヌケイ》で含まれている。すなわち、一つの等価的な連鎖のうちへの、複数の諸要求の統合。社会を二つの陣営に分割する内的境界の構成。等価的な環の単なる合算を質的に超えた何かである人民アイデンティティの構築を通じての、等価的な連鎖の強化。本章の以降の部分は、これら三つの側面の各々を順次議論することに充てられる。この探究の果てに到達されるはずのポピュリズム概念は、しかし、暫定的なものであろう。というのも、それは、二つの——発見法として必要な——単純化する仮定の働きに基づくからである。これら二つの仮定は、第五章で順次除去されることになる。そのときようやく、私たちは、十全に展開されたポピュリズム概念を提示する位置に立つことになる。

等価性の冒険

地方単位の暴動からポピュリズムに進むにあたって、必然的に、私たちの分析の次元を拡張しなければならない。ポピュリズムは、その古典的形態においては、より広範な共同体を前提とするので、等価性の論理は、新たな、より不均質な社会諸集団を横断することになる。けれども、限定的な動員においては隠されがちだった、この論理の幾つかの特徴が、こうした拡張によってより明確に解明されることになる。

以前に立てた、民主的要求と人民的要求の区別に立ち戻ろう。後者については既にわかっていることがある。それが構成されるには、複数の諸要求の等価性が前提となるのである。だが、民主的要求については、ほとんど何も言われていない。わかっているのは、それらが孤立状態に留まることだけである。何に対比しての孤立か？　等価的過程に対比して、しかない。これは、しかし、モナド的な孤立ではない。というのも、お分かりのように、もし他の諸要求との等価的関係に入り込まないとしたら、それが果たされない要求だからである（第五章で、浮遊するシニフィアンの位置付けに関連した、これとは別の型の孤立について論ずるつもりである）。さて、叶えられた要求は孤立しているわけではない。それは制度的／示差的《ディファレンシャル》な全体性のうちに登録されたのである。つまり、社会的なものを構築する二つの仕方があるのだ。すなわち、他の諸個別性と、示差的な性質の連関しか持たない（私たちが見てきたように、実定的な項は何もなくて、諸差異しかない）ような個別性——私たちの場合でいうと、諸要求の個別性——を想定することを通じて。さもなければ、個別性を部分的に断念して、すべての個別性が等価な形で共通に持つものを強調することを通じて〔の二つである〕。社会的なものの構築の第二の様式には、お分かりのように、敵対的境界を引くことが伴う。第一のものはそうではない。私は、社会的なものを構築する第一の様式を差異の論理 logic of difference、第二の様式を等価性の論理 logic of equivalence と呼んだ。一見したところ、ポピュリズムの出現の一つの前提条件は、差異的《ディファレンシャル》論理を犠牲とした等価的論理の拡張であるという結論を引き出せるかもしれない。多くの点でその通りなのだが、そういう形で問題を片付けてしまっては、余りに安上がりに議論に勝利することになる。というのも、それでは、等価性と差異は単純に、互いに排除し合う零和《ゼロサム》関係にあると前提していることになるからである。事態は遥かに複雑である。

　この地点において、言説的全体化の議論に立ち戻ることができる。私たちが見たように、排除を伴わない全体化は存在しない。そして、そうした排除の前提にあるのは、あらゆるアイデンティティが、それを他の諸アイデンティティと結合／分離する示差的《ディファレンシャル》な性質と、排除された要素との対比において他のすべてと取り結ぶ等価的な絆との間で分裂することである。ヘゲモニー的な連関が辛うじて創出する部分的全体化も、そうした分裂を除去するどころか、反対に、そこに由来する構造的諸可能性に基づいて作動するしかない。それゆえ、差異と等価性はいずれも、互いに自らを相手のうちに映し出さなければならない。どうすればそうなるのか？　二つの対立する事例を挙げよう。それらから後ほど理論的結論を引き出すためである。

福祉国家をその究極的地平として想定する社会は、社会的なものを構築する正当な仕方として差異的《ディファレンシャル》論理だけが許容される社会である。連続的に拡張された一つのシステムとして理解されたこの社会においては、いかなる社会的必要も示差的に満たされなければならない。だから、そこには、内的境界を創出する基盤が存在しない。この社会は、別の何かから自らを差異化しえない以上、自らを全体化しえず、「人民」を創出しえない。実際に起こるところとしては、そうした社会を確立しようとして認定された障碍――私的起業家の貪欲、固定化された利害、等々――のゆえに、まさにそうした社会を言い立てる人々は、敵を認定するべく、つまり、等価的論理に基づいた社会的分割の言説を再導入するべく仕向けられることになる。そうなると、福祉国家の擁護を軸に構成された集合的諸主体が出現するかもしれない。新自由主義についても同じことが言える。こちらもまた自らを、裂け目なき社会のための万能薬――この場合、曲芸を演じるのが国家ではなく市場だという違いはあるが――として提示する。結果は同じである。ある時点でマーガレット・サッチャーは「障碍」を見出し、社会保障その他に寄生する者たちを糾弾し始め、そうして、現代イギリス史上で最も攻撃的な社会的分割の言説の一つを唱えるに至った。

しかし、等価的論理の見地からしても、状況は似通っている。等価性は差異を弱めることはあっても、馴致することはできない。そもそも、明らかに、等価性は差異を除去しようとしたりしていない。最初の事例でいえば、等価性がそもそも樹立されたのは、一連の個別の社会的諸要求が挫折したからである――諸要求の個別性が消失してしまえば、等価性の根拠もなくなる。それゆえ、差異は等価性の内部で、その根拠として、かつ、それとの緊張関係を保ちながら、作動し続ける。一例を挙げよう。フランス革命の最中、とりわけジャコバン時代においては、お分かりのように、「人民」が等価的な構築物である。そして、この時代の政治力学全体は、それを、等価的な連鎖の普遍性と、その環を成す各々の要求の個別性との緊張という観点から見るのでなければ、理解することはできない。こうした連鎖の中の労働者たちの要求という事例を考察してみよう(12)。革命時代の全体は、労働者の要求と急進的人民民主主義の等価的言説との緊張――他にもあるが、とりわけ――によって区切られる。一方において、革命陣営に属する労働者たちの要求は、矛盾し合う形で、公式の革命言説のうちに映し出された。後者はそうした要求を単純に無視するわけにはいかなかったのであり、このことが、部分的な承認と部分的な抑圧という紆余曲折する動きを招いた。他方で、労働者の行動の側にも、幾らかの躊躇が見て取られる。サン・キュロットが――エベールや彼の仲間を通じて――パリ市政府《コミューン》を支配している間は、労働者の社会的要求は概ね、政治的に承認された。だが、一七九四年四月に彼らが失脚し、その結果として、サン・キュロット的な「人民の社会」が幕を閉じると、初期の労働者組織の解散が相次いだ。その後同年のうちに、パリでの新たな賃金率を制定する一般最高価格《マキシマム・ジェネラル》令の公布の結果、労働者の抗議運動が再び台頭する。これらは、ロベスピエールの失脚において、後には市政府《コミューン》の崩壊において、重要な要素となった。処刑場に引き連れて来られた市政府の評議員たちを、敵意に満ちた労働者大衆が取り囲み、前を通り過ぎる彼らに向けて「最高の屑 Foutu maximum!」と叫んだのだった。だが、その後、新たな統治者たちが市場法則の働くままに任せると、これが急激なインフレーションと賃金価値の下落を招いた。今度は、失業の危機の只中にあって、社会的抗議は伝統的な食糧暴動の形式を取った。この複雑な歴史が示しているのは、等価性／差異の緊張は革命時代のどの時期にも真に断たれはしなかったということである。国家を支配する者は、労働者の要求に屈することはなかったが、それを無視することもできなかった。そして、労働者の側も、どの時点においても、自律性を押し進めて革命陣営を見捨ててしまえるだけの余裕はなかった。今では評判の芳しからざる書物においてダニエル・ゲランが論じたように(13)、いかなる時機においても、独立した階級闘争という新たな章を開始することは問題にならなかったのである。

しかし、こうしたすべては私たちをどこに置くことになるのか？　既に示したように、等価性と差異は、究極的には互いに両立不可能である。それでもなお、それらは互いを、社会的なものを構築するための必要条件として要請する。社会的なものとは、この還元不可能な緊張の在処に外ならない。そうだとすると、ポピュリズムはどうなるのか？　二つの論理が究極的には分離できないのならば、等価的契機を特権化することは、どのような意味でポピュリズムに特有なのか？　そして、とりわけ、この文脈において「特権化」とは何を意味するのか？　この問題を注意深く考察してみよう。全体化、ヘゲモニー、空虚なシニフィアンについて先に述べたことが、この謎を解くのに必要な手掛かりを与えてくれる。一方において、あらゆる社会的（すなわち、言説的）アイデンティティは、差異と等価性が出会う地点において構成される――言語学的な同一性《アイデンティティ》が、統辞的な結合関係と範列的な置換関係の両者の座であるのと同じように。他方で、しかし、社会的なものには本質的な不均等性がある。というのも、私たちが見たように、全体化は、一つの差異的要素が、不可能な全体を代表する役目を引き受けることを要請するからである（例えば、〈連帯[*4] Solidarność〉という象徴は、グダニスクの労働者集団の個別の諸要求に留まるのではなく、抑圧的体制に対抗する遥かに広範な人民陣営を意味するようになった）。このように、ある一定のアイデンティティが諸差異の領野全体から採り上げられ、この全体化機能を具現するようになる。これが——先の問いに答えるならば——、まさしく、特権化の意味するものである。古き現象学的カテゴリーを甦らせるならば、この機能は、社会的なものの地平を、すなわち、その内部で代表されうるものにとっての限界《リミット》を措定することに存すると言ってもよい（限界と全体性の関係については既に議論した）。

ポピュリズム的全体化と制度的全体化の差異が見出されることになるのは、言説的形成体の総体を構造化する結節点となる、この特権化されたヘゲモニー的シニフィアンの水準である。どちらの場合にも差異と等価性が存在するが、けれども、制度的言説の方は、言説的形成体の限界を共同体の限界と一致させようとする言説である。それゆえ、「示差性《ディファレンシャリティ》」という普遍的な原理が、この均質的な共同体的空間の内部で支配的な等価性となる（例えば、ディズレーリ[*5]の「一つの国民《ネイション》」を想定されたい）。反対のことがポピュリズムの場合には起こる。排除の境界が社会を二つの陣営に分割するのである。その場合、「人民」は、共同体の成員の全体以下の何かである。それは部分的な構成要素でありながら、にもかかわらず、唯一の正当な全体性として理解されようと願うのである。伝統的な語法——日常の言語にも持ち込まれてきた——がこの差異を明らかにしてくれる。人民は、ポプルス、全市民の総体とも、プレブス、恵まれない者たちとも理解できるのである。しかし、この区別でも、私が狙うところを正確に捉え切ってはいない。というのも、その区別では容易に、法的に認知された区別と取られかねないからである。その場合、それは単に、すべての構成部分に普遍的正当性を与える、均質的空間内部での差異化ということになる。その二つの項の関係は敵対的なものではないことになる。ポピュリズムの「人民」が存在するためには、それ以上の何かが必要である。唯一の正当なポプルスであることを請求するプレブスが——すなわち、共同体の全体として機能しようと欲する部分性が——必要なのである（「あらゆる権力をソヴィエトへ」——ないし、他の言説におけるその等価物——こそ、厳密な意味でポピュリズム的な請求であろう）。制度的言説の場合、私たちが見たように、示差性が、唯一の正当な等価原理であることを請求する。あらゆる差異が、より広範な全体性の内部で、等しく妥当なものとして理解されるのである。ポピュリズムの場合、この均斉《シンメトリー》が崩される。自らを全体と同一視する部分が存在するのだ。

　さて、私たちが既に知っているように、根源的な排除は共同体空間の内部で起こる。第一の場合であれば、示差性の原理が、唯一の支配的な等価性であり続けるかもしれない。第二の場合、それでは終わらない。共同体内部で現に働いている権力を拒絶するためには、人民的連鎖のすべての環が、あらゆる示差的な諸請求を一つの共通分母の周りに結晶化させるアイデンティティ原理と同一視される必要がある。そして、後者（共通分母）は、もちろん、積極的な象徴的表現を必要とする。これが、民主的要求と呼ばれたものから人民的要求への移行である。前者は、ヘゲモニー的形成体が拡大する中で調停されうるかもしれない。後者は、ヘゲモニー的形成体そのものへの異議申し立てである。制度的革命党（ＰＲＩ）[*6]がヘゲモニーを握っていた時期のメキシコでは、政治的隠語を用いた区別がなされていた。つまり、変異主義《トランスフォルミスモ》的な（グラムシ的な語を用いれば）仕方でシステムが吸収しうる散発的な要求と、「エル・パケット（小包）」と呼ばれたもの——一つの統合的な全体として提示される、同時多発的な諸要求の大規模な集合――とが区別されたのである。体制側に交渉する用意がなかったのは、後者に対してのみであった――それらには通例、苛酷な抑圧が待ち受けていた。

この地点において、暫く、フロイトについての議論に立ち返ってもよいだろう。フロイトの集団概念は、組織化を通じて、個人の全機能を引き受け、指導者の必要性を除去するというものだったが、これは、私が差異の論理と呼んだものが全面的に統御する社会にほとんど逐一対応する。私たちはそのような社会が不可能なものだとわかっているし、先にも述べたように、私が見るところ、フロイトもまたそれを、実際に存立しうる選択肢ではなく、一つの極限的概念と見ていたと考える十分な根拠がある。だが、その対蹠物、指導者への愛を唯一のリビドー的拘束とする持続的集団も、等しく不可能である。示差的な個別性の次元――私たちが見てきたように、等価的な関係の下でも働き続ける――が消失してしまうと、等価性は単なる同一性《アイデンティティ》に崩落してしまう。その場合、そもそも集団が存在しないことになる。私の考えでは、フロイトは、社会的絆を強化する中心的条件として指導者への愛を指摘することから、それがそうした絆の起源であると主張することへと余りにも性急に移行しすぎているのだと思う。指導者への愛だけに基づく集団についてフロイトが提供する僅かな事例群は、かなり束の間の諸状況に関わるものである。例えば、少女の集団において、そのうちの一人が恋人から希望を挫く手紙を受け取ったために、ヒステリーの発作が感染する。あるいは、第二の事例は、歌手だとかピアニストだとかに恋する別の少女の集団である。これらの場合における同一化は、嫉妬や羨望を乗り越える仕方でしかない。だが、彼が議論する他の集団のいずれかに移るとなると、この説明では明らかに不十分である。兵士は、総司令官への愛のために軍に入隊するわけではない――たとえ、後に集団の統一性を強化するのにその愛がどれほど重要となるにしても。ところが、先に議論した自我の差異化の度合についてのフロイト自身の言及をこの分析に補填してみるならば、まったく違った描像——等価性と差異の間の必然的な節合についての私たちの分析に、あらゆる実質的な側面において真に対応するもの——に出会うのである。

私たちはポピュリズム概念へのアプローチにおいて一歩——あくまでも、一歩——前進した。これまでのところ、私たちにわかっているのは次のことである。ポピュリズムは、二つの陣営——一方は、全体であることを請求する部分として自らを提示する——への社会の二分法的分割を要請するということ。この二分法には、社会的領野の敵対的分割が伴うということ。人民の陣営は、自らを構成する条件として、複数の社会的諸要求の等価性から包括的《グローバル》なアイデンティティが構築されるのを前提するということ。これらの所見の正確な意味は、しかしながら、敵対的な境界と、それから、私たちが「人民アイデンティティ」と呼ぶ等価性と差異の特有の節合との、両者の言説的構築に何が関わるかをもっと精確に確立するまでは、必然的に未規定なままに留まる。これが、私が次に向かうものである。

敵対、差異、代表

敵対的境界という概念は、私たちがそれに割り当てた役割を果たすために——つまり、社会を、二つの両立不可能な等価的な連鎖を軸として構造化される、二つの還元不可能な陣営と考えるために——何を必要とするのか？　明らかに、差異的《ディファレンシャル》な連続性という観点では、一方の陣営から他方へ移ることはできない[14]。仮に、ある一つの陣営の内的論理を通じて他方へ移ることができるのならば、私たちは何らかの差異的な関係を扱っていることになり、二つの陣営を隔てる亀裂は真に根源的なものではないことになってしまう。この亀裂の根源性には、その概念的な表象不可能性が伴う。それは、「性的関係は存在しない」というラカンの命題に似ている。この言明は、もちろん、人々が性的な関係を持たないという意味ではない。それが実際に意味するのは、そうした関係の両方の側が性別化の単一の定式の下に包摂されることはありえないということである[15]。同じことが、敵対性についても起こる。亀裂の厳密な契機――敵対的契機そのもの――は概念的把握を逃れるのである。単純な事例がこれを立証してくれる。次のような系列に沿って進む歴史上の説明を想定してみよう。(1)世界市場で、小麦需要の増加が小麦価格を押し上げる。(2)そのため、X国の小麦生産者は生産を増大させる動機を持つ。(3)その結果、彼らは新たな土地を占有し始めるのだが、この目的のためには、伝統的な農民共同体を追い立てなければならない。(4)そのため、農民はこの追い立てに抵抗するより外に選択肢がなくなる、等々。この解説には、一つの明らかな裂け目がある。初めの三つの論点は、客観的な系列の部分として、自ずと次々に続いていく。しかし、第四のものは、完全に異なる性質に属する。それは、客観的な説明では提供できない一つの環を系列に付加するために、私たちの共通感覚へ、つまり、「人間本性」についての私たちの知識へ訴え掛けている。こうした環を実際に組み込んだ言説は存在するが、けれども、その組み込みは概念的把握を通じて生じるわけではない。

この概念上の裂け目の意味を看取するのは難しくない。仮に私たちが純粋に概念的な手段を通じて出来事の系列全体を再構成できるのであれば、敵対的亀裂は構成的なものとはなりえないだろう。抗争という契機は、基層にあって十分に合理的な過程の、付随的な表現となる――ヘーゲル的な理性の狡知におけるように——だろう。人々が彼らの敵対的な諸関係を「生きる」仕方と、その諸関係の「真の意味」との間には、架橋されえない懸隔があることになるだろう。それだからこそ、「矛盾」——弁証法的な意味における——では、社会的敵対において賭けられているものをまったく捉えることができないのである。Bは——弁証法的に言えば——Aの否定だが、しかし、Bに移ることができるのは、その端緒から既にAに包含されていた何かの展開を通じてでしかない。そして、AとBがCのうちに止揚されたならば、矛盾とは、概念的には完全に統御可能な一つの弁証法的系列の部分だったことが、一段と明瞭に見て取られるだろう。けれども、仮に敵対性が厳密に構成的なのだとしたら、敵対性の力は、克服されることは確かにありえたとしても弁証法的に回収されることはありえない、一つの外在性を示すことになる。

おそらく、次のように反論されるかもしれない。このような事態になるのは、私たちが客観性《オブジェクティヴィティ》を、一つの整合的な全体の中で概念的に統御可能なものと同一視しているからでしかない。継ぎ目なき客観的地盤についての他の考え方——例えば、記号論的な区別——であれば、同種の批判には晒されない。例えば、ソシュールの諸差異は、それらの間の論理的連関を前提していない、と。その通りではあるが、しかし、それは私たちが提起している問いには無関係である。私たちは、論理の地盤の普遍性ではなく、客観性そのものの普遍性を問いに付しているのである。ソシュール的差異は依然として、そうした差異がその内部でそのものとして構成される連続的な空間を前提とする。構成的敵対の概念、根源的境界の概念は、反対に、分断された空間を要請する。この分断の様々な諸次元を、そして、それらが人民アイデンティティの出現に与える諸帰結を検討しなければならない。

ここでは、「人民」の言説的構築という問いは次節まで保留することにして、分断そのものに内属する諸次元についてだけ論じてみたい。私たちの原光景に立ち戻ろう。一連の社会的な要求の挫折が、孤立した民主的要求から等価的な人民的要求への動きを可能にする。分断の最初の次元は、その根底において、ある欠如の経験があることだ。社会的なものの連続的な調和のうちに出現した、何らかの破れ目である。共同体の十全性があるのだが、それが失われている。このことは決定的である。「人民」の構築とは、この不在の十全性に名を与える試みとなるだろう。社会秩序における何か――その何かが、最初はどんなに些細だとしても――が最初にこのように崩壊していなければ、敵対も、境界も、そして、究極的には「人民」も、存在する可能性はない。この最初の経験は、しかし、欠如の経験であるだけではない。欠如は、私たちが見たように、応じられない要求に結び付いている。[16]だが、これは、要求に応じなかった権力を描像に持ち込むことでもある。要求は、つねに誰かに宛てられているのだ。つまり、そもそもの初めから、私たちは、一方に、満たされない社会的諸要求、他方に、反応の鈍い権力という、二分法的な分割に直面しているのである。ここにおいて、なぜプレブスが自らをポプルスと見るのか、部分を全体と見るのか、わかり始める。共同体の十全性が、欠落のある存在として生きられた状況の想像上の裏面でしかない以上、これに責任を負う者たちは共同体の正当な部分ではありえない。彼らとの間の亀裂は回復不可能である。

　このことが私たちを、第二の次元へ導く。私たちが見てきたように、民主的要求から人民的要求へ向かう動きは、主体の位置の複数性を前提とする。初めのうちは孤立している諸要求が、社会という構造体の様々な地点に出現する。人民という主体性への移行とは、それらの間に等価的な絆が樹立されることである。しかし、人民へのこの苦闘が、新たな問題に私たちを直面させる。明確な民主的要求を扱っていたときには出会わなかったものである。こうした要求の意味は、社会の象徴的枠組みの内部でそれらが占める示差的位置に概ね規定されていて、それらを新たな光の下に映し出すものがあるとしたらその挫折しかない。ところが、応じてもらえない一連の社会的要求が非常に広範にあるとなると、解体し始めるのは、まさにこの象徴的枠組みの方である。しかし、その場合、人民的諸要求は、既存の示差的な枠組みによってはますます支えられなくなっていく。それらは、往々にして、新たな枠組みを構築しなければならなくなる。そして、同じ理由で、敵のアイデンティティもまた、政治的な構築の過程に一段と依存していく。限定的な闘争として、地方自治体、保健制度の責任者、大学当局と戦っているときならば、誰が敵なのか、かなり確信を持てる。しかし、人民への闘争にはこれら部分的闘争すべての等価性が関わるので、その場合、同定されるべき包括的《グローバル》な敵は遥かに明瞭でなくなる。その結果、内的な政治的境界は遥かに不確定になり、その確定に介在する諸等価性は多くの様々な方向に働くようになる。

この不確定性の本当の規模は、以下の考察を勘案してみれば、最も的確に把握されるかもしれない。私たちが見てきたように、いかなる個別的な内容も、その存在者としての特有性において、自らの真の意味を言説的形成体内部に登録されるわけではない。万事は、それが位置付けられる差異と等価性の節合のシステム次第である。例えば、「労働者」といったシニフィアンは、一定の言説的布置においては、個別的で党派的な意味で尽きるかもしれない。これに対して、他の言説——ペロン主義が好例だろう——においては、それは優れて、「人民」を表わす名となりうる。強調されるべきなのは、この流動性には、また、ポピュリズムの諸形態《ヴァリエーション》が作動する仕方を理解するために決定的に重要な、もう一つの可能性が伴うことである。私たちが先の分析から知る通り、ポピュリズムには、社会という舞台の二つの陣営への分割が伴う。この分割は（以下で詳しく見るつもりだが）、幾つかの特権化されたシニフィアンの存在を前提とする。それ自体のうちに、敵対し合う陣営全体の意味作用を圧縮するものである（敵の側でいうと、「体制《レジーム》」、「寡頭支配《オリガルキー》」、「支配集団」、等々であり、迫害される敗残者《アンダードッグ》の側では、「人々」、「国民《ネイション》」、「声なき多数者《サイレント・マジョリティ》」、等々――これらのシニフィアンはこうした節合の役割を、言うまでもなく、歴史的文脈に応じて獲得する）。しかし、この圧縮の過程のうちに、二つの側面を区別しなければならない。社会の分割を言説的に構築する存在論的な役割と、一定の情況においてその役割を演じる存在的な内容である。重要な点は、何らかの段階で、存在的内容の方が自らの役割を果たす能力を使い尽くしてしまっても、それへの欲求は依然として残るかもしれないということである。そして、その機能は――存在的内容と存在論的機能の関係の不確定性を考慮すれば――、正反対の政治的符号に属するシニフィアンによって遂行されるかもしれない。だからこそ、左翼側のポピュリズムと右翼側のポピュリズムの間には、星雲状態の中間地帯《ノー・マンズ・ランド》があって、多くの方向に横断されうる――現に横断されてきた――のである。

例を一つ挙げてみよう。フランスでは伝統的に、抗議の投票が左翼寄りに行われてきた。ジョルジュ・ラヴォーが「護民官的機能《トリビューン》[17]」と呼んだものを果たした共産党を主な経路として、システムから排除された者たちの声となっていたのである。つまり、それは明らかに、一つの政治的境界の構築に根差した、「左翼の人民 peuple de gauche」を創り出す試みだった。共産主義が崩壊し、〈中道〉支配層《エスタブリッシュメント》が形成され、社会党やその同伴者がド・ゴール派とそれほど変わらなくなると、〈左〉と〈右〉の分割は次第に不鮮明になった。しかし、急進的な抗議投票への欲求は残っていて、そして、左翼のシニフィアンが社会的分割の陣営を放棄したので、この陣営は〈右〉のシニフィアンに占拠されたのである。社会的分割を表現する存在論的な欲求は、もはや何としてでもそれを築き上げようとはしていない左翼の言説への存在的な忠誠よりも強力だった。このことを反映して、以前は共産党に投票していた者たちの相当数が国民戦線に移った。メニとシュレルはこう述べる。「フランスの国民戦線［FN〔Front National〕］の事例について多くの研究が示そうとしてきたように、極右政党支持への票の移動は根本的に変則的な論理に従っている。例えば、「左翼ル・ペン主義」［gaucho-lepénisme］だとか「労働者ル・ペン主義」［ouvriero-lepénisme］といった概念はいずれも、FN票の相当の割合が、以前は古典的〈左派〉、とりわけ共産党の支持層に「属していた」投票者からのものだという発見に由来する」[18]。私の考えでは、西欧における右翼ポピュリズムの今日の再燃は、概ねこれと同様の線に沿って説明できる[19]。ポピュリズムについて語っているところなので、私は、存在論的機能とその存在内容的充足とのこの非対称性を、根源的な変化を求める言説と関係付けて提示しているわけだが、これは、他の言説的布置にも同様に見出されるものである。別の機会に論じたように[20]、人々が根源的なアノミーに直面しているとき、何らかの種類の秩序への欲求が、それをもたらす実際の存在的秩序以上に重要となる。ホッブズ的宇宙が、この裂け目の極端なヴァージョンである。社会が全面的な無秩序状況（自然状態）に直面しているのだから、リヴァイアサンが行うことは――その内容に関係なく――、秩序をもたらす限り、何であれ正当なのだ。

政治的境界の構築において、注意を払う必要のある最後の重要な次元がある。節合を通じて「人民的」となった諸要求の複合体に見出される、差異と等価性の緊張に関わるものである。いかなる民主的要求にとっても、等価的な連鎖への登録は、損得相半ばするものである。一方において、そうした登録は疑いもなく、その要求に、そうでもなければ得られなかったはずの有形性を与えてくれる。それは、束の間の儚い出来事ではなく、グラムシが「陣地戦」と呼んだもの――自らの長期的な存続を確保する言説的／制度的な総体——の部分となる。他方において、「人民」（等価的な連鎖）にはその固有の戦略的な運動法則があり、そして、これらの法則が、個々の民主的要求の幾つかに関わる要望を犠牲にしたり、或いは少なくとも実質的に妥協に供したりすることにならないと保証するものは何もない。この可能性はきわめて現実的である。というのも、これらの諸要求の各々は、等価的な連鎖を通じてだけ他の諸要求と結び付いているのだから。それは、偶発的な言説的構築からの帰結でしかなく、収束をア・プリオリに定められているわけではない。民主的な諸要求は、それらが互いに関係する仕方において、フロイトの言及するショーペンハウアーのヤマアラシたちに似ている[21]。遠く離れ過ぎると凍えるが、暖まろうとして互いに近寄り過ぎると、互いに棘で傷付けてしまうのだ。しかし、それだけではない。寒暖のこうした不安定な交替が起こる地盤——すなわち、「人民」——は、個々の要求にとって、情報交換所の役目を果たす単なる中立的な地盤ではない。というのも、それは、ほとんどの場合、一つの実体《ヒュポスタシス》に変容して、それ自身の要求を持ち始めるからである。差異と等価性の節合のこうした果てしない——果てようのない——ゲームの、可能な政治的諸形態《ヴァリエーション》の幾つかには、いずれ立ち戻ることになろう。しかし、今は、そのうちの一つにだけ言及しておく。きわめて現実的な——極端ではあるが——可能性である。というのも、それには、「人民」の解体が伴うからである。つまり、純粋な示差性としての個々の諸要求それぞれの、支配的システム内部への吸収——それに付随する結果として、他の諸要求との等価的な連環《リンク》の解体——である。それゆえ、ポピュリズムの運命は、政治的境界の運命と厳密に連動する。この境界が崩壊すれば、歴史のアクターとしての「人民」は解体する。

例として、ギャレス・ステッドマン・ジョーンズが、今や古典となった先駆的な試論において分析した、イギリスのチャーティスト運動の解体を取り上げよう。[22] チャーティスト運動を、産業革命のもたらした混乱に呼応した一つの社会運動と見る支配的解釈《ヴァージョン》への批判が、彼の出発点である。そうしたチャーティスト像が考慮していないのは、ステッドマン・ジョーンズによれば、その特有の言説（彼の用語でいうと、言語）である。チャーティズムをイギリス急進主義の主要潮流に位置付けるものである。この伝統は、一八世紀におけるホイッグ党の寡頭支配へのトーリー党の対抗に根を持つものだが、フランス革命とナポレオン戦争の時代に急進的な転回を加えられた。その支配的な示導動機《ライトモティーフ》は、社会悪を、経済システムに内属する何かのうちにではなく、それと正反対のもの、政治権力を牛耳る寄生的で空論を振りかざす集団による権力の濫用――コベットの言葉では、「古き腐敗」――のうちに位置付けることにある。「土地が社会化されたり、国債が清算されたり、貨幣供給に対する銀行家の独占的管理が廃止されたりできるとすれば、それは、これらすべての財産形態が、労働産物でないという共通の特質を有していたからだった。統治階級について最も強く指弾された特徴が怠惰と寄生性であったのは、この理由のためであった」[23]。これが、社会を二つの陣営に分割する支配的言説だった以上、労働者の諸要求は、この等価的な連鎖に加えられるもう一つの環――事態の進展につれて、次第に中心的になっていくとしても――でしかありえなかった。いずれにせよ、そうした言説を特徴付けているのは、それが、労働者階級の党派的言説ではなく、「怠け者」に対抗する、原理的にはすべての生産者に宛てられた、人民的言説だったことである。「区別は、主として経済学的な意味における統治階級と被搾取階級との間にではなく、むしろ、腐敗および独占的政治権力の受益者と犠牲者との間にあった。第一義的には、対照は道徳的かつ政治的なものであり、分割線は階級間にも階級の内部にも引かれた」[24]。敵を糾弾する際の支配的な諸主題は、土地所有者の権力だった。ノルマン人による征服、中世における参政権の喪失、修道院の解体、一八世紀の囲い込み、対仏戦争期の国債の増大とその後の金本位制への復帰、等々を足掛かりに、歴史の進展を通じて強化されてきた権力である。一八三二年以降、ステッドマン・ジョーンズが指摘するように、「人民」と労働者階級が次第に同一視され、そして、「古き腐敗」の概念が資本家にまで拡大されていくが、この糾弾の政治的かつ道徳的な性格も、中産階級の復権の希望も、決して放棄されはしなかった。

この物語《サーガ》には、当面の理論的論点にとって決定的な意義を持つ二つの契機があった。第一のものは、一八三〇年代に起こった中央集権的な行政改革の波である。短期間のうちに一連の措置が講じられ、一八世紀から受け継がれた地域権力の全構造が打ち砕かれた。この権威主義的な中央集権化は、猛烈な反発を受けた。そして、チャーティスト運動の反国家主義的な言説は、明らかに、社会的抗議を刺激し融合するのに理想的なものだったはずである。しかし、そうはならなかった。一八三二年以降、人民側の陣営における軋轢が架橋不可能なものになっていたからである。中産階級は、彼らが次第に脅威を感じ始めた諸勢力と同盟を結ぶ危険を冒すよりも、むしろ、既存の制度的枠組みのうちに代替策を探す方を選んだ[25]。

しかし、次に起こったことは、さらに啓示的であった。一八三〇年代の対決的な国家政策は、一八四〇年代に入ると中断された。一方において、住宅・保健・教育といった諸問題を扱った、より人道的な類型の立法がある。他方で、政治権力は市場の諸力の実際の働きに干渉すべきでないということが、次第に承認されるようになった。このことが、チャーティスト運動の政治的言説の二つの基盤を掘り崩した。社会的アクターたちは今や、一部の立法と別のものとを区別しなければならなくなった。これが意味するのは、私たちの用語で言えば、切り離された諸要求が、もはや紛う方なく冷淡というわけでもない権力と取引して成功する機会を得たために、包括的《グローバル》な敵との対峙が弱まったということである。私たちはそのことが何を意味するのか知っている。等価的な絆が緩み、そして、人民的諸要求が複数の民主的諸要求に分解するのである。しかし、それ以上の何かも起こった。ひとたび国家が――チャーティストが主張していたのとまったく似ていないというわけでもないような仕方で――経済に対する手綱を緩め、もはや、あらゆる経済悪の源泉とは思えなくなると、チャーティスト運動の等価的言説の基盤であった、生産者と寄生者との対立は意味を失ったのである。ステッドマン・ジョーンズが指摘してきたように、中期ヴィクトリア時代の自由主義の標章となる、国家と経済の分離の始まりがここにある。

チャーティストのレトリックが、一八三〇年代のホイッグ党の諸措置への反対者を協調させるのに理想的に適っていたとすれば、同じ理屈によって、それには、一八四〇年代の国家活動の変容した性格に対応して自らの立場を変更する能力はなかった。国家とそれが生み出した階級的抑圧とに対するチャーティスト運動の批判は、全体に対する批判であった。それは、一つの立法措置と別のものを区別するのには適していなかった。国家の追求する措置のすべてが明らかに邪悪な階級目的のためとは限らないと、そして、改革されていないシステムの利己的な立法者であっても有益な改革を実行するかもしれないと、是認することになってしまうからである。(26)

「人民」の解体のパターンがどこに見出されるべきか、この最後の引用を通じて理解される。敵を言説的に構築することにおいて、政治的なもの（国家権力）が全体化する役割を果たさなくなったという事実のうちにだけではない。他のいかなる勢力も同様の役割を果たせなかったという事実のうちに、である。人民にとっての危機は、単に国家が支配システムを纏め上げる要として機能しなくなったという以上のものであった。それは、むしろ、「人民」の全体化する――敵のアイデンティティにせよ、自分自身の「包括的な《グローバル》」アイデンティティにせよ――能力そのものの危機であった。経済と国家介入が次第に分離したこと自体は、政治的境界および「人民」を構築する際に乗り越えられない障碍ではなかった。単に、「怠け者」と「空論家」から資本家そのものに重点を移しさえすればよかった――チャーティスト運動の言説が、ともかくも、既に開始していた移行である。しかし、そのためには、私たち／彼らという対立内部での人民の構造的位置付けが、その実際の内容の置換が進んでも存続することが前提だった。そして、まさにそうはならなかった。私たちが示唆したように、中産階級と労働者階級の亀裂が深まり、国家側の幾つかの措置が個々の社会的要求に応じられるようになり、そして――これが決定的だが――、等価的な連環のこの分断が労働者階級自体のアイデンティティに長期的な反響を及ぼしたのである。ここに、中期ヴィクトリア時代の自由主義への移行の真の意味がある。政治が、二つの敵対的ブロック間の対決という事態ではなくなり、拡張された一つの社会的国家の内部で、示差化された諸要求に折り合いを付けるという問題になったのである。労働者階級の諸組織が近代的労働組合として再登場したとき、それらは、国家との折衝を通じた方が、それと正面から対決するよりも、自分たちの特定の諸要求を有利に進められると気付いた。このことは、もちろん、暴力的爆発の契機を排除したわけではないが、それにしても、彼らの党派的な性格は隠しようがなかった。だから、一九世紀後半におけるブルジョワ・ヘゲモニーの構築は少しも平和な過程ではなかったとはいえ、長期的な方向性は見間違えようがない。すなわち、等価的断絶に対する差異的論理の優位である。

「人民」の内的構造化

私は、ポピュリズムの不可欠の《シネ・クア・ノン》次元のうちの二つを説明してきた。等価的な絆と、内的境界の必要性である（この二つは、実際には、厳密に相関している）。今度は、等価的な連環《リンク》の沈澱物——人民という同一性《アイデンティティ》そのもの——を説明しなければならない。先に述べたように、等価的な関係は、それが、等価的なものとしての民主的諸要求ではなく等価的な連環そのものを代表する、ある一定の言説的アイデンティティへと結晶化するのでなければ、曖昧な連帯の感情以上のものにはならない。ポピュリズムの「人民」を構成するのは、そうした結晶化の契機だけである。単に諸要求間の媒介でしかなかったものが、今や、それ自身の一貫性を獲得する。元々は諸要求に付随していただけの連環が、今や、反作用を及ぼし、そして、関係性の転倒を通じて、諸要求の根拠として振舞い始める。この転倒が働かなければ、いかなるポピュリズムも存在しないだろう（これは、マルクスが『資本論』で一般的価値形態から貨幣形態への移行として記述するものに似ている）。

等価性の連鎖の結晶化として「人民」がこのように構築されていく際の様々な契機を探究してみよう。そこでは、結晶化させる審級が、その自律性において、それの出現を可能にした諸要求の連鎖という下部構造と同等の重みを持つ。プレブスが自らをポプルスの全体性として提示することで共同体空間の連続性に裂け目がもたらされると以前に指摘したが、これが格好の出発点たりうるだろう。人民の行動の根底にあるこの本質的非対称性を、類似した言い方で、ジャック・ランシエールも強調している。

> デモスは、すべての市民に帰属する平等を、固有の分け前として自らに割り当てる。そうすることで、当事者ならざるこの当事者は、固有ならざる自らの固有性を共同体の排除原理と同一視し、そして、自らの名――地位を有しない者たちの不分明な塊の名――を共同体そのものの名と同一視する。……人民は、共通の性質を自分自身のものとして領有する。彼らが共同体にもたらすのは、まさしく、係争である[27]。

しかし、社会の全体性として見られようとする、一つの部分性のこの切望の意味は何か？　その存在論的可能性はどこにあるのか？　全体性は、切望されるものとしての身分を有するためには、まず、事実として与えられた社会的関係の総体から自らを差異化しなければならない。なぜそうなのか、私たちは既に知っている。敵対的分断という契機は削除しえないからである。それを、より深層の何らかの実定性《ポジティヴィティ》に送り返して、それとは別の何かの付随的な表現に変換してしまうことはできない。これが意味するのは、いかなる制度的全体性も、社会的諸要求の総体を積極的《ポジティヴ》な諸契機として自らのうちに登録はできないということである。それだからこそ、私たちが見たように、満たされず登録されない要求は、欠落した存在としてあるのだ。それと同時に、しかし、共同体的存在の十全性は、それらの要求にとって、不在のものとして――現存の実定的な社会秩序の下では、満たされぬままに留まるしかないものとして――申し分なく存在している。それゆえ、所与としての――実際にそうである限りの社会関係の総体としての――ポプルスは、偽りの全体性、圧制の源泉である部分性であることになる。他方で、プレブスの方はといえば、その部分的な要求は、十全に成熟した全体性――理念的にしか存在しない公正な社会――という地平線上に登録される。それは、現実に存在する状況が否認する真に普遍的なポプルスを、構成しようと切望する。ポプルスについての二つの見方が厳密に共約不可能なものだからこそ、プレブスという一定の個別性が、理念的全体性として理解されたポプルスと自らを同一視できるのである。

この同一化には何が伴うのか？　私は既に、個々の要求から人民的要求への移行が――等価的な連環《リンク》の構築を通じて――どのように作動するのか記述した。今度は、この環《リンク》の複数性《プルラリティ》が、一つの人民アイデンティティの周りに圧縮されることを通じて、どのように単数性《シンギュラリティ》となるのかを説明しなければならない。まず初めに、この圧縮過程に入り込む原材料は何か？　言うまでもなく、それぞれの個別性における個々の要求しかない。だが、それらの間に等価的な連環が確立されようというのであれば、系列の全体性を具現する、何らかの種類の共通分母が見出されなければならない。この共通分母は、系列自体から由来するのでなければならない以上、ある一個の要求でしかありえず、それが、一群の情況的な理由から、一定の中心性を獲得するのである（前述の〈連帯〉の事例を想い起こされたい）。既に記述した通り、これはヘゲモニーに関わる働きである。複数の民主的要求から人民アイデンティティが構築されることなしには、いかなるヘゲモニーも存在しない。そこで、人民アイデンティティを、その出現の条件と解体の条件を説明する関係的複合体のうちに位置付けてみよう。

私たちにとって、人民アイデンティティの構成の二つの側面が重要である。第一に、人民アイデンティティが結晶化する要求は、内的に分裂する。一方で、それは一つの個別的な要求のままである。

他方で、それ自身の個別性が、自分自身とはまったく別の何か――等価的な諸要求の全体的連鎖――を意味するようになる。それは、一つの個別的な要求でありながら、より広範な普遍性のシニフィアンともなるのである（例えば、一九八九年以降の短期間、「市場」は、東欧において、純然たる経済的な仕組み《アレンジメント》よりも遥かに多くのものを意味した。そこには、等価的な連環を通じて、官僚統治の終焉、市民的自由、西側に追い付くこと、等々といった諸内容が包含されていたのである）。しかし、この普遍的な意味作用は連鎖の他の環にも必然的に伝達され、そうなると、それらの方もまた、自分自身の要求の個別性と、連鎖内への登録によって分与される人民としての意味作用とに分裂する。ここに緊張の場がある。一つの要求が弱まるにつれて、それは、人民への登録により多く依拠して自らを定式化するようになる。逆に、言説的にも制度的にも自律化すると、等価的節合への依拠は稀薄になる。この依拠が破壊されると、チャーティスト運動の事例について見たように、人民－等価性の陣営はほとんど完全に解体してしまうかもしれない。

第二に、私たちの議論は、この地点において、先に「空虚なシニフィアン」の産出について述べた事柄に継ぎ合わされなければならない。私たちが知っているように、いかなる人民アイデンティティも、全体性としての等価的な連鎖を指し示す幾つかのシニフィアン（言葉、イメージ）の周りに圧縮される必要がある。連鎖が拡張するにつれて、こうしたシニフィアンは、元々の個別的な諸要求への結び付きを弱める。ということは、つまり、連鎖の相対的「普遍性」を代表する機能が、当の機能を具体的に担う個別的な請求を表現する機能に優先されていくのである。換言すれば、こうである。外延的な視点から見れば、人民アイデンティティは次第に十全なものになる。諸要求のますます広がる連鎖を代表するからである。けれども、内包的にはより貧弱になる。きわめて不均質な社会的諸要求を包含するためには、自分自身の個別的な諸内容を払拭しなければならないからである。つまり、こうである。人民アイデンティティは、傾向において空虚なシニフィアンとして機能する。

しかし、決定的に重要なのは、空虚を抽象と混同しないこと、すなわち、人民という象徴の表現する共通分母を、連鎖のすべての環が共有する究極の積極的特徴として理解したりしないことである。仮にそうしてしまえば、差異の論理を乗り越えていなかったことになってしまう。私たちが扱っているのは抽象的な差異だということになってしまう。それは、依然として、差異の秩序に属し、そのようなものとして概念的に把握しうるということになってしまう。だが、等価的な関係においては、諸要求は積極的なものを何も共有しない。されるのは、それらすべてが満たされずにいるという事実だけである。それゆえ、等価的な連環が孕む特有の否定性がある。

この否定性の契機は、どのようにして人民アイデンティティの構成に入り込むのか？ 暫くの間、先に議論した点に立ち戻ってみよう。根源的無秩序の状況においては、要求されるのは何らかの種類の秩序であって、その要望に応じる具体的な社会的配置《アレンジメント》は二次的な考慮対象でしかない（「正義」、「平等」、「自由」等々といった同様の語についても同じことが言える）。「秩序」や「正義」の積極的定義を与えようと――つまり、いかに最小限にせよ、それらに概念的内容を帰属させようと――しても時間の浪費だろう。これらの語の意味論的な役割は、いかなる積極的な内容を表現することでもなくて、私たちが見てきたように、構成的に不在である十全性の名として機能することなのである。何かしらの種類の不正義が存在しないような人間的状況などないからこそ、「正義」が、一つの語として意味を成すのである。それは、差異化されない一つの十全性を名指す以上、どのようなものであれ概念的な内容を持たない。それは抽象的な語ではないが、しかし、最も厳密な意味において、空虚なのである。正しい社会をもたらすのがファシズム的秩序か、それとも社会主義的秩序かといった議論は、両者の側に受け入れられた「正義」の概念から始まる論理的演繹としてではなく、根源的な備給を通じて進む。その言説上の階梯となるのは論理‐概念的な連関性ではなく、帰属‐遂行的なそれである。私が、一群の社会的な苦痛や蔓延する不正義に言及し、その根源を、例えば、「寡頭支配《オリガルキー》」に帰するとすれば、私は二つの相互に関連する作業を遂行しているのである。一方において、私は、一群の社会的請求について寡頭支配への対立という点で共通のアイデンティティを見出し、それによって、「人民」を構成している。他方で、敵の側も、単に情況的なものではなくなり、より包括的《グローバル》な次元を獲得する。ここに、等価的な連鎖が、ある単数の要素への対象備給を通じて表現されなければならない理由がある。すなわち、私たちが扱っているのは、あらゆる社会的な苦痛の下に共通して横たわる抽象的な特徴を発見するという概念的な操作ではなく、連鎖そのものを構成する遂行的な作業だからである。それは、夢の圧縮過程に似ている。一つのイメージが表現するのは、それ自身の個別性ではなく、無意識的思考のうちのまったく似通っていない複数の流れなのであり、それらの表現が単一のイメージのうちに見出されるのである。よく知られているように、アルチュセール[28]はこの圧縮の概念を用いて、ロシア革命を分析した。ロシア社会のあらゆる敵対性が、「パン・平和・土地」への要求を巡る、分断された統一体に圧縮されたというのである。ここでは、空虚の契機が決定的である。「正義」、「自由」等々といった空虚な語がこの三つの要求に備給されなければ、後者はその個別性のうちに閉ざされたままだったはずである。だが、備給の根源的性格のゆえに、「正義」と「自由」の空虚さのうちの何かが諸要求に伝わり、そうして、それらは、実際の個別的な諸内容を超越する普遍性の名となったのだ。けれども、個別性が除去されたわけではない。あらゆるヘゲモニー的形成体がそうであるように、人民アイデンティティはつねに普遍性と個別性の緊張／折衝の地点なのである。今や、私たちが扱っているのがなぜ「抽象」ではなく「空虚」なのか、明らかなはずだ。平和、パン、土地は、一九一七年のロシア社会のあらゆる要求の概念的な共通分母ではなかった。重層的に決定されるあらゆる過程においてそうであるように、これら三つの要求と何の関係もない苦痛が、にもかかわらず、それらを通じて表現されたのだった。

この地点に至って、私は、ポピュリズムの二つの側面を取り扱うことができる。この主題を論じる諸文献で頻繁に言及されるものの、私たちの見る限り、それに対して満足の行く説明が提供されたことのないものである。第一の側面は、ポピュリズムの象徴《シンボル》の、いわゆる「不精確さ」と「曖昧さ」に関わる。これは通例——私が分析を引用してきた著者たちが明瞭に示していたように——、ポピュリズムの棄却に先立つ一歩であった。しかし、空虚なシニフィアンの社会的産出に関して私が素描してきたパースペクティヴから事態に接近するならば、結論はまったく別のものとなる。人民の陣営に統一性ないし整合性を与えるシニフィアンの空虚な性格は、何らかのイデオロギー的ないし政治的な発育不全の結果ではない。それは端的に、いかなるポピュリズム的統一も、根源的に不均質な社会的地盤の上で生起するという事実の表現でしかない。この不均質性は、それ自身の差異的性格から出発して、単にその内的な発展だけに基づく統一性の周りに癒合したりするものではない。つまり、いかなる種類の統一性も何らかの登録から生ずるのであり、登録が行われる表面（人民という象徴《シンボル》）は、そこに登録される諸内容に還元されえない。人民という象徴は、疑いもなく、それが束ねる民主的諸要求の表現である。だが、表現の媒体を、それが表現するものに還元することはできない。それは透明な媒体ではないのだ。先の事例に立ち戻ろう。寡頭支配が社会的諸要求の挫折の原因だと言うことは、社会的諸要求そのものからどうにかして読み取られるような何かを言明することではない。それは、そうした社会的諸要求の外側から、それらが登録されるかもしれない言説によって、提供されるのである。この言説は、もちろん、そうした要求から派生する闘争の有効性や整合性を増大させるだろう。だが、それらの社会的諸要求が不均質であればあるほど、それらに登録の表面を提供している言説は、具体的な局所的状況に共通した示差的枠組みに訴えることができなくなる。先述のように、局所的な闘争であれば、私は、自分の要求の性質についても、自分たちが戦っている相手についても、比較的よくわかっているだろう。ところが、党派的な諸要求を節合することを通じて、より広範な人民アイデンティティと、より包括的《グローバル》な敵を構成しようとすると、人民側の勢力についても敵についても、アイデンティティを決定するのはより困難になる。等価的な絆の確立に続いて、空虚という契機が必然的に現われるのは、ここである。ゆえに《エルゴ》、「曖昧さ」と「不精確さ」なのである。だが、これらは、何らかの種類の周辺的ないし原始的な状況の結果ではない。政治的なものの本性自体のうちに刻み込まれたものなのだ。証拠が必要だというのならば、高度先進諸社会の中核で定期的に生じるポピュリズム的動員の勃発を考えてみればよい。

　ポピュリズムを論じる諸文献で完全に解決されているわけではない第二の問題は、指導者の中心的役割に関わる。私たちはそれをどのように説明するのか？　二つの最もありふれた型の説明は、「暗示」――群集理論の研究者たちから採られたカテゴリー――および「操作」である。或いは、きわめて頻繁に見られることだが、これら二つの結合である（どちらも容易く互いへと変貌するので、結合させても大した問題は生じない）。私の見るところ、この種の説明は役に立たない。というのも、たとえ「操作」の議論を受け入れたとしても、説明されるのは精々のところ指導者の主観的な意図であり、操作がなぜ成功するかに関しては闇に閉ざされたままである――すなわち、「操作」というラベルの下に包括される種類の関係について何もわからない――からである。それゆえ、私たちの方法に従って、構造的アプローチを採用しよう。つまり、指導者の機能の重要な諸側面をあらかじめ予告する何かが等価的な絆のうちにないかどうか、自問してみよう。私たちが既に知っているように、等価的な紐帯が拡張すればするほど、その連鎖を統一するシニフィアンは空虚になる（すなわち、人民の象徴ないしアイデンティティの特定の個別性が、全体としての連鎖を意味する「普遍的」機能に服属するようになる）。だが、他にもわかっていることがある――人民の象徴ないしアイデンティティは、登録の表面であるにしても、そこに登録されるものを受動的に表現するのではなく、表現過程そのものを通じて、それが表現するものを現に構成するのである。換言すれば、人民という主体の位置は、自らの外側で自らに先立って構成された諸要求の統一性を単に表現するのではなく、その統一性を確立する決定的な契機なのだ。それだからこそ、私は、この統一化する要素は中立で透明な媒体ではないと述べたのである。仮にそのようなものだったならば、言説的／ヘゲモニー的形成体が有する統一性がどのようなものであれ、それは、全体を名指すという契機に先行するはずである（つまり、名は完全にどうでもよい事柄になるはずである）。だが、仮に――等価的な連鎖に入り込む環の根源的な不均質性を考慮すると――それらの環の首尾一貫した節合の唯一の源泉が連鎖そのものだとしたら、そして、それらの環の一つが他のすべてを圧縮する役割を演じる限りにおいて連鎖が存在するのだとしたら、その場合、言説的形成体の統一性は、概念の次元（差異の論理）から名の次元に移譲されることになる。これは、言うまでもなく、差異的《ディファレンシャル》／制度的論理が瓦解ないし後退している場合には、より一層当て嵌まる。そうした場合、名が事物の根拠となるのだ。しかし、一つの名だけによって等価的に纏め上げられた不均質な諸要素の集合体は、必然的に、一つの単数性である。一つの社会は、内在的な示差的《ディファレンシャル》メカニズムによって纏め上げられなくなるにつれて、整合性を求めて、この超越的な単数性の契機に依拠するようになる。だが、単数性《シンギュラリティ》の極端な形式は個体性である。このようにして、ほとんど気付かれないうちに、等価的なものの論理から単数性へと、そして、単数性から、集団の統一性を指導者の名と同一視することへと至る。ある意味において、私たちはホッブズの主権者のそれと比較しうる状況にある。原理的にいえば、団体がリヴァイアサンの機能を充足できない理由はない。けれども、その複数性そのものに、それが主権の分割不可能な本性と食い違っていることが現われてしまう。それゆえ、ホッブズにとって、唯一の「自然な」主権者は個人でしかありえない。この状況と私たちが議論している状況との違いは、ホッブズが実際の統治について語っているのに対して、私たちは意味作用の全体性を構成することについて語っているという点である。後者が自動的に前者へと導くわけではない。国民《ネイション》の象徴としてのネルソン・マンデラの役割は、彼の運動が大いに多元主義的であることと両立した。それでも、ある個人性を軸とする集団の象徴的な統一化が――ここでは私はフロイトに同意する――、「人民」の形成には内在するのである。

「名指し」と「概念的規定」との対立が、ほとんど秘密裡に、私たちの議論に忍び込んできている。今や、更に解明しなければならないのは、この対立である。というのも、私たちの主題にとって最重要な幾つかの論点がそれに掛かっているからである。

名指しと情動

私は、事物の根拠となる名について語ってきた。この主張の意味は、正確に言って何だろうか？　この問題を、二つの視角から順次探究していこう。第一の視角は、そのような役割を果たすために名に要請される、意味作用の働きに関わる。第二のものは、そうした働きの背後にあって、それを可能にしている力に関わる。この後者の論点は、既に私たちにお馴染みの用語を用いて定式化し直せる——「根源的備給」について語られるとき、「備給」とは何を意味するのか？　これらの問いに、ラカン理論の現代における二つの展開——スラヴォイ・ジジェクの研究と、ジョアン・コプチェクのそれ——を介して接近してみたい。

ジジェクの出発点は、名はどのようにして事物に関係するのかという、現代分析哲学の議論である[29]。そこには、一つの古典的アプローチ（記述主義）がある。元々はバートランド・ラッセルの研究に見出されるものだが、後には、大半の分析哲学者に採用された。それによれば、あらゆる名には、記述的な諸特徴の束によって与えられる内容がある。例えば、「鏡」という言葉には、ある内包的内容（像を映し出す能力、等）があるので、だから、私は、実際に存在する対象がそのような内容を呈示するのを見出したとき、その言葉を用いるのである。ジョン・スチュアート・ミルは、記述可能な内容を有する普通名詞と、それを有しない固有名とを区別した。しかし、この区別をラッセルは問いに付した。彼は、「通常の」固有名——「論理的な」固有名（直示的カテゴリー）とは区別される——は短縮された記述だと主張したのである。例えば、「ジョージ・W・ブッシュ」は「イラクを侵攻したアメリカ大統領」の短縮された記述だとされる（後に、記述主義の哲学者や論理学者は、記述的内容が論理的固有名にも結び付けられるのではないかと考え始めた）。このアプローチに困難が生じたのは、同一の対象に結び付けられうる複数の記述との関係においてである。例えば、ブッシュは「大酒飲みだったが後に禁酒主義者となった人物」とも等しく記述されるかもしれない。ジョン・サールが論じたところでは、いかなる記述も、一群のあり得る選択肢のうちの一つに過ぎない。これに対して、マイケル・ダメットからすれば、他のすべてがそれに服属する「根本的」記述があるのでなければならない。この議論は、しかし、私たちの関心事ではない。私たちにとって重要なのは、記述主義的アプローチを反記述主義的アプローチから差異化することである。後者の主要な提唱者がソール・クリプキである。(30)クリプキによれば、言葉が事物を指示するのは、共有された記述的諸特徴を通じてではなく、「最初の命名儀式《バプティズム》」を通じてである。これが、記述を完全に無用なものとする。名は、この意味で、固定指示子なのである。ブッシュが政治の道に進まなかったと想定してみよう。「ブッシュ」という名は、依然として彼に当て嵌まる。私たちが今日彼に結び付けて考えている一切の記述的特徴が不在であっても、である。反対に、仮に、そうした特徴の全部を持つ別の個人が実際に現われたとして、それでも、私たちは、彼はブッシュではないと言うはずである。同じことが普通名詞にも当て嵌まる。金——クリプキの挙げる事例の一つを用いると——は、伝統的にそれに帰属させられてきた全特性が錯覚だったと証明されたとしても、金のままだろう。その場合、私たちは、金はそれがそうだと思われていたものとは異なっていたと言うはずである。この実体は金ではなかったとは言わないだろう。こうした議論をソシュールの語法に翻訳するならば、記述主義者が行っているのは、シニフィアンとシニフィエの間に固定した相関関係を確立することである。これに対して、反記述主義的アプローチには、シニフィエへのあらゆる隷属からシニフィアンを解放することが伴う。この地点において明らかとなるように、私が前節を締め括る際に挙げた対立――「概念的規定」と「名指し」との対立――が、記述主義／反記述主義の対立という観点から、ここに再出現している。そして、同じく明らかなように、私たちの議論の諸前提は、反記述主義陣営の側に確固として位置付けられる。

しかし、決定的に重要な地盤の変化なしに、というわけではない。ここにおいて、ジジェクが登場する。彼は、反記述主義的アプローチに全体として賛成しつつも、クリプキや追随者に対して新たな問いを――自身のラカン的立場に従って――提起する。あらゆる記述上の変化を越えて対象が同一のままに留まるのは認めるとして、正確に同じままに留まるそれとは何か？　記述的諸属性を次々と受け取る「X」とは何か？　ジジェクは、ラカンに従って、こう答える。Xは名指しの遡及的効果である、と。

> 反記述主義の基本問題は、絶えず変化する記述的特徴の束を越えて指示の対象の同一性を構成するもの――あらゆる特性が変化したとしても、対象を自らと同一的にするもの――を決定することである。換言すれば、「固定指示子」の客観的相関項をどのように理解するかである。すべての可能世界、すべての反事実的状況において同一の対象を外示する限りでの名の相関項をどのように理解するかである。少なくとも標準的ヴァージョンの反記述主義において見逃されているのは、あらゆる反事実的状況において対象の同一性を――あらゆる記述的諸特徴の変化を通じて――このように保証するのが名指し自体の遡及的効果だということである。対象の同一性を支える

のは、名そのもの、シニフィアンである(31)。

さて、ジジェクの解法の長所が何であれ、それはクリプキ的パースペクティヴにおいて受け入れられる解法ではないのを認めなければならない。というのも、それには、このパースペクティヴと両立しえない存在論的諸前提を導入することが伴うからである。クリプキは、ジジェクの解法を受け入れないのみならず、その問題を妥当なものとすら認めないだろう。彼の理論は名指しの産出性の理論ではなく——ラカンのものはそうだが——、純粋指示の理論であり、そこでは、指示対象——ジジェクのX——は端的に当然視されている。だが、対象の遡及的産出としての名指しという概念がクリプキにとって何の意味も成さないとしても、私たちにとっては大いに意味を成す。人民アイデンティティの問いへの私たちのアプローチは、まさしく、名指しの遂行的次元に根差すからである。それゆえ、クリプキに暇を乞うて、ジジェク自身の議論へ進むとしよう。

ジジェクによれば、クッションの綴じ目（ポワン・ド・キャピトン）——ラカンの対象a——は、その名によって言説的形成体の統一性をもたらすが、それ自身としてはいかなる実定的《ポジティヴ》なアイデンティティも持たない。「実定的な現実のうちにそれを探求しても無駄である。それには、いかなる実定的な一貫性もないから——それは、空無《ヴォイド》の対象化でしかなく、シニフィアンの突然の出現によって現実のうちに開かれた不連続性の対象化でしかないから——である(32)」。このキルティング機能が満たされるのは、シニフィエの豊富さを通じてではなく、反対に、一つの純粋なシニフィアンの現前を通じてである。

ポワン・ド・キャピトンは「結節点」、一種の意味の結び目だと主張するとしても、このことの含意は、それが端的に「豊かな」言葉、つまり、それが「綴じる」領野の豊かな意味のすべてを圧縮した言葉だということではない。ポワン・ド・キャピトンは、むしろ、一つの言葉として、シニフィアン自体の水準において、ある所与の領野を統一し、そのアイデンティティを構成する、そうした言葉なのである。それは、言ってみれば、「物」自体たちが、統一性のうちに自分たちを認知するべく、参照する言葉なのである。(33)

ジジェクの挙げる二つの例はきわめて啓発的である。というのも、そこに転倒が現われるからだが、これは、キルティング機能の弁別的特徴なのである。第一の例では、マルボロの広告が参照される。アメリカを仄めかすあらゆる言い回し――「逞しく、正直な人々の土地、果てしない地平線の土地」――が、マルボロへの関係の転倒を通じて綴じられる。マルボロがアメリカのアイデンティティを表現するのではない。アメリカをマルボロの国として認知することを通じて後者〔アメリカのアイデンティティ〕が構築されるのである。同じメカニズムが、コカ・コーラの広告にも見られる。「コーク、これがアメリカだ」は、「アメリカ、これがコークだ」へ転倒されるわけにはいかない。アメリカのアイデンティティが結晶化するのは、純然たるシニフィアンとしてのコークの役割のうちにおいてでしかないからである。

古典的記述主義からラカンまで私が記述してきた知の系列を眺めてみると、明確な方向性を持つ思想の動きが見て取られる。シニフィアンの次元が徐々に解放されていくのである。この移行は、名指しの漸進的な自律化と言ってもよい。記述主義にとって、名指しが遂行できる作業は厳密に限定されている。それは、拘束服を着用させられて起こるのだ。あらゆる名に宿る記述的諸特徴が、シニフィアンの次元を、名と事物の純粋に概念的な重なり（概念がそれらの共通の性質なのだから）が表現される透明な媒体に還元するからである。反記述主義とともに、シニフィアンの（名の）自律化が始まる。しかし、名指しの仕方と記述の仕方がこのように乖離しても、「名指し」が遂行する作業の複雑さは些かたりとも増大するわけではない。というのも、確かに、指示はもはや記述に付随していないにしても、指示されるもののアイデンティティはそれが名指される過程に先立ってまったく独立に確保されているからである。ラカン的アプローチを俟って、真の突破が為される。対象のアイデンティティと統一性が、名指しの作業そのものの結果となるのだから。しかし、これが可能なのは、名指しが記述にも、先行する指示にも服属していないときだけである。この役割を遂行するためには、シニフィアンは、偶発的であるのみならず、空虚でもなければならない。

私が思うに、こうした観察が、なぜ名が事物の根拠となるのかを非常に明確に示してくれる。私たちは今や、人民アイデンティティの問いに立ち返って、それを、先の分析から導かれる理論的結論の幾つかに関連させることができる。このつながりについて、論じられるべき点が四つある。第一のものは、ラカン的なポワン・ド・キャピトン（結節点）と言説的布置の他の諸要素との関係に関わる。明らかに、結節点がなければそもそもいかなる布置も存在しない。マルボロがなければ、アメリカ性――ジジェクの例では――は、一群の拡散したテーマでしかなく、有意味な全体へ節合されることはないだろう。これはまさしく、私たちが人民アイデンティティの事例について見てきたことである。等価的な同一化というクッションの綴じ目がなければ、民主的な諸等価性は仮想的なものに留まるしかない。第二に、クッションの綴じ目のアイデンティティが規定される際の、普遍性と個別性の関係という問いがある。これに、関係する問いを付け加えなければならない。キルティング機能が普遍性と連動するとして、普遍性が表現するのは十全性なのか、それとも空虚なのかという問いである。ジジェクは第二の選択肢を選ぶ方向に傾いている。「歴史的現実は、もちろん、つねに象徴化されている。私たちがそれを経験する仕方は、象徴化の様々な様式を通じて、つねに媒介されている。この現象学的なありふれた知恵にラカンが付け加えるのは、それ自体が一つのイデオロギー的な意味の領野の地平である所与の「意味経験」を統一するのが、何らかの「純粋」で、無意味な「シニフィエなきシニフィアン」だと思われるという事実でしかない[34]」。

この問いへの私の答えは別のものである。「シニフィエなきシニフィアン」という概念は、そもそも、自滅的である。それは「雑音《ノイズ》」しか意味しないし、そうなると、意味作用システムの外側にあることになる。しかし、「空虚なシニフィアン」について語るとき、私たちはまったく別の何かを言おうとしている――意味作用のシステムの内部に、構成的なものとして、代表不可能な場所があると言おうとしているのである。その意味で、それは空虚なままだが、けれども、意味作用の内部にある空無を扱っているからには、指し示すことのできる空虚なのである（パスカルの零についてのポール・ド・マンの分析と比較されたい[35]。「零」は数の不在だが、この不在に名を与えることで、「零」が何らかの「一」に変換される）。しかも、空虚なシニフィアンとしての人民アイデンティティについての先の分析のおかげで、十全性／空虚という排反的な二者択一は紛い物だと示されている。私たちが見てきたように、人民アイデンティティは――満たされない複数の諸要求の等価性を通じて――共同体の十全性を、否認されたものとして、そして、それゆえ、成就されないままのものとして表現／構成するのだから。お望みであれば、空虚な十全性と言ってもよい。私たちが扱っているのが、ある特定の位置としての空虚についてのシニフィアンではなく、いかなるシニフィエにも結び付いていないにもかかわらず意味作用の内部に留まるシニフィアンなのだとすれば、このことが意味するのは、このシニフィアンが、いかなる構造的欠陥もそれ自体としては持たない、十全に成就された全体性の名であるということでしかありえない。

では、「空虚」の表象《レプリゼンテーション》はどのような形式を取るのか？ 私が論じてきたように、人民陣営の全体化——十全性／空虚の契機の言説的結晶化——が起こるのは、ある部分的内容が、自らと共約不可能な普遍性を代表《レプリゼント》する役割を引き受けるときだけである。この点は決定的である。ジジェクが挙げる事例においても、個別的内容と普遍的機能のこうした節合が見て取られる。マルボロやコカ・コーラは広告イメージの内部でクッションの綴じ目として働き、そうして、ある一定の全体化のシニフィアンとなるのだが、けれども、そこには依然として、個別的な実体がある。マルボロ、コカ・コーラという、この役割を遂行する実体である。それらを単なる個別のアイデンティティに還元することも、後者をキルティングの役割の名の下に全面的に除去することも（そうした全面的除去が可能ならば、まさしく、シニフィエなきシニフィアンがあることになるが）できないからこそ、ヘゲモニーの働きのような何かが可能になる[36]。

このことは、私が論じたい第三の点につながる。「人民」の構築に構成的に内在する、普遍性と個別性の節合は、言葉やイメージの水準でだけ生起するような何かではない。それは実践や制度にも沈澱する。先に述べたように、私たちの「言説」概念——ウィトゲンシュタインの「言語ゲーム」に近い——には言葉と行動の節合が伴うので、それゆえ、キルティング機能は、単に言葉の上での働きではありえず、制度としての固定性を獲得するかもしれない物質的実践に埋め込まれている。これは、いかなるヘゲモニー上の転位も、国家の布置における変化として理解されなければならないと言うのと同じことである。ただし、後者〔国家の布置〕が、法的な狭い意味における公共圏としてではなく、拡大されたグラムシ的な意味での、共同体の倫理－政治的な契機として理解されるとしてだが。いかなる国家においても、ヘゲモニーの働きに固有の、個別性と普遍性のこうした結合が現われる。ここから明確にわかるのが、国家に関するヘーゲル的な考え方とマルクス的なそれの両者がどのようにして、普遍的なものと個別的なもののこの必然的な節合を解こうと努めるかである。ヘーゲルにとって、国家の圏域は、社会倫理の領域において達成しうる普遍性の最高の形式である。官僚は普遍的階級であり、その一方で、市民社会――欲求の体系――は純粋な個別性の範域である。マルクスにとって、状況は逆転する。国家は支配階級の手段である。「普遍的階級」は、自らと和解した市民社会――そこでは、国家〔政治権力〕は必然的に衰微しなければならない――において初めて出現しうる。どちらの場合にも、個別性と普遍性は互いに排除し合う。グラムシを俟って初めて、両審級の節合が思考可能になる。彼にとっては、ポプルスを構成することをヘゲモニー的に請求する個別性――プレブス――がある一方で、ポプルス〔抽象的普遍性〕の方はプレブスに具現されたものとしてのみ存在しうるのである。この地点に至れば、ポピュリズムの「人民」は間近い。

人民アイデンティティの構成との関連において、個別性／普遍性／名指しについて論じられるべき、第四の、そして最後の点がある。暫くの間、単数性についての議論に立ち戻ろう。単数性《シンギュラリティ》は、私のアプローチでは、異質性《ヘテロジニティ》の問いに緊密に結び付いている。私は第五章で、異質性の論理の主要な諸次元および諸効果を扱うつもりだが、ここで、そのうちの幾つかを、ポピュリズムにおける名指しの中心性を例証するのに必要な限りで、先取りしてもよいだろう。社会的同質性《ホモジニティ》は、社会の象徴的な枠組みを構成するもの——私たちが差異の論理と呼んできたもの——である。一つの制度から別のそれへ、一つの社会的カテゴリーから別のそれへ移ることができるとすれば、それらの間に論理的な関連性があるからではなく——事後的に幾重かの合理化によって、論理的連関という観点から、制度的な相互関連性を再構築しようとはできるだろうが——、いかなる差異化も、体系的総体の内部で互いを要請し合い参照し合うからである。差異の体系としての言語が、この象徴的な相互関連性の原型的な表現である。異質性の最初の形式が出現するのは、私たちが見たように、ある個別的な社会的要求が当該の体系内では応じられえないときである。要求が、体系内で示差的に表象されうるものを超過するのである。異質《ヘテロジニアス》なものとは、象徴的秩序の内にいかなる示差的位置も持たないものである（それは、ラカンの現実的なものと等価である）。

　しかし、等しく重要な別のタイプの異質性がある——満たされない諸要求間の相互的な関係から派生するものである。これらの要求はもはや、象徴的体系を通じて互いに統一／分離されてはいない。そもそもそれらを生み出したのは、まさしく象徴的体系の転位なのだから。だが、それらは自然発生的に互いと癒合する傾向を持つわけでもない。というのも、それぞれの特殊性に関する限り、それらの性質は完全に異質かもしれないからである。最初の弱い等価的な紐帯をそれらに与えるのは、それらがいずれも制度的システムの失敗を映し出しているという、単なる事実である。この問題は既に十分《イン・イクステンソ》に扱ったので、立ち戻ることはしないでおこう。それでも、ここで付け加えられることがあるとしたら、等価的総体の統一性、個別的な諸等価性がそのうちで結晶化する還元不能なまでに新しい集合的意志の統一性は、名の社会的産出性に全面的に依拠するということである。この産出性は、もっぱら、純粋なシニフィアンとしての——つまり、自らに先行する何らかの概念的統一性を表現する（記述主義のパースペクティヴを採用したならば、そうなるだろうが）のではない——名の働きに由来する。

ここで私たちは、ジジェクの提示するラカン的視点——対象の統一性は、それを名指すことの遡及的効果である——に厳密に従うことができる。二つの帰結が導かれる。第一に、名は、ひとたびある個別の社会における異質《ヘテロジニアス》で過剰なもののシニフィアンとなったならば、それは抗いがたい魅力を、満たされないものとして、そして、そのゆえに、既存の象徴的枠組みに対比すれば過剰で異質なものとして生きられているあらゆる要求に及ぼすことになる。第二に、名は——そうした構成的役割を果たすためには——空虚なシニフィアンでなければならないわけだから、どのような種類の要求が等価的な連鎖に入り込むかを決定することは、究極的にはできない。換言すれば、「人民」という名が自分自身の対象を構成する——つまり、不均質《ヘテロジニアス》な総体に統一を与える——ときには、逆の動きも起こる。名は、どの要求を具現し代表するかを決して十全には制御できないのである。人民アイデンティティは、つねに、これら二つの対立する動きの間の緊張の在処であり、これらの動きが辛うじて確立する不安定な均衡の在処である。このことの結果が、必然的なイデオロギー的多義性である。その政治的な諸帰結は、議論が進むにつれて明らかとなるだろう。

この地点において、既に二、三度ほど切り出した、レトリックに関する議論に立ち戻ってもよいだろう。今し方議論した「単数的なもの《シンギュラー》」と「異質なもの《ヘテロジニアス》」の問題に密接に関係するものである。というのも、レトリックにおける転置ないし再結集はまさに、一義的な概念的結び付きから名を解放する機能を持つからである。別の機会に論じたことがある事例を議論に持ち込んでみたい。ある近隣地域を考えてみよう。そこには、人種的暴力があって、反人種主義的な反撃を組織できる地域勢力は労働組合だけだとする。さて、厳密に字義通りの意味では、組合の機能は、人種主義と戦うことではなく、賃金および関連する論点について折衝することである。しかし、反人種主義の組織的活動《キャンペイン》を組合が取り上げるとすれば、それは、当の近隣地域において二つの論点の間に隣接関係があるからである。語、論点、行為者《エージェント》等々の転置の関係は、レトリックにおいて換喩と呼ばれるものである。次に、反人種主義と労働組合の闘争のこのつながりが一定期間続いたと想定してみよう。その場合、人々は、この二つの型の闘争には自然な連関があると感じ始めるだろう。つまり、隣接関係が類比関係へ、換喩が隠喩へと変容し始めるだろう。このレトリック上の転置には三つの主要な変化が伴う。第一に、当初の二種類の闘争・要求の示差的な個別性にもかかわらず、それらの間に一定の等価的な同質性が創出されつつある。第二に、労働組合の性質はこの過程のうちで変化する。それは、ある一定の時点において、党派的利害の純然たる表現ではなくなり、それ以上のもの、「人民」の構成の結節点となる――等価性の多様な節合が進展したならば――のである（グラムシ的区分を用いれば、「協調的」階級であることから「ヘゲモニー的な」階級であることへと移るわけである）。第三に、「労働組合」という語は、先に定義された意味で、ある単数性の名となる。すなわち、それはもはや、あらゆる歴史的文脈において偶発的な変動を越えてその「本質」が反復されるような、抽象的な普遍性の名を指示していない。それは、具体的な社会的行為者《エージェント》の名となる。その唯一の本質は、統一された集合的意志の中にその名を通じて結晶化する不均質《ヘテロジニアス》な諸要素の特有の節合である。同じことを別の仕方で言えば、その意味が重層的に決定されていない社会的要素などないということである。その結果、こうした意味は概念的には把握しえない。「概念的」というのを、シニフィエが意味作用の過程の不透明性を完全に除去することと理解するならば、であるが。ここにもあらためて、本書の冒頭から主張してきたように、レトリックのメカニズムが社会的世界の解剖学を構成していることが示されている。

しかし、最後の決定的な次元が私たちの分析に付け加えられなければならない。ポピュリズムへの私たちのアプローチ全体は、見てきたように、以下の諸命題を軸としている。(1)「人民」の出現は、孤立した不均質な諸要求から「包括的な」一つの要求への推移——等価性を経由する——を要請し、これには、政治的境界の形成と、敵対的勢力としての権力の言説的構築が伴う。(2)しかし、この推移は、不均質な諸要求それ自体の単なる分析から導かれるわけではない——一つの水準から別の水準への論理的・弁証法的・記号論的な移行があるわけではない——以上、質的に新しい何かが介入しなければならない。だからこそ、「名指し」には前述の遡及的効果があるのだ。質的に差異化されていて還元不可能なこの契機は、私が「根源的備給」と呼んだものである。しかし、この「備給」の概念が関わるのは、私たちがまだ探究していない何かである。ここまで言及してきた様々な意味作用の働きは、この備給が取る諸形式は説明できるとしても、しかし、備給を存立させる力については説明できない。けれども、ある存在が備給の対象になる——例えば、愛着や憎悪において——とすれば、その備給が必然的に情動の秩序に属するのは明らかである。今や登場させなければならないのは、この情動の次元である。

とはいえ、警告なしにというわけにはいかない。ここまで意味作用について述べてきたことに情動を付加することで、私が、分離可能な——少なくとも分析上は——二種類の異なる型の現象を寄せ合わせようとしていると思われたとしたら、それは間違いである。意味作用と情動の関係は、実のところ、遥かに密接である。既に見たように、言語の範列性の極（ソシュールの連合性の極）は、言語が機能するのに必須の部分である——つまり、範列的な置換がなければ、意味作用は存在しないということである。だが、範列的な関係は、私たちが見てきたように、シニフィアンとシニフィエの両者の水準で作動する置換から構成されていて、そして、それらの連合は無意識によって統制されている。形式的に特定しうる諸単位間だけで価値関係が確立されるような、そうした言語はありえない。つまり、意味作用が可能となるには、情動が必要なのである。だが、情動の側の視点から事態を考察したとしても、同じ結論に到達する。情動は、言語と独立にそれ自身で存在する何かではない。それは、意味作用の連鎖の示差的な対象備給《カセクシス》を通じてでなければ、構成されない。これがまさしく、「備給《インヴェストメント》」の意味するものである。結論は明らかである。私たちが「言説的ないしヘゲモニー的な形成体」と呼ぶ複合体、差異の論理と等価性の論理を節合する複合体は、情動という構成要素なしには知解できないのである（これは、汚染されない合理性の名において、ポピュリズムの感情的傾倒性を棄却しようとしても無駄であることの更なる証明——まだ必要だというのであればだが——である）。

それゆえ、いかなる社会的全体も意味作用の次元と情動の次元の不可分の節合から帰結すると結論できる。だが、人民アイデンティティの構成を論ずる場合、扱われているのはきわめて特別な型の全体である。すなわち、単に諸部分から合成された全体ではなく、ある部分が全体として機能するような全体なのである（私たちの例でいうと、ポプルスと同一であることを請求するプレブス）。ヘゲモニーの視角から問題を見たとしても、まったく同じである。私たちが知っているように、ヘゲモニー的関係とは、ある一定の個別性が、達成不可能な普遍性を意味するような、そうした関係なのだから。しかし、そのような関係性の存在論的可能性とは何か？　この論点にアプローチするために、ジョアン・コプチェクの最近の研究における大いに啓発的な二つの分析を検討してみたい。精神分析の分野に属するものだが、それらが私たちの政治分析に及ぼす影響は明白で、しかも広い範囲に及ぶ[37]。

コプチェクによる第一の試論、「不撓不屈の墓――『アンティゴネー』論」は、私たちの主題に関係する箇所において、フロイトの死の欲動を論じる。彼女の主張によれば、フロイトにとって、死があらゆる欲動の目的である。これは何を意味するのか？　本質的には、あらゆる欲動が「過去を、すなわち、主体が今あるように、時間に埋め込まれ、死へ向かいつつあるのを見出すのよりも前の時間を、目指す」（Copjec, p.33〔邦訳五三頁〕）ということである。無生命ないし不活性というこの初期状態は、遡及的な幻想である（ここでコプチェクが参照する『ティマイオス』の神話においては、〈大地〉は、あらゆるものを包括する球体であり、いかなる種類の器官も必要としない――それには外部がない）が、それを精神分析は、「すべての事物とあらゆる幸福を内包すると想定され、主体が生涯を通じてそれに立ち返ろうと足掻く」、始原的な母／子の双数性という観点から読解する（この描像のうちには、私たちの政治分析に既に現存する何か――満たされない諸要求が、不在の現存として不断に再現する十全性の理想――が容易に認められる）。この十全性が神話的なそれだとすれば、それを実際に探求しても、破壊にしか行き着かない。ただし、コプチェクが強調する二つの事実を除けば、である。「⑴単一にして完全な欲動は存在せず、部分的な諸欲動しか存在しない、それゆえ、実現可能な破壊への意志は存在しないということ。そして、⑵欲動の第二の逆説があり、その言明するところでは、欲動は、その活動の一端として、自らの目的が達成されるのを禁じる。それゆえ、何らかの内在的な障碍――欲動の対象――が、欲動を制止すると同時にそれを粉砕し、拘束し、そうして、それが目的に到達するのを妨げ、部分欲動に分割する」（p.34〔邦訳五五頁〕）。それゆえ、欲動は、ラカンが対象aと呼ぶ、この部分対象で甘んじるのである。

大切なのは、フロイトやラカンのテクストの中でコプチェクの議論が構築されていく様子を見ることである。まず初めに、フロイトの、Nebenmensch〔身近な人物〕（始原的な母）の概念があり、そして、das Ding（〈モノ〉）、回復不可能な十全性と、表象しうるものとの原初の分裂がある。始原的な母のうちの何かが表象に翻訳できない。だから、シニフィアンの秩序の内部には穴が開いている。しかし、事態がそこに留まるならば、物自体《ヌーメノン》とその現象的表象、存在と思惟というカント的な対立の地勢のうちにいることになる。ラカンがフロイトの思想を根源化するのは、この地点においてである。失われた〈モノ〉は、思惟の不可能性ではなく、〈存在〉の空無なのである。「母が表象ないし思惟を逃れるのではない。私を彼女に結び付けた享楽が失われていて、そして、この喪失が、私の存在という全体を枯渇させるのである」（p.36〔邦訳五八頁〕）。もし、それでも、享楽が失われないとしたら、その痕跡が部分対象のうちに残るからである。しかし、これらの痕跡の性質は注意深く探究されなければならない。もはや物自体／現象的表象という図式には従わないからである。部分対象はそれ自体として全体性となる。それは光景全体を構造化する原理となる。

表象代理 Vorstellungsrepräsentanz〔フロイトの英訳では理念化的代理 ideational representative〕という概念が展開されるにつれて、Nebenmensch という複合体の〈モノ〉の側の構成要因はさらに二つの部分、〈モノ〉と表象代理とに分断されるように思われる。とはいえ、もはや〈モノ〉は、物自体的対象として考えられるわけにはいかないので、表象代理の記述によって、部分的なものとして保持されるしかない。この理論から明らかなように、この部分対象が舞台に登場するや、〈モノ〉に関する旧来の理解への経路は遮断される。それは今や遡及的幻想に過ぎない。……不実な代行者〔表象代理〕と部分対象は、他のどこかに存在する身体や〈モノ〉の証拠ではなく、身体や満足には有機的身体や物自体的《ヌーメナル》な事物といった支えが失われているという事実の証拠なのである（p.37〔邦訳五九－六〇頁〕）。

コプチェクが非常に注意深く強調するように、この転換によって、享楽の部分対象は接近不可能な〈モノ〉の代理として振舞うという考え方が捨て去られる。昇華とは「通常の対象を〈モノ〉の荘厳さへ高めること」であるというラカンの定義を引用しながら、彼女はそれを次のような意味に読解する。「高めるというのは、代理機能を含意するとは思われず、むしろ——昇華の普通の理解とは逆に——〈モノ〉を通常の対象に置き換えることを含意する」（p.38〔邦訳六一頁〕）。

同じ論集の第二試論「ナルシシズム、斜めから見て」で、コプチェクは重要な観察を付け加える。すなわち、部分対象とは全体の部分ではなく、全体である部分なのである、と。彼女が引用するのはベラ・バラージュ[*7]とドゥルーズである。彼らにとって、クローズ・アップは単に、全体のうちにある何らかの細部に焦点を合わせることではない。むしろ、いわば、その細部を通じて、場面《シーン》全体が採寸され直すのである。「ドゥルーズの主張によれば、クローズ・アップは場面の一部分をより近くから眺めることではない。すなわち、それは、その場面の要素として列挙できる対象、全体から抜き取られた後に私たちの注意を引くべく膨張させられた細部を露呈させるのではない。むしろ、場面そのものの全体を、つまり、ドゥルーズが言うように、その「表現されたもの」丸ごとを露呈させる。……欲動の部分対象は、私の考えるところ、これと同じ論理を例示している。それは、有機体の部分を形成するのではなく、絶対的な変化を意味する」（p.53〔邦訳八二－八三頁〕）。こうして、部分対象は、全体性を喚起する部分性ではなくなり、当の全体性の名――私たちの先の語法を用いればーーとなる。ラカンは、母から引き離された第三の構成要因を付け加えることで、母／子の双数関係という考え方を捨て去る。乳房――厳密な意味での、欲動の対象――である。

この「欠如の対象」という語は、ティマイオス／ラメラ神話の外側では理解できない。この語はそこから派生しているのである。部分対象ないし欠如の対象は、原初の〈充満〉ないし〈モノ〉が失われたために開かれた欠如から、空無から、出現するものである。母なる〈モノ〉との一体化に由来する神話的充足の代わりに、主体は今や、この部分対象において充足を経験する。……欲動の外的対象――母乳の事例に留まるとしよう――が乳房の地位にまで（すなわち、口唇ないし胃腸以上の何かを満たしうる対象の地位にまで）高められるかどうかは、それが他の諸対象との関係において有する文化的・社会的な価値には依存しない。その剰余価値、いわば「乳房価値」は、欲動がそれを充足の対象として選び取ったことにだけ基づく（p.60〔邦訳九二―九三頁〕）。

おそらく、読者はこう自問するであろう。こうしたすべてが、人民アイデンティティの何に関係するのか？　答えは至極単純だ。すべてである。コプチェクが完璧に気付いているように、精神分析の諸カテゴリーは領域的なものではなく、一般存在論と呼んでもよいものの領野に属している。彼女の主張によれば、例えば、フロイトにおける欲動の理論は古典的存在論の諸問題の地位を占める。確かに、彼女の説明は――精神分析では往々にしてそうであるように――勝れて発生論的な性格を有するが、しかし、それは構造的な用語に容易く書き直せる。母／子の双数関係という神話的全体性に対応するのは、満たされない諸要求のもたらす転位が――その反対物として――喚起する、達成されざる十全性である。けれども、そうした十全性ないし全体性への切望は、単に消滅するわけではない。それは、欲動の対象である部分対象に移譲される。政治的な観点から見れば、これこそがまさしく、私がヘゲモニー的関係と呼んできたもの――不可能な普遍性の役割を引き受ける、ある一定の個別性――である。こうした対象の部分的性格は、個別的な履歴の結果ではなく、意味作用の構造そのものに内在するのだから、ラカンの対象aが社会的存在論にとって鍵となる要素である。全体はつねに、一つの部分に具現されることになる。私たちの分析の観点からいえば、ヘゲモニー的でない普遍性など存在しないのである。けれども、さらにそれ以上の何かがある。コプチェクが議論した、クローズ・アップや、母乳の「乳房価値」といった事例においてそうであったように、個別的な諸部分の物質性のうちには、どの部分が全体として機能するかを前以て決定するものは何もない。それにもかかわらず、ひとたび、ある一定の部分がそうした機能を引き受けると、部分としてのその物質性そのものが享楽の源泉となる。グラムシは、これとよく似た観点において、政治的議論を定式化した――どの社会勢力が全体としての社会の、ヘゲモニーを握る代表となるかは、一つの偶発的闘争の結果である、と。だが、ひとたび、ある個別の社会勢力がヘゲモニーを握ると、一つの歴史的時期の全体にわたって、それはそうであり続ける。備給の対象は偶発的かもしれないが、間違いなく、無差別ではない――意のままに変えられるものではないのだ。これによって、私たちは、根源的備給が何を意味するかについての十全な説明に到達する。すなわち、ある対象を神話的十全性の具現化とすることである。情動（つまり、享楽）は備給の本質そのものなのである。そして、その偶発的性格が、この定式の「根源的」という構成要素の説明となる。

この点をあらためて強調させてもらいたい。私たちが扱っているのは、偶々成立した外在的な相同性ではなく、客観性の構造そのものに関わる何かについて二つの異なる視角――精神分析と政治――からもたらされた、同一の発見である。フロイトによる無意識の発見が存在論に及ぼす主要な帰結は、表象のカテゴリーは、それに先行して、直接的な仕方で把握しうる十全性を二次的な水準において単に再現するのではなく、それどころか、表象は客観性の構成において、絶対的に一次的な水準にあるというものである。それだから、そもそもの発端から重層的に決定されていない意味など存在しない。原初の母の十全性は純粋に神話的な対象なのだから、対象ａへの根源的備給を通じる以外に、達成可能な享楽は存在しない。こうして、対象ａが第一次的な存在論的カテゴリーとなる。だが、政治理論の視角から始めたとしても、同一の発見（単に、類似したものではなく）がもたらされる。ヘゲモニーを通じる以外に、社会的十全性が達成されることはない。そして、ヘゲモニーは、つねに私たちから逃れ去る十全性の、部分対象における備給以外の何ものでもない。というのも、それ〔十全性〕は純粋に神話的なものなのだから（私たちの用語で言えば、それは、「瑕疵のある存在」として経験された状況の、積極的な裏面に過ぎない）。対象ａの論理とヘゲモニーの論理は単に似ているのではない。端的に同一なのである。それだからこそ、マルクス主義の伝統の中で、グラムシ的な契機は、かくも決定的な認識論的分断を表わすのである。マルクス主義が伝統的に、体系的に閉じた全体性（最終審級における経済による決定、等）への到達を夢想してきたのに対して、ヘゲモニー的アプローチは、こうした本質主義的な社会論理を決然と捨て去る。全体化する唯一の可能な地平は、神話的全体性の表象を引き受ける部分性（ヘゲモニーを握る勢力）によって与えられる。ラカンの用語で言えば、一つの対象が〈モノ〉の荘厳さへ高められるのである。その意味で、ヘゲモニー的な備給の対象は、全面的に調停された社会（それは、体系的な全体性である以上、備給もヘゲモニーも必要としないだろう）といった真の事物に対比しての、何か次善のものなどではない。それは端的に、十全性が一定の歴史的地平内で受け取る名なのである。ヘゲモニー的な備給の部分対象として、それは、何らかの代理《エアザッツ》ではなく、情念的な傾倒の結集地点なのだ。欲動が充足を達成できるかどうかについてのコプチェクの議論が、ここで大いに関わってくる。というのも、まさしく、私が明らかにしようとしている政治的論点を、それは別の圏域において主張しているのだから。

　こうしたすべては、本書の主要な主題にとって明確に重要である。というのも——議論のこの段階に至れば、明白なはずだが——、部分対象への情動的備給が存在しなければポピュリズムは存在しないのだから。仮にある社会が、その内的メカニズムの枠内であらゆる要求を充足できるような、そうした性質の制度的秩序を何とか達成したとすれば、そこにはポピュリズムは存在しない。しかし、理由は言うまでもないだろうが、政治も存在しないことになる。「人民」（ポプルスであることを請求するプレブス）を構成する必要が生じるのは、こうした十全性が達成されないからこそであり、そして、社会内部の部分対象（目的、人物、象徴）が対象備給されて、その不在の名となるからこそである。この過程において情動の次元がなぜ決定的なのか、私が思うに、先の議論から十二分に明らかだろう。

ポピュリズム

　今や、ポピュリズムに関して、最初の暫定的な概念構築を試みるのに必要な、すべての理論的変数が導入された。三つの側面が考慮に入れられなければならない。

1　第一に、この段階に至れば明らかなはずだが、私たちは「ポピュリズム」を、運動の一つの型、――特定の社会的基盤ないし個別のイデオロギー的方向性によって同定される――ではなく、一つの政治的論理として理解している。農民や小規模所有者といった支持層、経済的近代化への抵抗、周辺化されたエリートによる操作、このような要素のうちにポピュリズムに特有なものを見出そうとするあらゆる試みには、私たちが見てきたように、本質的に欠陥がある。それらはつねに、雪崩のような例外に圧倒されてしまうのである。しかし、「政治的論理」ということで私たちは何を言いたいのか？別の機会に主張したように(38)、私は社会的な諸論理を、諸言明を希少化する体系――つまり、一部の対象がその内部で表象可能である一方で、他の対象はそこから排除されるような、そうした一つの地平を描き出す諸規則の体系――に関わるものと見ている。それだから、親族関係の論理、市場の論理――さらには、チェス競技（ウィトゲンシュタインの例を用いれば）の論理さえ――を語ることができる。ところが、政治的論理には、強調しておかなければならない特有の何かがある。社会的な諸論理の本質は規則に従うことにあるのに対して、政治的論理は社会的なものの創設に関係するのである。しかし、そうした創設は、既にお分かりのように、恣意的な専断《フィアット》ではなく、社会的な諸要求から始まるのだから、その意味で、社会的変化のあらゆる過程に内在するものである。この変化は、これもまたお分かりのように、等価性と差異の可変的な節合を通じて生起するのだが、等価的な契機の前提には、複数の社会的要求を束ねる包括的《グローバル》な政治主体の構成がある。これに今度は、私たちが見てきた通り、内的境界の構築、確立された「他者」の同定が伴う。構造的諸契機のこうした結合があるときにはいつでも、当の政治運動のイデオロギー的・社会的な内容が何であれ、何らかの種類のポピュリズムがあることになる。

2 別の二つの側面を、私たちの以前の議論から、ポピュリズムの概念的性格付けに組み込まなければならない。名指しおよび情動に関わる側面である。まずは、名指しである。「人民」の構築が根源的なそれ――前以て与えられた集団の統一性を表現するのではなく、社会的行為者《エージェント》そのものを構成するそれ――であるならば、諸要求の不均質性は、人民アイデンティティがそれらに脆弱な統一をもたらすとしても、還元不能なものでなければならない。これは必ずしも、これらの要求が類似していることも、ともかくも何らかの水準で比較可能であることもないという意味ではない。そうではないが、これらの要求が構造的な差異の体系に登録されて、土台となる根拠を提供されることはないという意味ではある。この点は決定的に重要である――不均質性《ヘテロジニティ》は差異性《ディファレンシャリティ》を意味しない。まさしく、満たされていない諸要求が体系の転位の表現であるがゆえに、体系のア・プリオリな統一性は存在しえない。このことが、私の分析してきた二つの帰結をもたらす。(1)人民的主体の統一性の契機は、概念の水準ではなく、名の水準において与えられる――ということは、人民的主体はつねに単数性である。(2)そうした名は概念的に（党派的に）根拠付けられていないがゆえに、それが包含していく諸要求と排除していく諸要求との限界線は不鮮明であり、絶えず異議に晒され続ける。ポピュリズムの言説――〈左〉であれ〈右〉であれ――の言語がつねに不精確で揺動することは、このことから演繹される。何らかの認知上の欠落があるからではない。相当程度に不均質で揺動する社会的現実の内部で、それが遂行的に作動しようとするからである。この曖昧さと不精確さという契機――明らかなはずだが、私にとって、これらはいかなる軽蔑的な含意も持たない――を、私は、あらゆるポピュリズムの働きの本質的な構成要因と考える。

それでは、情動に移ろう。先の議論に暗黙裡に含意されていたように、構成的な不均等性がなければ情動は存在しない。ラカン的語法でいうと、仮に〈象徴的なもの《シンボリック》〉に先立って〈現実的なもの《リアル》〉があるのならば、内的差異化のない連続した十全性があることになろう。だが、〈象徴的なもの〉の内部に〈現実的なもの〉が現前するからには不均等性が関わってくる。対象ａは差異的な対象備給《カセクシス》を前提とし、そして、この対象備給こそ、私たちが情動と呼ぶものである。フロイトの引用するジョージ・バーナード・ショーによれば、恋に落ちるとは、一人の女性と別の女性の差異を相当なまでに誇張することである。純粋な調和は情動と両立しえない。オルテガ・イ・ガセットが言ったように、歴史は、もしそのあらゆる内的契機に公正であろうとすれば、破壊されてしまうだろう。情動とは、この意味で、ある対象と隣接する対象との根源的な不連続性を意味する。そして、この不連続性は、差異的な対象備給の観点からでなければ理解できない。人民アイデンティティの問題に的確にアプローチしようとするのならば、こうした構造的系列の全契機に注意を払わなければならない。最初に、私たちが空しく探し求める神話的十全性の契機がある。母／子の一体性の復元であり、政治の用語で言えば、十全に調停された社会である。その次に、欲動の部分化がある。あの究極的には達成不可能な十全性を何らかの点で具現する、対象ａの複数性である。ここでは、注意深く分析を進めなければならない。というのも、何かを具現するというのは、幾つかの異なる事柄を意味しうるからである。この点において、コプチェクの分析の重要性がその全貌を現わす。彼女は正当にも、代表についての純粋に外的な考え方を拒絶する。そのままでは自らを示せない何かが、一連の無差別な代理《エアザッツ》に置き換えられるといった考え方である。それでは、具現されるものとそれを具現する行為そのものとの、より密接な関係とはどのようなものか？　ここまでのすべての分析のおかげで、この問いに適切な答えを与えることができる。何かを具現するとは、具現されるものに名を与えることとしか意味しえない。だが、具現されるものが不可能な十全性、それ自身では独立した整合性を持たない何かであるからには、「具現する」実体が、対象備給《カセクシス》的な備給の十全な対象となる。こうして、具現する対象が、達成可能なものの究極の地平となる。達成不可能な「彼方」があるからではない。そうではなく、この「彼方」は、それ自身の実体がないので、充足がそれを通じて達成される一つの対象という幻影的な過剰としてしか現前しないからである。この過剰は、コプチェクの言葉で言えば、母乳の「乳房価値」となるだろう。精神分析の用語で言えばこうである。欲望は、充足を知らず、諸対象の継起を通じて自らを再生産することでだけ存続する。それに対して、欲動は充足を見出しうるが、しかし、これを達成するには、対象を「昇華させる」しか、それを〈モノ〉の荘厳さへ引き上げるしかない。このことを政治の言語に翻訳してみよう。ある一定の要求があり、おそらく最初は多くの中の一つに過ぎないのだが、それが何らかの時点で、予期せぬ中心性を獲得し、自らを超えた何かの名となる。それ自身では制御できないのに、だが、逃れることも能わぬ「運命」となる、そうした何かの名である。一つの民主的要求がこの過程を経るとき、それは「人民的」要求となる。だが、このことは、それ自身の当初の物質的な個別性の観点から達成できるものではない。それは昇華の結節点にならなければならない。「乳房価値」を獲得しなければならないのである。そのとき初めて、「名」が「概念」から、シニフィアンがシニフィエから離脱する。この離脱がなければ、ポピュリズムは存在しない。

3　最後に、考慮に含めるべき第三の側面がある。その完全な含意については第五章で扱うつもりだが、ポピュリズムへの予備的アプローチにおいても省略するわけにいかない幾つかの論評を、ここで述べておかなければならない。先に主張したように、差異の論理と等価性の論理は、究極的には互いに敵対的だとしても、それでもなお、互いを必要とする。相互に関係する諸次元の間の緊張の空間に、それらは宿る。その理由は既に示唆してきた。等価的な連鎖はその諸々の環《リンク》の個別性を弱めることはできても、捨て去り切ることはできないのである。ある個別の要求が満たされていないからこそ、他の満たされていない諸要求との連帯が樹立される。それゆえ、環の個別性が能動的に現前しなければ、等価的な連鎖もないことになる。

私はこうした側面を、差異と等価性が互いのうちに反映し合うものとして記述してきた。この反映は構成的なのだが、その二つの極の間の緊張もまたそうである。緊張と反映は不安定な均衡において偶発的に結合するかもしれないが、いずれかが完全に相手を除去してしまうことはありえない。見たところ最も純粋な形態における等価性の例を考えてみよう。千年王国《ミレニアム》を奉じる農民一揆である。ここには、差異と等価性の混淆や、互いの中への反映は存在しないと考えたくなる。一方において、敵は全体としての敵なので、敵との関係はその全面的な破壊を目指すものである。他方で、対峙の意味は、共同体が既にそうであった何かを脅威から防御することとして与えられるので、あたかも、共同体の全体という個別性が、等価的な対峙に先行しているかのように、そして、この対峙とは独立に構成されているかのように見える。二つの世界の衝突は妥協の余地のないものなので、あたかも、いずれの側のいかなる実質的な実体も衝突に先行しているかのように、衝突の結果ではないかのように見える。換言すれば、共同体の空間はもっぱら、差異の論理によって組織化されていて、等価的な契機は完全に外的なものになる――ということは、差異と等価性は互いの中に反映し合わなくなる――かのように見える。二つの次元の間の緊張だったものは、全面的な分離に解消されるかのように見える。これは、けれども、間違った結論だろう。というのも、千年王国を奉じた一揆といった極端な事例においても、反映の契機は働いているからである。ひとたび一揆が始まると、共同体の中の何一つとしてかつてのままに留まるものはない。仮に叛乱の目的が以前のアイデンティティの復元だとしても、そのアイデンティティを発明し直さなければならない。前以て完全に与えられた何かに単に依拠するわけにはいかないのである。外的脅威から共同体を防御することが、当の共同体を転位させてしまう。それが存続するためには、その転位の契機に先行する何かを単純に反復するわけにはいかない。だからこそ、既存の事物の秩序を防御しようとする者は、その防御そのものを通じて、既にそれを失ってしまっているのだ。私たちの用語で言えば、脅かされた秩序を永続化するためには、もはや、純粋に差異的な論理に依拠するわけにはいかない。その成否は、そうした差異を等価的な連鎖の内部に登録できるかどうかに懸かっている。

この結論は、人民アイデンティティとポピュリズムの問題に幾つかの決定的な帰結をもたらす。千年王国の例は言うまでもなく極端な例だが、私たちが論じている二重の反映という契機がこの場合にも存在するのが示されたおかげで、ポピュリズムの本性そのものに登録された一群の諸形態《ヴァリエーション》の全体に光を投げ掛けることができる。等価的な論理が諸差異を解消するのではなく、自らの内部に登録するのだとしたら、そして、二つの論理の相対的な重みが、登録の表面が行使するヘゲモニーと対比してその登録されるものの自律性に主として依存するのだとしたら、二重の反映が開く変動《ヴァリエーション》の余地は、実のところ、非常に大きい。換言すれば、いかなる社会的な水準ないし制度も、等価的な登録の表面として作動しうるのである。本質的な論点はこうだ。すなわち、ポピュリズムという経験の根にある転位が等価的な登録を要請する以上、台頭する「人民」はつねに、その特性がどうであろうとも、二つの相貌を呈することになる。一つは、既存の秩序との断絶という相貌、もう一つは、基本的な転位があるところに「秩序化」を導入するという相貌である。二つの事例を挙げさせてもらいたい。ここまでの幾分か抽象的な命題を十分に理解しやすくしてくれるはずである。

一つの極限として、毛沢東の「長征」を取り上げてみよう。ここには、先述の意味での「ポピュリズム」――歴史的アクターとしての「人民」を、複数の敵対的状況から構成しようとする試み――がある。しかも、毛は「人民内部の諸矛盾」についても語っているので、「人民」という、古典的マルクス主義理論にとっての呪詛《アナテマ》だった実体が、描像のうちに持ち込まれている。これは先に議論した二重の反映である。「人民」は、純粋な階級的アクター（生産関係内部の精確な位置によって定義される）にならば帰属させられるかもしれないような均質的な性質を持つどころではなく、複数の断絶点の節合として理解される。けれども、これらの断絶点は、打ち砕かれた象徴的枠組み――内戦、日本の侵略、軍閥間の対峙、等々の結果として――の中で生じているので、それらの構成そのものが、それらを超越した人民という登録の表面に懸かっている。ここには、上で言及した二つの次元がある。一方には、現状との、先行する制度的秩序との関わりを断とうとする試み、他方には、無秩序《アノミー》と転位があるところに秩序を構成しようとする苦闘。それゆえ、等価的な連鎖は必然的に二重の役割を果たす。諸要求の個別性の台頭を可能にすると同時に、登録の表面として不可欠な自分自身にそれらを服属させるのである。

それでは、見たところ反対側の極限に属する事例に移ろう。ブラジル南部出身の汚職政治家アデマール・デ・バロス[＊8]の信奉者の政治的動員である。彼の一九五〇年代の組織活動《キャンペイン》では、「Rouba mais faz（「彼は盗むが、事態を進ませる」）」が標語に掲げられた。デ・バロスによる草の根の諸要求の登録は、本質的に縁故主義的《クライエンティリズム》なものであった。票と政治的便宜の交換である。第一印象《プライマ・フェイシ》では、包括的《グローバル》な解放という毛の企図と、アデマール・デ・バロスの犯罪的組織《コーザ・ノストラ》の間には共通なものはほとんどない。けれども、どちらの場合にもポピュリズムがあると私は考えたい。どのようにか？　共通の要素を与えているのは、反制度的次元の存在であり、政治的常態への、「いつも通りのやり方」への何らかの異議申し立ての存在である。どちらの場合にも、敗残者への訴え掛けがある。ヴァルター・ベンヤミンは、大犯罪者、無法者に人民が魅了されることに注意を喚起する。[39] 彼らの訴求力は、無法者が法システムの外側にいて、それに異議を申し立てるという事実から発する。いかなる種類の制度的システムも不可避的に、少なくとも部分的には限界と挫折を与えるものだから、それに異議を申し立てるいかなる人物にも、異議申し立ての理由や形式が何であれ、人の心に訴え掛ける何かがある。どのような社会にも、反現状の生《なま》の諸感情の貯蔵所がある。それらが、その政治的節合の形式とはまったく独立に、幾つかの象徴のうちに結晶化する。そして、それらの存在こそ、ある言説なり動員なりを「ポピュリズム的」と呼ぶときに私たちが直観的に感知しているものなのである。縁故主義――先の例に立ち戻れば――は必ずしもポピュリズム的なものではない。それは、純粋に制度的な形態を採ることもある。だが、通常の政治経路の外側にいる敗残者に向けて開かれた訴え掛けとして構築されさえすれば、それは、ポピュリズム的な含意を獲得する。けれども、その場合、「人民という登録の表面」と呼んできたものは、どのような制度ないしイデオロギーであってもよい。それをポピュリズム的にするのは、その諸主題の一定の屈折なのであって、イデオロギーないし制度の個別の性格ではない。第三部で私は、これらの類型学上の諸形態《ヴァリエーション》の幾つかを扱うつもりである。

今や私たちは、ポピュリズムの予備的な概念に到達した。しかし、先取りして述べたように、発見法上の諸理由から、私の分析は単純化する二つの仮定に基づいてきた。今やそれらを除去しなければならない。第一に、空虚なシニフィアンへのアプローチ全体が、社会内部の安定した二分法的境界の存在を仮定していたということがある（そのような境界がなければ、いかなる等価性も存在せず、ゆえに《エルゴ》、空虚なシニフィアンも存在しない）。けれども、これは自明視してよい仮定なのか？　境界を挟む両側の勢力が境界を新たな方向に移動させたら、どうなるのか？　第二に、等価的な連鎖内部において諸要求の個別性が存続することの十分な帰結が探究されていないということがある。とりわけ、いかなる反システム的な要求も、既存の等価性の連鎖に新たな環として組み込まれうるということが自明視されてきた。けれども、既に連鎖の部分である要求の個別性が、連鎖に組み込まれようとする新たな要求と衝突したら、どうなるのか？　そうなると、新たな型の外側、二分法的境界に支配された安定した代表空間内部の陣営とはもはや見做されない外側のための諸条件が創り出されはしないのか？　これらが、次に探求しなければならない二つの問いである。第一の問いが「浮遊するシニフィアン」の概念へ私たちを導くとすれば、第二の問いには、私の議論展開の随所に生じていた、社会的異質性《ヘテロジニティ》という問題についてのより周到な研究が関わることになる。

補　論――なぜ幾つかの要求を「民主的」と呼ぶのか？

本章の初期草稿を読んだ人々は、「民主的要求」のカテゴリーに当惑した。なぜ、「特定の」とか、単に「孤立した」とか呼ぶのではなく、「民主的 democratic」と呼ぶのか？　それらについて何がとりわけ民主的なのか？　これらは、回答を要請するに足る妥当な問いである。まず言っておくと、本書の文脈においては、「民主的」ということで、何らかの民主的体制に関係した何かを意味したいわけではない。私の文章から申し分なくわかるはずだが、これらの要求は、何らかの個別の政治的な方向に節合されることを目的論的に運命付けられているわけではない。ファシズム体制は、自由主義的なそれと同程度に、民主的要求を吸収も節合もできる。さらに言っておきたいのは、「民主的要求」の概念は、その正当性に関するいかなる規範的な判断にも関係ない。この概念は厳密に記述的なものに留まる。通常の民主主義の概念から保持される特徴は、(1)これらの要求が、ある種の敗残者によってシステムへと定式化される――それらには、平等主義的な次元が含意される――ということ、(2)それらの出現そのものが、何らかの種類の排除ないし剝奪（私が「瑕疵のある存在」と呼んだもの）を前提としているということ、だけである。

これはかなり独特な民主主義の概念ではないのか？　私はそう思わない。私がこの概念を使用するようになった経緯を幾分か語ることで、それを弁護してみたい。この系譜学的再構築の出発点は、マルクス的な「ブルジョワ－民主革命」のカテゴリーにちがいない。この考え方においては、民主主義は、封建主義と絶対主義に対する新興ブルジョワジーの闘争に結び付いていた。それゆえ、民主的要求は本来的にブルジョワ的なものであり、「自由‐民主主義」体制の確立に本質的に結び付いていた。社会主義的な要求は（ブルジョワ‐）民主的なそれとは異なり、資本主義社会を超越することに関わり、歴史的発展のより進んだ段階に呼応していた。それゆえ、政治的行動指針《アジェンダ》上の主要項目が封建主義の打倒にあった国々では、社会主義勢力の責務は、ブルジョワ‐民主革命が一定期間を丸ごと費やして、十分に成熟した資本主義社会を樹立するのを支えることにあった。その後で初めて、資本主義の内的諸矛盾の結果として、社会主義的な要求が政治闘争の最前線に来ることになる。それゆえ、主要な区別は社会主義的要求と民主的要求との間にあった。後者のブルジョワ・ヘゲモニー内部への登録や、自由主義国家の樹立は自明視されていたのである。

これらの区別の純正さは、後に「結合された不均等な発展」という標題の下に包摂されることになる諸現象の出現とともに損なわれた。仮に、ある国で、封建主義の打倒という課題の中心性はそのまま残っているものの、社会勢力としてのブルジョワジーが自身で民主主義革命を引き起こすには弱すぎるとしたら、どうなるのか？　その場合、民主主義革命は歴史の行動指針《アジェンダ》であり続けるが、そのブルジョワ的性格は次第に問題含みのものとなる。その主導権は別の歴史的アクターに移譲される必要があり、そうなると、諸行為者《エージェント》や諸課題の間であらゆる種類の非正統的な節合が可能になる。「労働者および農民の民主的独裁」というボルシェヴィキの定式は、「民主主義」の概念を新たな予期せざる方向に旋回させ、さらに、トロツキーの「永続革命」は、革命・民主的課題・行為者《エージェント》の間の一段と緩やかなつながりを要請した。一九三〇年代の反ファシズム闘争、一九四五年以後の第三世界の革命の波は、「ブルジョワ‐民主革命」の概念のこの解体過程をさらに顕著なものとした。一方において、民主的要求と自由主義《リベラリズム》の関連は端的に偶発的なものだと示された（形式上は反自由主義的な多くの体制が、民主的要求を前進させるには唯一の可能な枠組みだった）。他方で、民主的要求が、自由主義《リベラル》的な諸制度を権威主義の攻勢から擁護することを必要とした場合には、そうした制度の「ブルジョワ的」性格はもはや安易に主張されるわけにはいかなかった。節合を媒介するものが変化していた。勢力、制度、出来事の意味は、それに懸かっていた。私は、一九六〇年代にアルゼンチンで、「憲法が体制転覆的になりつつある」と新聞の一面の見出しに書かれていたのを読んだ記憶がある。

この巨大な歴史的変動の内部においてこそ、グラムシの介入の意義の総体は評価される。彼のヘゲモニー理論全体が意味を成すとしたら、民主的諸要求を人民へと登録することが、ア・プリオリに与えられたり目的論的に規定されたりした一方的指令《ディクタート》に従って進むのではなく、複数の方向に進みうる偶発的な働きである場合しかない。これが意味するのは、人民的な登録に関する限り、「明白な運命《マニフェスト・デスティニー》」を担う要求など存在しないということである。そして、実のところ、それは単に登録の偶発性というだけの問題ではない。というのも、何らかの種類の登録がなければ、いかなる要求も十分には要求ではないのだから。グラムシの理論構築におけるこの地点に達するとき、私たちは、本稿で提示された「民主的要求」の概念から遠く離れたところにいるわけではない。けれども、これが全面的に当て嵌まるわけでもない。というのも、グラムシにとって、節合する審級の最終的な中核——すなわち、集合的意志——はつねに、彼が社会の根本的階級と呼ぶものであり、そして、この中核のアイデンティティ自体は節合の諸実践の結果とは考えられていないからである。ということは、それは依然として、民主的な諸要求のそれとは別の存在論的秩序に属していることになる。これは、シャンタル・ムフと私が『ヘゲモニーと社会主義の戦略』〔邦訳『民主主義の革命』〕で、グラムシにおける本質主義の最後の残滓と呼んだものである。それを除去してしまえば、節合する審級としての「人民」――私たちが人民的要求と呼んできたものの在処――は、私たちが説明してきたように、空虚なシニフィアンとして（ラカン的な意味での対象aとして）機能する、何らかの個別の民主的要求のヘゲモニー的な重層的決定からもたらされるしかない。

望むらくは、以上が、こうした要求を私が「民主的」と呼んできた理由の説明となっていてほしい。マルクス的伝統への何らかの郷愁的《ノスタルジック》な傾倒のためではない。そうではなく、この伝統における「民主主義」の概念にはある成分があって、それを保持することが死活的だからである。すなわち、要求の非充足という観点である。それが要求を既存の現状と対峙させ、そして、「人民」の出現へと導く等価的論理の発動を可能にするのである。「民主的」諸要求という代わりに、「特有な」諸要求について語ったとしてみよう。この後者の呼称は直ちに、それ自体で閉じた、十全な実定性《ポジティヴィティ》の観念を喚起するだろう。だが、そのような実定性は存在しないと、私たちは知っている。要求が差異的に構築される――これは、その実定性がモナド的ではなく、関係的総体内部に位置付けられることを意味する――か、さもなければ、等価的に他の諸要求に関係するか、いずれかなのである。私たちは、この二者択一が充足された要求と充足されない要求のそれと重なるのも知っている。だが、充足された要求は要求ではなくなる。ある要求に物質性と言説的現前を与えるのは、充足の欠如――徹底的な拒絶と単に「何とか均衡を保っている状態」の間を揺れ動く――だけなのである。「民主的」という修飾語（要求の概念に既に含まれていたものを形容詞として反復しているのだから、実のところ、修飾語ではない）が、要求の出現の条件である等価的／言説的な環境を指し示すのに対して、「特有な」や「孤立した」はそうではない。

もちろん、本稿で論述された人民的要求や民主的要求と、従来の民主主義の概念との関係という問題は残る。第六章で、この問いに部分的ながらも取り組むつもりである。

第5章　浮遊するシニフィアン、社会的異質性

浮遊すること――シニフィアンの劫罰《ネメシス》ないしは運命か?

これまでに見出された人民アイデンティティの出現の諸条件を再定式化することから始めるとしよう。第一に、等価的な連鎖を表現すると同時に構成する空虚なシニフィアンの存在がある。第二に、この等価性の契機の、それが統合する諸々の環《リンク》と対比しての自律化がある。等価性があるのは複数の要求があるからだとしても、この等価性の契機は、単にこうした諸要求に付随するわけではなく、それらの複数性を可能にするのに決定的な役割を担うからである。私たちが見てきたように、等価的な登録は、諸要求に堅固さと安定性を与えることになるが、一方で、それらの自律性を制限する。というのも、それ〔等価的な登録〕は、全体としての連鎖のために確立される戦略的な諸変数の枠内で

作動しなければならないからである。一例を挙げてみよう。一九四〇年代から一九五〇年代にかけて、イタリア共産党は実に様々な場面において民主的要求を押し出した。そうすることで、それらの要求には、目的をより適切に定義し、戦術的動きをより効率的にしてくれる登録の表面が与えられたが、しかし、その裏面として、それらの要求は自律性を失い、共産党の戦略上の目的に服属していった。このような二つの契機の間の緊張は、あらゆる政治的連鎖の確立に、そして、実のところ、歴史の行為者《エージェント》としての「人民」のあらゆる構築に内在する。最後に、個別の諸要求の服属化と自律化というこの二重のゲームの諸限界についての問題がある。これら二つの極の間の不安定な緊張の枠内にしか、この連鎖は存在しない。どちらか一方が全面的に自らを押し付けてしまえば、それは解体してしまう。服属化の契機が一方的に推進されると、人民というシニフィアンは、民主的な諸要求の根拠として作用する余地のない非実効的な精神論と化す。これは、アフリカ諸国のポピュリズム的言説の多くにおいて、脱植民地化の過程に続く官僚制エリートの台頭に伴って起こったことである。他方で、自律化が一定の点を越えてしまうと、純粋な差異の論理に、つまり、等価的な人民陣営の崩壊につながる（私たちが見てきたように、チャーティストの言説の危機がこれに該当した）。

けれども、この描像には、単純化するための一つの仮定がある。今やそれを除去しなければならない。というのも、私が問題を提示してきた仕方によれば、一つの要求は、等価的な連鎖内部に節合されるか、さもなければ、非敵対的な形で、既存の象徴体系の内部に差異的に吸収されるしかないと、そう前提されているからである。けれども、これは、内的な境界が同じままで変動しないと前提することである。明らかに、かなり非現実的な仮定だろう。これが許容されるのは、「空虚なシニフィアン」の概念を最も純粋な形で提示するという、発見上の理由のためでしかない。この当初の、単純化

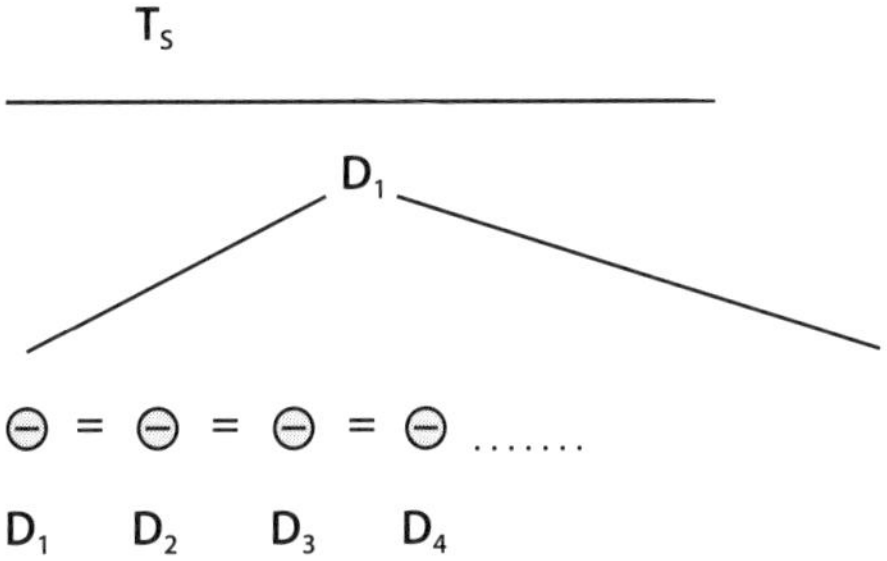

されたモデルは、上の図によって説明できるだろう。別の著作でも用いたものである[1]。

私の念頭にあった事例は、一つの政治的境界によって社会の大半の部門の諸要求（D_1、D_2、D_3…等）から切り離された圧政的体制——この場合は、帝政《ツアーリズム》ロシア——である。それらの諸要求のそれぞれは、その個別性において、他のすべてと異なる（この個別性は、図では、それぞれの記号の下側の半円に示されている）。けれども、圧政的体制に同じように対立する限りで、それらはすべて互いに等価である（上側の半円がこれを表わす）。その結果、私たちが見てきたように、諸要求の一つが前へ踏み出し、連鎖全体のシニフィアン——空虚となりつつあるシニフィアン——となる。だが、このモデル全体が、二分法的な境界の存在に依拠している。これがなければ、等価性の関係は瓦解し、それぞれの要求のアイデンティティは各々の差異的な個別性のうちに汲み尽くされてしまうだろう。

けれども、この二分法的な境界が、消滅するのではなく、圧政的体制の方がヘゲモニーを握った結果としてぼやけたならば、どうなるだろうか？　つまり、人民陣営という等価的な連鎖を、それに代わる等価的な連鎖によって遮断し、人民的な諸要求の幾つかをまったく別の連環《リンク》に節合しようとしたならば（例えば、程なく見るように、権力から

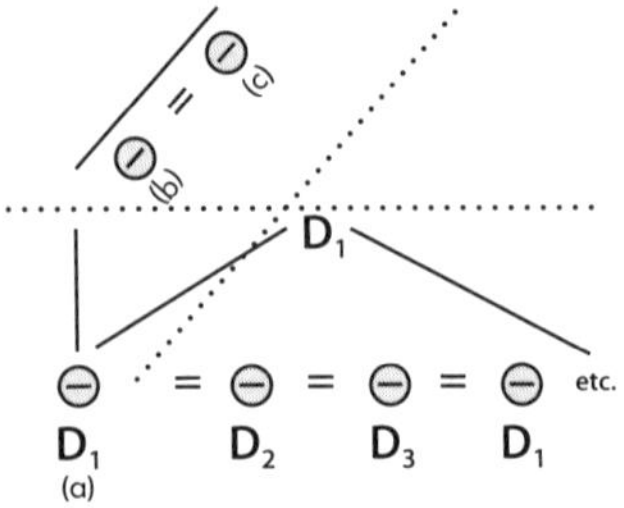

の「か弱き者」の擁護はアメリカにおいて、ニューディール期のように左派の言説と連携するのを止め、「道徳的多数派《モラル・マジョリティ》」に結び付いていく）、どうなるだろうか？　その場合、同じ民主的諸要求が、ヘゲモニーを巡って競合する諸企図から構造的圧力を受ける。このことが、ここまで考察してきたものとは別の、人民シニフィアンの自律性を生み出す。これはもはや、ある要求の個別性が自己充足化し、あらゆる等価的な節合から独立するといったことではない。そうではなく、代替可能な等価性の諸境界の間で、その意味が不確定になるということである。そのような仕方で意味が「宙吊りに」されたシニフィアンを、「浮遊するシニフィアン」と呼ぶことにしよう。その働き方は、先の図を踏まえて、上のように表わせる。

ご覧のように、D_1は、点線で表わされた二つの敵対する等価的な連鎖からの構造的圧力の下にある。水平な線は、最初の図と同じく、帝政に対立する人民陣営に対応する。ところが、斜めの線の方は、人民陣営に属するD_1と、帝政の陣営に属するものとして人民陣営が対立する別の二つの要求との間に等価的な連環を確立する。そうなると、歴史のアクターとしての「人民」を構成するのに、二つの敵対的な仕方があることになる。D_1の意味がどのように固定されるかは、ヘゲモニー闘争の結果次第となろう。それゆえ、根本的な危機の時期において、象徴体系が根源的に鋳直されなければならなくなったとき、「浮遊する」次元は最も目立つようになる。そして、それだからこそ、この次元の必然的なパターンとして、諸要求を表わす記号の二つの半円の関係は固定されない。上側の半円は、つねに、いかなる浮遊においても自律的となる。というのも、その等価性への潜在性のうちにこそ、社会の（不在なる）十全性の表象は存するからである。半ば自伝的な最近の論文において、イギリス保守党の政治家マイケル・ポルティーヨはこう書く。

一一歳で私は政治に興味を抱いた。一九六四年の選挙のときには実家で、労働党の会議室を運営するのを手伝った。私の寝室の壁にはハロルド・ウィルソンのポスター[*1]が貼られていた。……だが、一九七〇年代中頃には労働党は擦り切れていた。一九七五年、サッチャー夫人が保守党《トーリー》を引き継いだ。彼女の目には革命の輝きがあった。私には、それが魅力的だった。おそらく、私はまったく変わっていない。私には、急進主義への熱意を混じえた、幾分か中道左派的な見解がある[(2)]。

これ以上に明らかな動きもないだろう。ポルティーヨは、中道左派の闘士であり、急進派《ラディカル》であった。中道左派という選択肢が急進的《ラディカル》なものと感じられなくなったとき、彼は政治の内容とその急進的形式のどちらかを選び取らなければならなかった。たとえ、その急進主義に反対の符号が付されていたとしても、である。第四章での「左翼ル・ペン主義」の議論も、同じ方向を指している。政治の実体的な諸内容と、それらが根源的《ラディカル》な十全性を表象する能力との間のこの隔たりはつねに現存するが、しかし、先述の通り、それは、危機的な時期、根源的な転換と突発的な移行が公然たる雰囲気において実にありふれたものとなるとき、とりわけ目立ってくる。

お分かりのように、「空虚な」シニフィアンと「浮遊する」シニフィアンという両カテゴリーは構造的に異なる。最初のものは、ひとたび確固たる境界の存在が当然視されたときの、人民アイデンティティの構築に関わる。第二のものは、その境界を変動させる論理を概念的に把握しようとするものである。けれども、実際上は、この二つの隔たりはそれほど大きくない。いずれもがヘゲモニーに関わる作用であり、しかも、さらに重要なことに、関与する対象は概ね重複する。空虚なシニフィアンのカテゴリーだけが関与し、浮遊する方の契機が全面的に排除された状況とは、境界が全面的に不動となった状況——ほとんど想像しえないようなもの——だろう。翻って、いかなる部分的固定も伴わずに純粋な浮遊しかないような、純粋に精神病的な宇宙も、同様に考えられそうにない。それゆえ、浮遊するシニフィアンと空虚なシニフィアンは、「人民」がヘゲモニー的に構築されるあらゆる過程に部分的に関わる次元として——それゆえ、分析的にだけ区別可能なものとして——理解されなければならない。

第二次世界大戦後の数十年間にアメリカで右翼ポピュリズムが台頭した際に、浮遊するシニフィアンが作動した仕方を、一つの例として取り上げてみよう。一九六八年のリチャード・ニクソンの大統領選挙活動の戦略家の一人ケヴィン・フィリップスは、ポピュリズム現象を中心に据えて、アメリカ政治史の包括的解釈を書いた。

大量の統計的データ群を想像力豊かに駆使してフィリップスが論じたように、ジェファーソン時代から一九六〇年代に至るまでのあらゆる選挙期間において、民族的《エスニック》、人種的、地域的な敵対関係が政党の優越性の鍵を握ってきた。勤勉で文化的主流派の大衆の側、金持ちや北東部のエスタブリッシュメントとは反対の側に、一方の政党が自らを説得力のある形で位置付けたならば、その党は概して、一世代以上にわたって全国的な優位性を手に入れていたのである(3)。

フィリップスによれば、「か弱き者《スモール・マン》」というこの大義は、リベラル志向の民主党と、政府の補助金頼みで生き延びる黒人やラテン系の貧困層との支配的な連合によって放棄されてしまった。フィリップスが論じたところでは、現代の民主党は致命的な政治的誤謬を犯したのである。彼らは馬鹿げたことに、「多数の利益のために少数に課税する計画（ニューディール）」を跳び越えて、「少数を利するべく多数に課税する計画（偉大な社会《グレート・ソサエティ》*2）」を認可してしまった。これへの応答として、サンベルト*3（彼が発明した語である）一帯の白人層と北部・中西部のカトリックはＧＯＰ（Grand Old Party 大いなる古き党――共和党）に支持を移していった。エスタブリッシュメント――フィリップスの定義によれば、「ウォール街、聖公会、都市部の大新聞、連邦最高裁、マンハッタンのイーストサイド」――はＦＤＲ（ローズヴェルト）に反対した。だが、今では、「国内のありふれた（つまり、中産階級の）地方部に例外なく根を張った(4)」保守主義の潮流を見下す、上品なリベラルからそれは成り立っている。カジンの記述するこの過程のパターンは、私たちの主題にとってこの上なく啓示的である。同一のポピュリズムの脈絡が、ニューディール推進者の言説と新たな保守的右派の言説の両者の中に――別様に節合されながら――存在していた。というよりも、後者が少しずつ前者からそれを巻き上げたのだ。ということは、定義上の厳密な意味において、浮遊するシニフィアンを私たちは扱っているのである。だから、こう言える。

［一九世紀末の］人民党《ポピュリズム》運動推進者たちのレトリックと［一九五〇年代の］保守的反共主義者たちのそれには、密接な類似性があった。どちらも、独立独歩で生産に励む多数派の意志と利害に訴え掛けた。彼らの気高い信念と愛国的理想と共同体とが、近代化を推進するエリートからの、歴史家クリストファー・ラッシュの皮肉な用語を用いれば「開明的な少数派」からの攻撃に晒されているというのである。人民党それ自体を越えて伸び広がる共通の表現要素の存在を無視することは、その伝統を、不快な信念で溢れ返る容器に詰め込んでしまうのと同じように間違っている。ジョン・T・フリン[*4]やパトリック・スキャンラン[*5]は、一八九〇年代のイグナティウス・ドネリー[*6]やトム・ワトソン[*7]とはまったく別の目的を追求していた。だが、一つの言語として、ポピュリズムは、イデオロギーの障壁を跳び越えて、近代的自由主義《リベラリズム》に敵意を抱くアメリカ人たちや、労働組合とFDRの〈四つの自由〉[*8]を引き続き好ましく考える人々を魅了しえたのだった。[5]

ポピュリズムのシニフィアンが右派の言説のヘゲモニー下に入る過程は長く複雑だったが、しかし、幾つかの決定的な転回点が認められる。カジンが指摘するように、一九四〇年まで、保守的ポピュリズムという概念は撞着語法だった。ポピュリズムと伝統的〈右派〉の言説には何の関連性もなかった。後者の関心の中心は、規制なき資本主義の擁護、そして、あらゆる種類の草の根の動員の阻止であった。ポピュリズム的含意を伴う保守的言説が生じた最初の契機は、一九五〇年代の反共粛清運動《クルセイド》にあった。ポピュリズムはマッカーシズムだったが、それに先立って、様々な場面において一連の累積的過程があったのである。反共産主義という構成要因はもちろんあったが、それはすぐさま、北西部の自由主義的《リベラル》エリートが牛耳る強力な政府機構への保守主義的不安と結び付いた。この二つの構成要因が互いを糧にし始めてしまえば、後者〔保守主義的不安〕から幾つかの伝統的なポピュリズム的主題へ移行するのは容易かった。

こうして、保守主義者たちはポピュリズムの言語という貯蔵庫のうちに、自分たちの反連邦的改革運動《クルセイド》のための強力な武器を見出したのである。政府内部で、そして、より広範な文化において、組織化されたエリートの陰謀が、厳しく統制されたシステムへとアメリカ人を押し込んで、彼らの生活を破壊し価値基準を引き裂いている。巨大企業の力など、〈右派〉の仄めかすところからすれば、この新たなリヴァイアサンの力に比べれば取るに足りない……。ここにこそ出発点があった。アメリカ史上初めて、大勢の活動家や政治家が、社会改革への支持ではなく対抗のために、ポピュリズムの語彙を用いたのである(6)。

この新たな連合には、当然、旧来のポピュリズムの諸主題を別様に調整する必要があった。「寄生者」と「生産者」の対立が中心的な役割を失う一方で、「人民」と「労働者」の連関は、どこにでもいる人への訴え掛けに取って代わられた。「働く人」と「労働者ジョー」は、「普通の奴」、「どこにでもいるジョー」、「どこにでもいるアメリカ人」に取って代わられていったのである(7)。重要な点は、この保守的転回が、かつての左派志向のポピュリズム的言語の、必ずしも内容面には関わらない、強調点の変化を通じて起こったということである。これは、私たちの語法でいうと、等価性の新たな体制が構築されたことを意味する。この視点からすれば、ジョン・T・フリンの経歴は典型的である。彼は一九三〇年代に左翼の作家として出発した。金融的投機を攻撃し、巨大法人から小企業を保護するよう政府に要求した。ところが、巨大資本への憎悪の結果として、彼は、支配層エリート――政府側の構成要素をも含めて――を丸ごと《イントート》拒否するに至ったのである。このような仕方で、彼はポピュリズム的言説を、ただし、符号を逆にして維持したのだった。こうした道筋を辿って、彼は新たな系統の保守主義の主要な理論家の一人となった。「戦後、統治エリートに対するこの心底からの疑念のおかげで、フリンは、当初の台本からさほど離れることなく、敵のリストを更新できた。第二次世界大戦後の共産主義者や社会民主主義者の勝利も、彼に、暴走する国家という戦慄すべきイメージを描くのを許しただけだった[(8)]」。

　マルクス主義者として経歴を開始した他の知識人たち――ジェームズ・バーナム[*9]、ウィテカー・チェンバーズ[*10]、マックス・イーストマン[*11]、ウィル・ハーバーグ[*12]、ウィルモア・ケンドール[*13]、ユージン・ライオンズ[*14]、ジェイムズ・ローティ[*15]――や、より伝統的な保守主義者として開始した知識人たち――ブレント・ボーゼル[*16]、ウィリアム・F・バックリー・Jr.[*17]、ラッセル・カーク[*18]――の辿った道筋も同様であった。ここに、共同体主義的な諸主題の新たな流行、宗教組織の――とりわけカトリック教会内部の――新動向、そして、退役軍人団体の拡張を付け加えれば、自由主義とポピュリズムのつながりを断つに至った諸現象の全領域が網羅される。この新たな風潮を最初に公然と結晶化したのは、もちろん、マッカーシズムだった。ポピュリズムのイデオロギー的武器庫内のあらゆる種類の兵器が意識的に用いられた。マッカーシーの失脚後、彼が促した型の動員は速やかに消失したが、自由主義とポピュリズムの分断は残存し、持続的な効果を及ぼした。ニューディールの言説は明らかに後退していた。それが残した真空は、〈右〉からの新たな勢力に占められることになる。

ニューディールの言説が崩壊していく第二の重要な契機は、ジョージ・C・ウォレス*19の選挙運動にあった(9)。その相対的な成功を理解するためには、アメリカが一九六〇年代に経験していた代表制の危機を理解しなければならない。様々な部類の被迫害者《アンダードッグ》――公民権運動、新左翼《ニューレフト》、等々――が台頭しつつあったが、私たちの目的からすると、了解しておくことが肝要なのは、後にニクソンの選挙運動において「中産階級《ミドル》アメリカ」と呼ばれることになるものの方もまた、十分に代表されていない――ワシントンの強力な官僚制と、幾つかの少数派《マイノリティ》の諸要求の狭間で窒息させられている――と感じていたことである。カジンは、当の集団の雰囲気を以下のような観点から記述する。

彼らは身構えながらも、自分たちのような人々――定職に就いていたり、地元で小規模な商売を営んでいたりする白人――に誇りを抱いた。公然たる人種主義者ではないが、黒人に特有の諸問題にことさら敏感だったり関心を寄せたりするわけでもなかった。政治の世界に対する彼らの態度は多岐に及ぶ。選挙で選ばれた公職者が税金を福祉事業やインドシナでの戦争に「浪費する」ことへの冷笑的な嫌悪もある。普通の人々は、放っておいてもらえさえすれば、エスタブリッシュメントが台無しにした諸々を何とかやってのけられるという、揺らめきがちな期待もある。……このような人々の憤懣の高まりを特定の方角に向けられる――以前に、草の根の改革者や反体制政治家がしたような具合に――運動なり政党なりがあれば、ニューディール体制による統御を打ち破れるかもしれない(10)。

あらゆるポピュリズム的・反制度的暴発の根にある代表制の危機が、明らかに、萌芽的な形でこれらの人々の諸要求のうちにあった。こうした要求を登録できる何らかの急進的《ラディカル》な言説が出現しなければならなかった。この言説はどこからやって来ようとしていたのか？　つまり――別の言い方をすれば――、これらの諸要求はいかにして一つの等価的全体に凝集しえたのか？　急進的《ラディカル》〈左派〉は、このへゲモニー争奪戦に参入しうる立場になかった。「特権の及ばない白人層がゲットー叛乱や反戦デモに向ける反応を形成していた、嫉妬と憤慨の縺れ合った感情を理解している者など、大学という飛び地を拠点とした新左翼《ニューレフト》にはほとんどいなかった」(11)。労働組合の方にしても、リベラルな民主党エスタブリッシュメントからの支援に依存しすぎているがゆえに、急進的《ラディカル》な現状打破の高まりの源泉にはなりそうもないと見られていた。だから、明らかに、〈右派〉にとっては好機だった。それが長い間抱え込んできた狂信的な過激派を見捨てられるならば、である。これこそがまさしく、ウォレスが彼の言説――人種主義と、旧来のポピュリズム的諸主題の大半との混合物――をもって満たした政治的真空だった（彼は、自分を労働者として提示した最初の大統領候補でもあった）。実際には、彼は決して、もう少しで大統領になれそうなところまで行ったりしたわけではない――彼が得た票は、南部の僅かな地盤を除けば、単なる抗議票でしかなかった――が、彼の介入は持続的な効果を残した。それは人民アイデンティティと右翼急進主義《ラディカリズム》の節合を固めるのに決定的に寄与したのである。この節合が十分に堅固になるや、政治的連続体《スペクトラム》の中で主流派寄りの他の政治勢力も、そこから利益を得るようになった。これこそがまさしく、ニクソンからレーガンに至る過程において起こったことである。ウォレスの戦闘的なレトリックは、生産者や消費者という「声なき多数者《サイレント・マジョリティ》」への訴え掛けに置き換えられていった。

自由主義《リベラリズム》が砕け落ちたとき、［共和］党内の明敏な精神の持ち主たちは気付いたのだった。大恐慌以来GOP〔共和党〕が乗り越えられなかった、所得や職業の面での隔たりを、今こそ、中産階級の価値観——勤勉な労苦、道徳的敬虔、共同体《コミュニティ》の自治——を擁護することで架橋できる、と。これが可能になったのは、もっぱら、何百万人もの白人の賃金労働者層が、職場とは関わりなく、今や誇りを持って自らを消費者にして住宅所有者と認めていたからである。……一九六〇年代末になると、賃金を稼いでいるのか、それとも、小規模な商売を営んでいるのか、組合員証を携行しているのか、それとも、労働側の押し付ける制約条件に苛立たされているのかということよりも、統治側・文化側のエリートだとか、ゲットーや大学内《キャンパス》で目に付くその仲間連中だとかに対する共有された反感の方が、往々にして重要となった。(12)

今日（二〇〇四年六月）間近に迫ったアメリカ選挙での選択肢にこの分極化がどのように投射されるか、言及しておく必要があるだろうか？　中産階級アメリカが、もはやブッシュ体制の攻撃的な新保守主義《ネオ・コンサヴァティヴ》の攻勢のうちに自分の居場所はないと認めて、ポピュリズム的な右翼陣営を見放し、その結果、新たな等価的な連鎖が形成される——それはつまり、新たなヘゲモニー形成体に移行するということである——のか。それとも、共和党が再選されるのか。彼らの長期的な敗北が、政治的な想像的《イマジナリー》なものの何らかの激烈な再節合なしに起こりうると考えるのは、純然たる幻想である（いずれかの方向への小規模な変化が何か実質的な差異をもたらすには、状況はあまりに分極化されている）。仮にブッシュが僅差で落選したとしても、彼の後を継ぐ者は、その諸変数が実質的に変わらぬままのヘゲモニー編成体の束縛によって自分の動きが制約されているのに気付くだろう。*20

異質性が登場する

今や、空虚なシニフィアンのモデルに暗黙裡に含まれた、単純化するための第二の仮定――今こそ除去すべき仮定――に移行しなければならない。私たちはこれまで、充足されていないすべての要求が、人民陣営を構成する等価的な連鎖に組み込まれうると仮定してきた。けれども、これは正当化された仮定だろうか？　二分間ほど考察してみるだけで、そうではないと結論できる。最初の図（一七九頁）において、個々の要求を表わす円の下側の半円について考えてみよう。上側の半円が厳密に等価的な契機（圧政的体制に共通して対立することにおいて、様々な要求が共有するもの）を指すのに対して、下半分は個々の要求の還元不能な個別性を表わす。確認しておくべき重要な点は、この個別性を等価的な関係が始末してしまうわけではないということである。その理由も単純で、それがなければ、等価的な関係がそもそも始まりようがないからである。個々のすべての要求がまさしく個々それぞれに、同じ圧政的体制に対立するからこそ、それらの間に等価的な共同性が確立されうるのだ。既に本章の冒頭で指摘したように、図の上側と下側の半円の間には、相補性だけでなく緊張関係もある。個々の要求が等価性への登録を通じて強化される一方で、全体としての連鎖もそれ自身の論理を展開し、その結果、個々の環《リンク》の目的が犠牲にされたり裏切られたりすることもある。

ここで、私たちのモデルの論理が含意する別の可能性を指摘しておきたい。ある要求が、既に連鎖の環となっている諸要求の方の個別の目的と衝突するせいで、等価的な連鎖に組み込まれえないという可能性である。個々の要求の個別性が、等価性へ登録されることで全面的に中立化されるのならば、この可能性は閉め出されるかもしれないが、お分かりのように、そうはならない。それゆえ、等価的な連鎖は、敵対する勢力ないし権力とだけでなく、代表制の一般空間への接近手段を有さない何かの方ともまた対立する。だが、「対立する」は、それぞれの場合で別の何かを意味する。敵対する側の陣営は、人民アイデンティティの否定的な裏面として十全に表象されている。この否定的な参照項がなければ、後者も存在しない。だが、代表空間への接近手段を有さないという点でだけ内側に対立する外側の場合には、「対立」は単に「脇に除けられること」を意味する。そうなると、それは、いかなる意味においても、内側にあるもののアイデンティティを形作ることはない。ヘーゲルの歴史哲学に、この区別の好例が見出される。それは、否定／揚棄の過程を通じて作動する弁証法的逆転によって段階を刻まれるわけだが、しかし、これとは別に、完全に歴史性の外側にある「歴史なき諸民族」が存在する。彼らは、ラカンが蒸留残滓《カプト・モルトゥム》と呼んだものに相当する。化学実験の後に試験管内に残った残留物である。この種の排除に関わる分断は、敵対的なものが孕むそれ以上に根源的である。敵対性がなおも何某かの言説的登録を前提するのに対して、ここで私が論じている種類の外側が前提するのは、ただ代表空間内部の何かに対するだけでなく、代表空間そのものに対する外在性なのだ。この型の外在性を社会的異質性 social heterogeneity と呼ぶことにしたい。異質性《ヘテロジニティ》は、このように考えられる限り、差異を意味しない。二つの実体に差異があるためには、何らかの空間があって、その内部でそれらの差異が表象される必要がある。それに対して、ここで異質性と呼ばれているものは、そうした共通の空間の不在を前提とする。そうなると、私たちの次の一歩は、人民アイデンティティに関する議論を、同質性《ホモジニティ》と異質性《ヘテロジニティ》のこの複雑な節合の内部に登録し直すことである。

異質性が、私たちの理解する意味における限りで、根源的に不在であるような状況を考察することから始めてみよう。その存在がもたらす諸効果を、後ほど明確に見て取るためである。そうした状況は、最初の図で描かれた状況であろう。ある厳密な境界が二つの敵対する陣営を分離していて、しかも、一つの飽和した空間内にすべての社会的存在者が位置付けられている。たしかに敵対的な境界がある。だが、それは、自らの論理としては、いかなる方向への変動も含みえないものである。このことの理由は明らかである。排除される他者が私自身のアイデンティティの条件であるならば、私のアイデンティティを貫くためには、敵対的な他者を措定することが必要となる。純然たる同質性（すなわち、十全な代表可能性）の支配する地盤においては、敵との関係におけるこの両義性は揚棄しえない。このことが多分に対応するのは、一定の地盤上で敵対関係を築いてきた諸勢力が、この地盤自体が問いに付されると密かに連帯を示すという、よく知られた事実である。それは、誰かがチェス盤を蹴ろうとしたときに二人のチェス・プレイヤーが示す反応にも似ている。例として、ヨーロッパ社会民主主義政党の一九一四年の神聖同盟《ユニオン・サクレ》*21を考えてみればよい。けれども、この議論の帰結としては、最初の図に記述された構造が限りなく《サイニ・ダイ》再生産されることになる。飽和した空間内には、境界の変動も、代表不能な要素もありえない。だが、私たちがよく知っているように、そうした変動はいつでも起こっているし、代表《レプリゼンテーション》の領野はひび割れて曇った鏡であって、象徴的に統御しえない異質な「〈現実的なもの〉」に絶えず妨害されている。どうすれば、こうした諸現象を私たちの図式と両立させられるだろうか？　可能な解決策は二つしかない。一方は、飽和した空間という概念と両立可能である。もう一方——私たちはこちらを受け入れるであろう——は、飽和した空間という、そして、十全な代表可能性という考え方を断念する。

第一の解決策から始めよう。マルクスは〈歴史〉を、単一の論理によって統一される首尾一貫した物語として提示する。生産諸力の発展。各段階においてそれに対応する、一定の生産諸関係のシステム。生産諸力という概念は純粋に定量的なものだと主張されてきたが、そうではない。考慮に入れておくべきなのは、マルクスの説明の論理が深くヘーゲル的であって、量のカテゴリーにではなく、尺度のカテゴリーに――より精確にいうと、尺度なきものが揚棄された上での、尺度の無限に[13]――対応しているということである。ヘーゲル自身の言葉でいうと、こうである。「しかし、尺度の明示化のこの無限性は、質的なものと量的なものの両者を、互いのうちで止揚し合うものとして措定し、そうすることで、尺度そのものであるそれらの最初の、直接的な統一性を、自らに回帰したものとして、したがってそれ自体措定されたものとして措定する[14]」。かくして、量と質が和解するのだが、これはまさしく、生産諸力と生産諸関係の間に存在する統一性の型に対応する。この点は重要である。量的なものと質的なものとのこの論理上の鱗状重合がなければ、〈歴史〉は一つの首尾一貫した物語とはならない――それを代表する空間が飽和しない――からである。このことが、この理論的な語りの枠内での、敵対的境界の変動の説明を明確にする。境界の変動が起こるのは、それを通じて、別の劇――その各段階における、生産諸力と生産諸関係の両立可能性／両立不可能性――が上演されるからである。私たちの図式は、単に、そうした深層の動きが一定の時点に取った表層的形態のスナップショット――それも、静止状態の――でしかない。結果として、この型の説明の妥当性が持ち堪えるか挫けるかは、全面的に、何らかの異質な「外側」を自らの内に取り込み直す、その語りの能力次第となる。

異質性という問題を歴史的パースペクティヴのうちに位置付けることで、この問いにアプローチしてみよう。「歴史なき諸民族」というヘーゲルの概念を論じた際、私は既に、全体化する論理経由でアプローチされたときに「異質な」ものがどのような扱いを受けるかを示唆しておいた。それは、その歴史性の否認を通じて、棄却されるのである。ところが、おおよそ一八三〇年代以降、異質な過剰が、新たな源泉、すなわち、「社会問題」として同定されたものからやって来るようになる。伝統的なヨーロッパ思想は、様々な社会階層を区別してきた。それらが一緒になって、社会という一つの調和的なイメージを作り上げる。貴族、聖職者、農民、都市住民、等々。もちろん、貧民もいる。彼らは先の分類からすれば過剰だが、しかし、事後的《アドホック》な手続き――例えば、イングランドの救貧法――を通じて対処できるはずであった。ところが、一八三〇年代以降のドイツでは、この異質な過剰が、警戒心を呼び覚ますような割合で増加し始めた。その理由は、初期の産業化という以上に、むしろ、その反対物に関わる。(15)産業化の展開が不十分だったため、複数の諸要因――急速な人口増加、農奴解放、囲い込み、都市部での封建的優遇の停止――によって混乱した経済構造を代替しきれなかったのである。これらは、当時のドイツで提示されていた社会問題の諸変数《パラメーター》である。ヘーゲルはこの問題に十分に気付いてはいたものの、解決策を提案するとしても、せいぜい、過剰人口の海外植民地への移民を奨励するよう示唆するくらいであった。

ウォーレン・ブレックマンはこう指摘している。「現代から観察するならば、こうした社会的変化［産業社会への移行］が、この新たな階級を指し示すための「プロレタリアート」という語の使用の拡大に記録されていた。ペーベル（下層民）という古い語が徐々に捨て去られたことには、貧困の分析における重大な遷移と、そして、産業階級をめぐる近代ドイツの議論の端緒が表わされていた」(16)。だが、「プロレタリアート」という語が産業労働者階級との結び付きを確立するまでには長い時間を要した。例えば、こう指摘されている。「マルクス以前には、プロレタリア proletarian [prolétaire] は、貧困という受け身の惨状を意味する中心的な語の一つであった。イングランドでいうと、ジョンソン博士の『辞書』（一七五五年）は、プロレタリアを「賤しい mean、惨めな wretched、下劣な vile、卑俗な vulgar」と定義していた。この言葉は一九世紀初頭のフランスでも似たような意味だったらしく、実質的には「放浪の《ノマド》」と置き換え可能な形で用いられていた[17]」。この意味で、「プロレタリアート」という語は、貧民を指し示す語義の宇宙全体の部分を形作っていた。ただし、社会的に安定したあらゆる帰属の外側にいる貧民である。ピーター・ストリブラスは指摘している。

> かくして、マルクスは、名もなき者たちを呪文で呼び出すべく、フランス語、ラテン語、イタリア語を奇妙な仕方で渉猟する。彼らは、rovés、maquereaus（ポン引き）であり、「フランス語の la bohème」だ。文人 literati であり、lazzaroni である。……オックスフォード英語辞典は lazzaroni を、「半端仕事や物乞いで生計を立てる、ナポリの最下層」と定義する。一七世紀には、lazzari は「ナポリの民衆の屑」と定義されていた。一八世紀後半になると、lazzaroni は、より幅広く社会的罵倒の語として用いられた[18]。

だから、二者択一の両項は明らかである。異質な過剰が一定の限界内に封じ込められ、周辺的な存在に縮減されうるのならば、一つの統一された歴史という弁証法的観点は維持できる。反対に、異質性が優位に立つとなると、社会の論理は根本的に異なる仕方で理解されなければならなくなる。この二者択一の深奥に、マルクスの熟練の一手は位置付けられる。産業主義への移行が生み出しつつあった貧困の世界の内側から、歴史の間隙に——非歴史的なものに——属するどころか歴史の主役たるべく運命付けられた、一つの差異化された部門を抜き出したのである。生産の歴史として理解された歴史において、労働者階級は生産諸力の発展の新たな段階の担い手《エージェント》であり、そして、この新たな担い手を指し示すために「プロレタリア」という語が用いられたのだった。歴史の発展における主要路線の「内部者《インサイダー》」としての資格証明を維持するためには、しかしながら、プロレタリアートは、絶対的な「外部者《アウトサイダー》」から厳密に差異化されなければならなかった。ルンペンプロレタリアートのことである。マルクスとエンゲルスは、後者に関して悪態を慎むことはない。ストリブラスの研究した文献から、二箇所だけ引用しておこう。二月革命後のパリの機動警察部隊に触れながら、マルクスはこう述べる。彼らの「大部分が属するのは、あらゆる大都会において産業プロレタリアートから鮮明に差異化された一群を形作るルンペンプロレタリアートである。社会の屑を糧とする、あらゆる種類の泥棒や犯罪者の補充拠点。決まった生業を持たない人々。浮浪者。gens sans feu et sans aveu〔宿なしの無頼徒〕。その属する国民の文明化の度合いに応じて様々ではあるものの、しかし、lazzaroni たる性格が捨て去られることは決してない」[19]。次は、エンゲルスである。「ルンペンプロレタリアートは、大都市において、可能な全同盟者のうち最悪のものである。この下層民は絶対的に金目当てで絶対的に恥知らずなのだ。……労働者たちを導く者が、これらの無頼漢を護衛に雇ったり、彼らの手助けに頼ったりするようなことがあれば、その行動一つだけでもって、自分が運動への裏切り者だと証明することになる」[20]。

それゆえ、ルンペンプロレタリアートの純粋な外部者性、歴史性の領野からのその駆逐が、純粋な内部性にとっての、一貫した構造を有する歴史にとっての、可能性の条件そのものである。ところが、一つ問題がある。ルンペンプロレタリアートという語には、意図された一つの指示対象がある――社会秩序に明確に差し込まれることのない、社会の下位部門である（先ほど言及したばかりの語義上の不明瞭さが、既にして、そうした指示がおそらく、意図されたほどには一義的たりえない可能性を警告しているはずだが）。しかし、この指示とはまた別に、そのカテゴリーに概念的内容を与えようとする明確な試みがある。歴史の「内側」が生産の歴史として理解されるとすれば（「市民社会の解剖学は〈政治経済学〉である」）、生産過程からの距離がルンペンプロレタリアートの目印となる。となると、問いが生じる。そうした距離は、大都市の下層民にだけ見出されるものなのか？　というのも、そうした特徴が lazzaroni 以外にも広範な諸部門に該当するとしたら、その包括的《グローバル》な影響の方ももっと広範かもしれないし、「歴史的」世界の内的な一貫性を脅かすほどかもしれないのだから。私が引用してきたピーター・ストリブラスの透徹した試論が行おうとしているのは、まさしくそれである。ルンペンプロレタリアートというカテゴリーが不安定化され、その社会的影響がマルクスの意図を遥かに越えたところまで拡張される、そうした決定的な点をマルクスのテクストのうちに――とりわけ『〔ルイ・ボナパルトの〕ブリュメール一八日』のうちに――示すこと。それでは、ストリブラスの分析に向かおう。

手始めに、マルクス自身によって『フランスにおける階級闘争』で指摘された事実がある。ルンペンプロレタリアート、社会の屑の寄生生活を、社会組織の最高水準において、金融貴族――生産活動を通じてではなく、「既に他人の手元にある富を着服することで」収入を得る人々――が再現するのである。それゆえ、金融貴族は「ブルジョワ社会の頂きにおけるルンペンプロレタリアートの再生以外の何物でもない」。しかも、マルクスにとって、カテゴリーのこうした拡張は、周辺的なもの、投機家という小規模な集団に限定されるものではない。というのも、それは、生産的労働と非生産的労働の関係という問題の総体に関わるからだ。政治経済学者たちがアダム・スミス以来論じてきたものであり、資本主義システムの構造化の中枢にあるものである。[21] ひとたび生産の「外側」がこの一般性の水準において理解されてしまうと、それを歴史性の領野から排除するのは困難である。しかし、ストリブラスは、「内側」を「外側」から分離する線を一段と不鮮明にする別の側面についても論ずる。彼の指摘するように、『ブリュメール一八日』でのボナパルティズムに関する初期の分析においてマルクスが直面する困難は、体制の社会的本性を規定すること——すべての政治体制が何らかの階級利益の表現であるはずだとすれば——である。マルクスの解答は、ルイ・ボナパルト体制の社会的基盤は小規模自作農だというものである。ところが、ほとんどすぐさま、彼は自分の判断を修正して、こう述べなければならない。分散状態にあることを踏まえれば農民は一つの階級ではなく、「袋の中のジャガイモがジャガイモの袋を形作るのと同じように」単なる集塊を構成するだけだ、と。そうなると、ボナパルティズム国家は、より構造化された社会的基盤に依拠する他の諸体制が享受する以上の、高度の自律性を与えられる。ところが、その後で、マルクスはこの解決策を退ける。ボナパルティズムは不均質な社会的基盤に依拠しているので、それによって、国家が異なる諸階級間を渡り歩くことが可能になると考えたのである。ストリブラスによれば、ここに、マルクス理論における一つの危機の始まりがある。この危機は、社会的連環の絶対的な構成因として政治的節合が出現するというのと同義である。

言い換えれば、バタイユにとってと同じく、マルクスにとっても、不均質性《ヘテロジニティ》は、政治的統一化の反定立どころか、そうした統一化の可能性の条件そのものなのである。それこそが、マルクス理論におけるルンペンプロレタリアートの真のスキャンダルではないだろうか。つまり、政治的なものそれ自体がそこに象られているのではないだろうか。……というのも、ルンペンは、マルクス主義におけるこの語の通常の理解をもってする限りいかなる意味でも一つの階級ではなく、政治的節合に左右される一つの集団を象るように思われるからである。では、どのような集団がそうでないというのか？　……だが、ルンペンプロレタリアートが容易く卑しまれも称揚されもするとなれば、そのアイデンティティを、政治的節合という契機に先立って与えることはできない。[22]

ひとたびこの地点まで来てしまえば明らかなはずだが、弁証法モデル内部で歴史的変化を説明することを可能にしていた諸仮定を、私たちは放棄しつつあるのだ。結局のところ、歴史とは、統一されて一貫した物語が繰り広げられる地盤などではない。社会的な諸勢力が一連の不均質な諸要素の集塊であり、それが政治的節合を通じて束ねられるのだとしたら、後者は、明らかに、深層に横たわる何らかの動きの表現などではなく、構成し基礎付けるものなのである。そうなると、私たちの次の一歩は、不均質性《ヘテロジニティ》というこの概念に磨きをかけ、そして、それを額面通りに受け取ったとき、私たちの元々の図式がどのように修正されるかを検討することとなるはずだ。しかし、その前に、ホセ・ナンの提示した「周辺的な大衆 marginal mass」の概念に手短かに言及しておきたい。マルクスのルンペンプロレタリアートに関して論じてきた幾つかの側面を、より広範な視野のうちに投射するのに役立つからだ。[23]

資本主義的再生産にとって機能的な種類の失業状態を記述するためにマルクスが導入した、「産業予備軍」のカテゴリーに関する議論が、ナンの出発点である。マルクスの議論によれば、賃金は生存維持水準以下には押し下げられないので、だからこそ、労働者の一時的な失業は資本主義的蓄積にとって機能的である。少数の職を求めて多数の労働者が競争することで賃金水準が押し下げられるから、そして、その結果、剰余価値率が上昇するからである。生存維持水準以下に賃金を低下させるのが不可能であることが、明らかに、この機能性に限界を設けている。先の議論との関連でいえば、一時的失業者は資本主義的生産諸関係の部分ではないものの、利潤率の上昇に役立つからには、依然として資本主義にとって機能的なのである。彼らは形式的には外部者だが、これは、ルンペンプロレタリアートのそれとは異なる「外側」である。システム内部での機能性を有するから、そして、その結果として、これらの人々は依然として「生産の歴史」の部分を成すからである。彼らの失業が一時的だという性質もまた、この論点を一段と強める。けれども、生存維持水準に賃金を保つのに必要な程度を越えて失業が上昇するとしたら、どうなるだろうか？　ここから、ナンの議論が始まる。一定点を越えた失業は、明らかに、資本主義的蓄積にとって機能的ではなくなる。ナンが「周辺的な大衆」と呼ぶのは、もはやシステムの内的必要物ではなくなった――それに対して機能障害さえ招きかねない――、これら失業者の総体である。彼が指摘するように、マルクスには「相対的過剰人口」の概念がある。ポール・スウィージー[*22]やオスカル・ランゲ[*23]といった論者たちが、誤って「産業予備軍」のカテゴリーと同一視したものである。マルクスは実際には、三つの型の相対的過剰人口――潜在的、停滞的、流動的――を区別したが、大半の論者――マルクスを含めて――が注意を向けてきたのは最後の型だけである。ナンは、釣り合いを取り戻すべく、様々な部類の失業が様々な仕方で資本主義的蓄積に関係してきた様子を示す。「状況にもよるが、労働力の雇用者としての工業は否応なく衰退し、公共部門でも民間部門でも第三次産業の拡張過程が全般化した。この結果、以前の諸分析が想定していたよりも、遥かに不均質で不安定な職業構造がもたらされた。労働市場は断片化され、過剰人口が資本主義的蓄積運動に及ぼす影響には並外れた複雑さが加わった」[24]。

この複雑さについての実に豊かな分析が続くのだが、当面の議論の文脈では、それを詳述するわけにはいかない。とはいえ、一つの重要な点は確認しておかなければならない。周辺的大衆が資本主義的蓄積内部での機能性の「外側で」定義されるとすれば、そして、周辺性というのが、工場システムにおける流動的失業だけでなく、ナンの最近の著作が示すように、断片化され保護を弱めた市場における人間集団の動き全体に及ぶ多様な状況をも含意するとすれば、私たちが直面しているのは、いかなる単一の「内側」の論理の下にも包摂しえない異質性である。いかなる「内側」の構築も、「外側」を統御しようとする不完全な試みでしかない。「外側」はつねに、そうした試みを超え出ていく。グローバル化した世界にあって、このことはさらに一段と明瞭になりつつある。けれども、そうなると、内側と外側のこの混淆は、あのルンペンプロレタリアートの概念に異様なほど似通って見え始めてくる。私たちはこの概念を、非生産的労働と、そして、政治的節合を通じたアイデンティティ構築との全体を網羅するまでに拡張してしまっているのだから。「歴史なき諸民族」が、目的論的歴史性の概念そのものを打ち砕くほどまでに、舞台の中心を占めることになる。それだから、ヘーゲルを忘れるとしよう。

今や、私たちの当初の図式との関連性において異質性を論ずるのに必要なすべての要素が手元にある。それは次のように表わせるだろう。

要求ｍやｎ――分裂していない――は、敵対する二つの陣営内部のいかなる構造的位置にも表象されないという意味で、異質である。先に述べたように、私たちが扱っているのは、否定された要素が

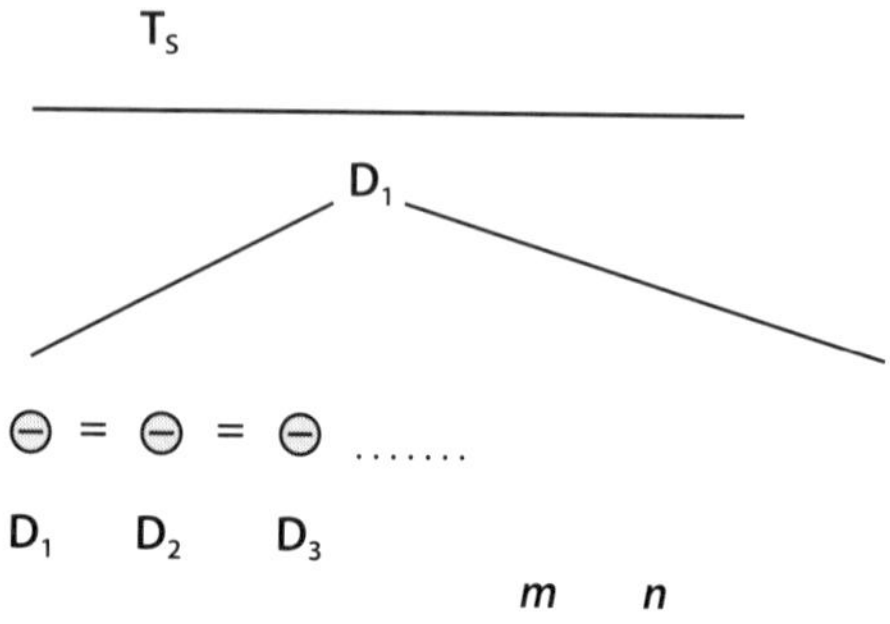

否定する要素のアイデンティティを定義するといったような、弁証法的否定ではない。「歴史なき諸民族」は、歴史的人民とは何かを規定しない。だからこそ、異質性は構成的なのである。それは、いかなる種類の弁証法的反転によっても超越されないのだから。けれども、自問すべきであろう。異質なものが図式の周辺部にだけ見出されるというのは本当にそうなのか？　それは既に、図式の内部でも作動していないか？　この論点を丹念に考察してみよう。敵対する二つの陣営を分離する境界から始めたい。私たちが棄却した弁証法的説明の前提するところによれば、ＡとＢの間に敵対的な（すなわち、矛盾した）関係があるならば、Ａの概念のうちに、それがＢによって、そしてＢによってのみ否定されると知るために必要な、すべてが含まれる。否定性はあるが、しかし、それは単なる紛い物だ。高次の肯定性によって揚棄されるためにだけ存在しているのだから。「限定的否定」がこの紛い物の名である。とはいえ、それ自体としても更なる措定と反転の過程に登録されていく限定的否定がなければ、歴史は存在せず、二項対立の絶対的な措定しか残らない。それゆえ、弁証法的な解決策と、二項対立の静態的な断定のいずれとも手を切りたいのであれば、私たちは図式の内部に別の何かを導入しなければならない。ここにおいて、異質性が描像に登場する。

マルクス主義の伝統が提示してきたような、労働者と資本家の敵対関係を考察してみよう[25]。議論が真に弁証法的ならば、一方において、労働者との敵対関係は資本の論理そのものから演繹されなければならないし、他方において、労働者と資本家はいずれも、形式的な経済カテゴリーに還元されなければならない（純粋に経験的な敵対関係について語るのならば、弁証法的規定の領野の外側にいることになる）。だが、概念的な水準では、「労働者」は単に「労働力の売り手」を意味する。ところが、その場合、いかなる種類の敵対関係も定義できない。資本家が労働者から剰余価値を搾取するから内在的な敵対関係があるのだと主張するだけでは、明らかに不十分である。敵対関係があるためには、そうした搾取に労働者が抵抗することが必要だからだ。しかし、労働者が概念的に「労働力の売り手」と定義されるのであれば、明らかに、このカテゴリーをどれだけ分析しようとも、そこから論理的に、抵抗の概念を演繹することはできない。そうした抵抗が起こる――或いは、起こらない――のは、もっぱら、実際の労働者――その純粋な概念的規定ではなく――が構成される仕方による。これが意味するのは、敵対関係は、生産諸関係に内在するのではなく、生産諸関係とそれに外在的なアイデンティティとの間で確立されるということだ。ゆえに《エルゴ》、社会的敵対関係において、私たちが扱っているのは、弁証法的に回収しえない何らかの異質性である。私たちが出発点とした、異質な他者という事例――ヘーゲルのいう「歴史なき諸民族」を例とするような、除外されたもの――は、異質なものの諸形態の一つでしかない。今やわかるように、厳密に言えば、異質性なくして敵対関係は存在しない。

　今や、ポピュリズムに関する議論の内部に「異質性」の概念を登録するために必要なすべての要素を、私たちは手にしている。どのようにか？　先の節で到達した結論から始めてみよう。敵対する勢力側の形式から敵対される勢力側の抵抗を論理的に導出することはできないのだから、敵対関係は異質性を前提とするというものである。これが意味するのは、敵対する勢力への抵抗の地点は、つねにそれに対して外在的だということでしかありえない。それゆえ、断絶や異議申し立てが起こるア・プリオリに特権的な地点は存在しない。とりわけ、敵対性が激化する地点は、文脈に応じて確立されるしかない。二つの対立する勢力のいずれか一方の内的論理を単離して考えてみても、決して、そこから演繹されるものではないのである。実践的な観点からいうと――先の例に立ち戻るわけだが――、生産諸関係の内部で生ずる闘争が、グローバルな反資本主義闘争の特権的な地点であるべき理由は存在しない。グローバル化した資本主義は、断絶や敵対性の地点を無数に――環境危機、経済の様々な部門間の不均衡、大規模な失業、等々――創り出す。そして、こうした複数の敵対性の重層的決定だけが、その名に値する闘争を実行しうるグローバルな反資本主義的諸主体を創り出すことができる。だから、あらゆる歴史的経験が示すように、この闘争において誰がヘゲモニーを握る登場人物なのか、ア・プリオリに規定するのは不可能なのである。それが労働者となるのかどうか、決して明らかではない。わかるのはせいぜい、それが、敵対性の境界を断固として確立する、システムの外部者、敗残者――私たちが、異質《ヘテロジニアス》なものと呼んできた者たち――だろうということでしかない。これが意味するのは、ルンペンプロレタリアートというカテゴリーの拡張――私たちが見たように、後期マルクスの著作において既に起こっていた――は、この地点に至って、その十全な潜在力に到達するということである。フランツ・ファノンの以下の文章を瞥見しておこう。

> ルンペンプロレタリアートは、それが構成されるや、全力を傾けて街の「安全」を危殆に晒す。それは、取り返しようのない衰弱の徴候、植民地支配の核心に絶えず存在する壊疽なのだ。そう

して、ポン引き、ちんぴら《フーリガン》、失業者、下劣な犯罪者が、……まるで逞しい労働者のように、闘争に身を投じる。階級に属さぬこれらの怠け者たちが、闘士としての果断な行動によって、自律した国民へと至る道筋を見出す。……売春婦が、月給二ポンドの女中が、自殺と狂気の間で堂々巡りしていた者たちすべてが、平静を取り戻し、あらためて前へと進み、覚醒した国民の大いなる隊列を誇らし気に行進するだろう。(26)

私たちは明らかに、ルンペンプロレタリアートへのマルクスとエンゲルスの当初の言及とは対蹠的な地点にいる。私たちの議論のパースペクティヴからすれば、ファノンがこの文章で行っていることは完璧に明瞭である。第一に、彼は、反植民地主義革命を可能にする根源的境界を確立するための条件を同定する。既存の現状側の社会的諸カテゴリーに対比しての、革命的行為者《アクター》の全面的な外在性がそれである。第二に、彼が主張するように、この外部者はいかなる個別の利益とも結び付いていないので、革命的意志への彼らの合流は、根源的に政治的な等価性（ストリブラスが政治的節合と呼ぶもの）として起こるしかない。裏側から言えば、植民地社会内部の確立された諸カテゴリーに帰属していると、この革命的意志の形成が妨げられるのである。ここにおいて、私たちは、農村による都市の包囲という、また、反帝国主義革命の連鎖による帝国主義諸国の包囲という、毛沢東主義的な革命過程のイメージから遠く離れているわけではない。

けれども、ここで一つの注意書きが必要である。ルンペンプロレタリアートを歴史の舞台の中央に連れ出すにあたって、ファノンが辿っているのは、マルクスの後期著作に萌芽的に作動しているのが見て取られたのと同系統の思考――ルンペンプロレタリアートの概念を、生産に関与しない多様な諸部門の全体に拡張する——ではない。つまり、ファノンは、ルンペンプロレタリアートを元来の指示対象——都市の下層民——と同一視し続けるのである。その結果は二重である。一方において、彼は、自分が挑もうとしている秩序の内的一貫性の程度を過大に強調しなければならない。他方で、彼は、「外部者」を厳密に過ぎる指示対象と同一視するがゆえに、異質性という問題をその真の一般性において把握できない。私たちの図式の観点から言うとこうだ。反植民地の意志を担う者を、既存のシステム内部の何らかの個別的な要求に同定することは一切なされないわけだが、これは、諸要求を表わす円が内的に分裂しないことを意味する。というのも、個別性は丸ごと瓦解してしまうからである。個々のあらゆる意志が実質的に一致する、そうした類いの一般意志《ヴォロンテ・ジェネラル》があることになる。ここでは、いかなる政治的節合も可能ではない。節合すべきものが何もないからである。弁証法的反転への全面的な回帰の結果、異質性が端的に消滅してしまう。ジャコバン主義が間近に迫っている。

こうした単純化を越えようとするのならば、そうして、異質性《ヘテロジニティ》の問題をその真の一般性において見ようとするのならば、私たちが自覚しておかなければならないのは、先の二つの図式における差異化のいずれもが、異質な他者の存在なくしては確立されえなかったということである。ここにおいて、私の議論は、第四章の最後に到達したポピュリズムに関する結論に継ぎ合わされる。第一に、私たちが見てきたように、敵対的境界には、弁証法的に回収しえない異質な他者が伴う以上、そこにはつねに、概念的吸収に抵抗するシニフィアンの物質性が存在する。換言すれば、A-Bの対立が、全面的にA-非Aとなることは決してない。Bの「B性」は、究極的には弁証法化されえない。「人民」はつねに、権力の純粋な対立物以上の何かである。象徴的統合に抵抗する、「人民」という〈現実的なもの《リアル》〉がある。第二に、図式において、異質性は、等価的な諸要求の個別性——お分かりのように、等価的な関係の根拠そのものであるがために、除去しえない個別性——の中にも存在する。第三に、私たちが見てきたように、個別性（異質性）は、諸要求の幾つかが等価的な連鎖に組み込まれるのを妨げるものでもある。

人民陣営の構造化のうちに異質なものがこのように多重に存在するということから帰結するのは、この陣営には内的な複雑性があって、それがあらゆる種類の弁証法的同質化に抵抗するということである。異質性は、同質的な空間の核心そのものに宿っている。回収しえない「外側」の不透明さが、「内側」を定義する諸カテゴリーそのものをつねに曇らせる。先の事例に立ち返るならば、こういうことだ。いかなる種類の敗残者も、仮にそれがもっぱら生産諸関係内部での位置付けだけで定義される階級であるような、そうした極端かつ純粋に仮説的な場合においてすら、一つの敵対的主体となろうとするならば、ルンペンプロレタリアートとしての性質を何かしら有さなければならない。ひとたびこの地点まで到達してしまうと、しかし、「内側」と「外側」を区別するファノンの手際よさは、より複雑なゲーム、何一つとして十分に内的でも十分に外的でもないゲームに置き換えられなければならない。いかなる内部性も、純然たる外部とは決していえない異質性につねに脅かされる。内的構成の論理自体にそれが棲み着いているからである。そのうえ、逆に、外部の可能性の方もつねに、同質化する論理の働きによって短絡されていく。浮遊するシニフィアンについての本章冒頭の議論が、論点を明瞭に照らし出す。内側／外側の純然たる対立は、一つの不動の境界——私たちが、現実のいかなる社会過程の記述としても棄却する仮説——を前提とする。反対に、政治というゲームが起こるとすれば、それは、「空虚な」と「浮遊する」の本質的な決定不可能性——今や、同質なものと異質なものとの決定不可能性とも、また、先の事例でいえば、プロレタリアートとルンペンプロレタリアートとの決定不可能性とも定式化し直してよい——としてなのだ。グラムシが「陣地戦」と呼んだこのゲームは、厳密に言えば、私が定義した意味において、政治的な諸境界を変動させる論理なのである。

「空虚な」と「浮遊する」の間の決定不可能性のゲームに政治的なものは存すると言うことは、しかし、特にすぐれて《パル・エクセランス》政治的な作用はつねに「人民」の構築となると言うのと同じことである。第四章の最後で既にある程度はこの結論に達していたわけだが、しかし、今や、浮遊するシニフィアンおよび異質性という両概念の導入を経て、私たちは、ポピュリズムにその真の意味を与える、そうした構築の様相をより明晰に見て取ることができる。第一に、「人民」の構築に必要となる言説的‐戦略的な諸作用が拡大される。当初のモデルでは、こうした作用のうちの二つしか理解できなかった。等価的な連鎖の形成、それから、空虚なシニフィアンの産出を通じての、統一的な実在へのその結晶化である。だが、敵対性の境界そのものは所与とされ、ヘゲモニー的構築の対象とはなっていなかった。今やお分かりのように、「人民」を構築することには、当の「人民」が前提とする境界を構築することもまた伴う。境界は不安定であり、不断の変動過程のうちにある。それだからこそ、私は「浮遊するシニフィアン」について語ってきたのである。これは、新たなヘゲモニーのゲームを含意する。新たな「人民」は必ずや、新たな境界の構築を通じて、代表空間の再構成を要請する。システムの「外部者」にも同じことが起こる。いかなる政治的変革にも、既存の諸要求の再配置だけでなく、新たな諸要求（ということは、新たな歴史的登場人物）の政治の舞台への組み込み——或いは、その反対に、従来はそこに現前していた他者の排除——が相伴うのである。

これが意味するのは、あらゆる闘争は、定義上、政治的だということである。「政治闘争」について語るのは、厳密に言えば、同語反復《トートロジー》なのである。だが、これが成り立つのは、政治的なものが領域的なカテゴリーでなくなるからでしかない。それゆえ、古典的社会主義におけるような、経済闘争と政治闘争との区別の余地はない。経済闘争は、狭義に理解された国家水準で生ずる闘争と同様に政治的である[27]。このことの理由は明らかだ。第四章で指摘したように、政治的なものは、それが社会的なものを制度化する契機であるがゆえに、何らかの意味で、社会的世界の解剖学なのである。社会に存するすべてが政治的だというわけではない。多くの沈殿した社会的形態が、政治的に制度化された当初の痕跡をぼやけさせているからである。だが、異質性が社会的紐帯の構成因なのだとしたら、社会を――そして、「人民」を――絶えず再創出する何らかの政治的な次元がつねにあることになる。

政治的なものはポピュリズムと同義になるということだろうか？　然り、である。後者の概念の、私が理解する限りの意味においては。「人民」の構築が特にすぐれて《パル・エクセランス》政治的な行為――安定した制度的枠組み内部での、純然たる行政管理に対置されたものとして――である以上、政治的なものにとって不可欠の《シネ・クア・ノン》必須条件は、社会的なものの内部における敵対性の境界の構成、そして、社会的変化を担う新たな諸主体への訴え掛け――これには、お分かりのように、不均質な多数の諸要求を等価的な連鎖に統合するための、空虚なシニフィアンの産出が伴う――である。だが、これらはまた、ポピュリズムを定義する特徴でもある。何らかの程度においてポピュリズム的でない政治的介入は存在しない。けれども、これは、すべての政治的企図が等しくポピュリズム的だという意味ではない。それは、社会的諸要求を統一する等価的な連鎖の拡張次第である。制度主義的な型の言説（差異の論理が支配的な）においては、この連鎖は最小限にまで縮減される。その一方で、社会的なものを二つの陣営に分割していく断絶主義の言説においては、それは最大限に拡張されるだろう。だが、ある言説が政治的なものと見做されるためには、何らかの等価性（「人民」の何らかの産出）が必要なのである。いずれにせよ、重要なのは、私たちは二つの異なる型の政治を扱っているわけではないということだ。第二の型だけが政治的なのである。もう一方が関わるのは端的に、政治の死であり、そして、社会的なものの沈殿した諸形式によるその再吸収である。この区別は、ランシエールの提示した、ポリスと政治の区別に概ね一致する。これについては、〈結論〉で論じることにしたい。

　結論として述べておくと、私の分析は、よく知られた試論「ファシズムの心理構造(28)」におけるジョルジュ・バタイユのそれに、多くの点で近付いている。彼の描写するところでいうと、同質性の契機は、ほぼ逐一、私が「差異の論理」と呼んだものに合致する。「同質性は、諸要素の共約可能性、そして、この共約可能性の自覚を表わす。画定可能な個人や状況についてのありうる同一性の意義に基づいて固定された諸規則へ還元されることで、人間の諸関係は維持される。原則として、生存のこの進路からはあらゆる暴力が排除される」（p.122〔邦訳一二三頁〕）。彼はさらに、異質《ヘテロジニアス》なものを、生産の歴史を超過するものに結び付ける。「異質な世界には、非生産的消費に起因するすべてが含まれる（聖なる事物そのものが、この全体の部分を形作る）。これを構成するのは、浪費だとか上位の超越的価値だとかとして、同質的な社会によって棄却されたすべてである。……同質的な社会が同化するだけの力を持たない、無数の要素や社会形態である。暴徒、戦士、貧窮した貴族階級、様々な型の暴力的個人、そして、いずれにせよ、規則を拒絶する者たち（狂人、指導者、詩人、等）」（p.127〔邦訳一三四頁〕）。人民アイデンティティの構成において私は情動的要素を強調してきたが、これもバタイユの分析に同じように見られる。「異質な現実においては、情動的価値を帯びた象徴が根本的諸要素と同じ重要性を有し、部分が全体と同じ価値を有する。容易くわかるように、同質な現実のための知識構造が科学のそれであるとしたら、異質な現実それ自体についての知識は、未開人の神秘的思考のうちに、また、夢のうちに見出されるはずである。それは無意識の構造と同一なのだ」（p.128〔邦訳二三五－二三六頁〕）。最後に、節合する諸実践の諸結果が同質化をもたらすことも強調される。「不定形で窮乏した諸要素から始まりながら、軍隊は、命令という推進力の下に、組織化され、そして、その諸要素の無秩序な性格を否定する同質的形式を内的に達成する。要するに、軍隊を構成する大衆は、枯渇し荒廃した存在から純化された幾何学的秩序へと、不定形性から攻撃的堅固さへと移行するのである」（p.136〔邦訳二五四頁〕）。

ここにおいて、私たちの探究は終点に達する。「人民」の出現は、私が単離した三つの変数に懸かっている。空虚なシニフィアンを通じてヘゲモニー的に代表される、等価的な諸関係。浮遊するシニフィアンの産出を通じた、内的境界の変動。そして、弁証法的回収を不可能にし(29)、政治的節合に真の中心性を与える、構成的な異質性。私たちは今や、十全に展開されたポピュリズム概念に到達した。

第6章　ポピュリズム、代表、民主主義

私たちは今や、展開されたポピュリズム概念に到達した。本章では、政治理論の中心的カテゴリーの幾つかに対してここから導かれる帰結の幾つかを素描してみたい。そうしたカテゴリーのうちの二つが「代表」と「民主主義」である。これらに私の分析を集中させることにしたい。

代表の二つの相貌

アーネスト・バーカーは、ファシズムの独裁者に追随する大勢の者たちについて、代表の概念との関連から議論している。その主張によれば、「根本的な事実として、こうした追随する側が指導者の

意志を代表ないし反映するのであって、追随する側の意志を指導者が代表ないし反映するのではない。代表があるとしても、それは逆向きの代表であり、指導者から下向きに進むのである。政党は指導者を代表する。人々も、政党に倣う限りにおいて、等しく指導者の示す方向性を代表し反映する」[1]。バーカーにとって、代表は明確な二者択一――指導者が追随者の意志を代表するか、さもなければ、追随者が指導者の意志を代表するか――に服している。二つの点で、バーカーの二者択一を問いに付さなければならない。(1)この二者択一がバーカーの考えるほど相容れないものかどうか、疑わしく思われる理由がある。(2)しかも、第二の可能性――指導者の意志を追随者が代表する――がファシズムの独裁に限定されるかどうか、疑わしく思われる理由もある。

民主主義的条件下の代表過程に関わるものに、議論を集中させるとしよう[2]。ルソーに始まる民主主義理論は、つねに、代表に対してきわめて懐疑的だった。そして、近代国民国家のような大規模な共同体では直接民主主義が不可能であることを踏まえて、あくまでも、より少ない悪としてのみ代表を受け容れてきた。こうした前提からすれば、民主主義は可能な限り透明でなければならない。代表者は、代表される者たちの意志を可能な限り忠実に伝達しなければならない。けれども、これは、代表過程で実際に起こっていることの適正な描写だろうか？　そうではないと思うだけの十分な理由がある。代表者の機能は、代表される者たちの意志を単に伝達することではなく、その意志に対して、それが元々構成されたのとは別の環境における信用力を与えることである。この意志はつねに何らかの部分的集団の意志であり、だから、代表者は、それが全体としての共同体の利害と両立可能なのを示さなければならない。代表の本性からして、代表者は単なる受動的な代理人《エージェント》ではなく、自分が代表する利害に何かを付加しなければならないのである。この付加が今度は、代表される者たちのアイデンティティに反映されるので、それは、代表過程そのものの結果として変容する。つまり、代表は双方向的な過程なのだ。代表される者から代表者への動き。そして、代表者から代表される者へという、相関する動き。代表される者は、代表者に依拠して、彼／彼女自身のアイデンティティを構成するのである。そうだとすると、バーカーが記述する二者択一は、二つの異なる型の体制に対応するものではない。実のところ、そもそも二者択一ですらない。それは、いかなる代表過程にも内在する二つの次元を指し示しているに過ぎない。

こう論駁されるかもしれない。二つの次元が代表に内在するとしても、第一の動き――代表される者から代表者へ――が第二の動きに優る限り代表はより民主的である、と。しかし、この論駁は、代表されることになる意志の本性を考慮に入れていない。十分に構成された意志――例えば、法人組織のような集団の――があるならば、代表者が術策を講じる余地は確かに限定される。しかし、これは、幅広い可能性のうちの極端な場合である。反対側の極端として、共同体の安定的な枠組みへの統合の程度が弱い、周辺的部門の場合を考えてみよう。この場合、問題となるのは、代表されることになる意志というよりも、むしろ、代表過程そのものを通じての、その意志の構成である。代表者の任務は、それでも、民主的なものである。彼の介入がなければ、こうした周辺部門は公共圏に組み込まれないのだから。だが、この場合、彼の任務は意志を伝達することではない。それよりも、彼が呼び掛けている部門を歴史の登場人物として構成する、同一化《アイデンティフィケーション》の地点を提供することであろう。部門的利害――十分に構成されていたとしても――と共同体全体の間には、いつでも、幾分かの距離がある。同一化の過程が生じるかもしれない空間がつねにあるのだ。私たちが次に注意を集中させるべきは、この同一化の契機である。

ハンナ・フェニケル・ピトキンの論じた「象徴的代表」を考察することから始めたい。四〇年前に刊行された書物だが、代表の概念を理論的に扱った既存の文献のうち、依然として最良のものであろう(3)。ピトキンによれば、象徴的代表においては、

実のところ、どのようにして有権者を満足させておくかは重要ではない。代表者の行う何かによってなのか、それとも、彼がどう見えるかによってなのか、彼と一体化するよう有権者を促すのに成功したからなのか。……だが、そうなると、選挙で選ばれた議員よりも、君主ないし独裁者の方が、成功した劇的な指導者であり、そして、それゆえに、よりよい代表者だということになる。そのような指導者は、追随者たちに情動的忠誠と同一化を引き起こす。国旗と讃歌と楽隊が産み出すのと同じ非合理的で効果的な諸要素である。そして、もちろん、この観点から見るならば、代表は、人々の意志の正確な反映だとか、人々の望む法の制定だとかとは、ほとんど或いはまったく関係する必要がない(4)。

つまり、代表は、第五章で不均質《ヘテロジニアス》な大衆と呼んだものを同質化する手段となるのである。「達成されるべき主要目標が、ある統一された全体への国民の溶融であり、国民の創造であるとしたら、単一かつ劇的な象徴の方が、立法府の代表者たちよりも遥かに効果的にこれを達成できると結論したくなる。……真の代表とはカリスマなのである(5)」。こうして、指導者は象徴作成者になり、そうなると、彼の活動は、もはや有権者「に代わって行動する」ものとは見做されず、実質的な指導力と一体化していく。象徴的代表の極端な形式はファシズムのうちに見出される。「極限においては、この視

点はファシズムの代表理論（職能団体国家《コーポレート・ステート》*1の理論ではなく、総統《フューラー》による代表の理論）となる。……だが、ファシズムの理論において、この均衡［統治者と臣下の間のそれ］は決定的に反対側に傾く。指導者は、自分の行うことに順応するよう追随者たちに強いなければならない」[6]。代表への純粋に象徴的なアプローチの限界に対する批判を、ピトキンは、原因と理由の区別をもって締め括る。

何が人々に象徴を信じ込ませたり指導者を受け容れさせたりするのか問うことは重要だが、しかし、いつ彼らが受け容れて然るべきなのか、指導者を受け容れる十分な理由があるのはいつなのか問うことも等しく重要である。代表についての観点を象徴という事例にだけ狭めてしまうと、後者の問いを見落としかねない。……ある政治学者［ハインツ・ユーロー］がこう言っている。「代表が関わるのは」、代表される者が代表者の決定を受け容れるという「単なる事実ではなく、むしろ、彼らがそうする理由である」。理由は原因とは異なる[7]。

私の見るところ、ピトキンは真の論点を曖昧にしてしまっている。問題は、原因と理由を区別する――もちろん、私はこの区別を受け容れるが――ことではなく、理由の妥当性の源泉が代表に先行するのか、それとも、代表を通じて構成されるのかということなのだ。彼女の議論全体を通じて、この議論の冒頭で私が提起した論点は回避されている。緩く構成途上のアイデンティティがあって、そもそもそれを構成するためにまさしく代表が必要とされるといった場合はどうなるのか？　先行する数章での議論において、私は、存在的内容とその存在論的価値の区別という観点からこの論点に取り組んだ。私が述べたように、根源的な無秩序の状況においては、何らかの種類の秩序が必要とされ、そして、無秩序が全般化するのに応じて、秩序を再建するものの存在的内容は重要でなくなる。この存在的内容は、秩序それ自体を代表するという存在論的価値を備給される。その場合、同一化はつねにこの存在論的備給を通じて進行するであろうし、だから、結果として、代表に内在的だと示された第二の動き——代表者から代表される者への動き——がつねに要請されるだろう。精神分析に関する議論に立ち戻れば、部分対象への備給が、その対象を〈モノ〉の荘厳へ高めることになるのである。ひとたび何らかの基本的な政治的同一化が起きてしまえば、特定の決定や選択に対して理由が与えられる。だが、そのためには、代表過程に先行するのではなく、そこから帰結するアイデンティティが、出発点として必要なのである。フロイトに関する議論の中で見てきたように、指導者との関係は、自我と自我理想との距離の程度に依存する。距離が小さいほど、指導者は同輩中の第一人者《プリムス・インテル・パレス》となり、結果として、ピトキンのいう意味での「理由」が作動する地盤が拡大する。だが、二つの間には幾分かの距離がつねに必然的に存在するので、それゆえ、代表を通じての同一化も一定程度は見出されることになる。

ピトキンの分析の難点は、彼女にとって、理由の王国がいかなる同一化からも独立に存在する——理由は全面的に代表の外側で作動する——ということにある。結果として、いかなる種類の象徴的代表のうちにも非合理性だけが見て取られる。人々の意志を操作し端的に侮ることと、象徴的同一化を通じてその意志を構成することとの的確な区別が彼女にはできない。彼女がファシズムをあくまでも象徴的代表の極端な事例と見ているのは確かだが、彼女の諸前提を踏まえる限り、そこまで極端でない事例にアプローチするための理論的道具が彼女にはない。それだから、この点に関する彼女の議論の全体は、人々の意志を尊重するのか無視するのかという問題を巡って転回する。人々の当の意志がそもそもどのようにして構成されるのか、そして、代表がこの構成の前提そのものではないのかどうか、それが考察されることはない。

この結論に到達したところで、代表の問題系がポピュリズムの議論にどのように関わるかを瞥見することに取り掛かろう。というのも、「人民」の構築は、代表の機構《メカニズム》が作動しなければ不可能だからである。私たちが見てきたように、空虚なシニフィアンとの同一化は「人民」の出現にとって不可欠《シネ・クア・ノン》である。だが、空虚なシニフィアンが同一化の地点として作動するのは、それが等価的な連鎖を代表するからでしかない。代表過程に検出された二重の動きが、「人民」の出現のうちにも強く刻み込まれている。一方において、空虚なシニフィアンによる等価的な連鎖の代表は、純粋に受動的なものではない。空虚なシニフィアンは、予め与えられた全体性の像以上の何かである。それは、この全体性を構成し、そうして、質的に新しい次元を付加するものなのだ。このことは、代表過程の第二の動き、代表者から代表される者への動きに対応する。他方で、空虚なシニフィアンは、連鎖内のすべての環にとって同一化の地点として作動しようとするならば、実際にそれらを代表しなければならない。それらから完全に自律的になることはできないのである。このことは、代表に見出される第一の動き、代表される者から代表者への動きに対応する。お分かりのように、この二重の動きこそが緊張の在処なのだ。全体化という契機が一定の点を超えて自律化すると、全体の代表としての性格が除去されて、「人民」は破壊される。だが、様々な諸要求の側の根源的自律化も同じ効果をもたらす。等価的な連鎖を破断し、代表による全体化という契機を不可能にしてしまうからである。私たちが見てきたように、これは、差異の論理が等価性の論理に対して一定程度以上に優勢となるときに起こることである。

この問題には別の角度からもアプローチできる。代表を成立させる、同質性と不均質性《ヘテロジニティ》の結び付きを通じてである。けれども、導かれる結論は同じだ。「人民」の構成には、等価的な連鎖を形成する諸要求の複数性によって与えられた内的複合性が必要である。これは根源的な不均質性の次元だ。それらの諸要求のうちには、個々に考察される限り、それらが何らかの種類の統一性へ合同していくべきだとする「明白な運命《マニフェスト・デスティニー》」を告知するものなど何もないからである。それらが一つの連鎖を構成するべきだと予見するものは何もない(8)。それだから、空虚なシニフィアンという同質化する契機が必要になる。この契機がなければ、等価的な連鎖は存在しない。つまり、空虚なシニフィアンの同質化機能は、連鎖を構成し、同時に、それを代表するのである。だが、この二重の機能は、私たちが検出した代表過程の二つの側面以外の何ものでもない。結論は明らかだ。いかなる人民アイデンティティも、内的構造において、本質的に代表なのである。

けれども、代表がポピュリズムの内的構造について何かを解明するのだとしたら、逆に、代表の本質に属する何かにポピュリズムが幾分かの光を投げ掛けるとも言える。というのも、ポピュリズムこそ、私たちが見てきたように、空虚なシニフィアンのヘゲモニー的機能と個別的な諸要求の等価性との間の、本源的な決定不可能性の地盤だからである。この二つの間には緊張があるが、しかし、この緊張こそ、「人民」が構成される空間に外ならない。そして、これが、代表の内的構造を構成する二つの対立した、けれども不可欠な動きの間の緊張として私たちが見出した緊張でないとしたら、一体何だというのか？　「人民」を構築することは、単に、より抽象的な水準において形式化された代表の一般理論を、ある特定の事例に適用するといったことではない。それどころか、これこそが模範的な事例なのである。というのも、代表とは何かということ——社会的客観性が構成される本源的な地盤であるということ――を開示する当の事例なのだから。

　ピトキンの論じた象徴的代表の別の例の幾つかを、少しだけ考察してみよう。例えば、魚がキリストを表わすといったものである。いずれの場合も――象徴が純粋に恣意的であって、その結果、記号に変容するとしても、或いは、何らかの種類の類比があって、それが象徴関係を持続させ説明するとしても――、一つの共通の特徴がある。代表されるものが、代表過程に先立ってまったく別個に、十分に出来上がった一つの対象として存在するということである。精神分析の理論でいうと、これは、ユング的なアプローチと同一視できるだろう。諸象徴は、集合的無意識の中の特定の諸対象にア・プリオリに結び付くとされるのである。代表が存在論的に本源的なものとなるのは、無意識の働きをフロイト的／ラカン的に記述するときだけでしかない。私たちが見てきたように、名が遡及的に対象の統一性を構成するのである。そして、「人民」を名指すときの不断の揺動以上に、この構成が見事に露呈される地盤を見出そうとしても難しい。政治的代表についての古典的諸理論の主要な難点は、ほとんどの場合、「人民」の意志が、代表より以前に構成された何かとして理解されてきたことである。これは、諸利害および諸価値の複数性に「人民」を還元した、集計型の民主主義モデル（シュンペーター、ダウンズ）の場合に起こっていることである。そして、公正としての正義なり対話的な手続きなりのうちに、あらゆる不透明性を代表過程から除去する理性的合意の基礎を見出してきた、熟議型のモデル（ロールズ、ハーバーマス）の場合もそうである[9]。ひとたびこの地点に到達してしまう限り、唯一の妥当な問いは、代表される者たちの意志について、そうした意志がそもそも存在するのは当然視した上で、いかにしてそれを尊重するかというものにしかならない。

民主主義と人民アイデンティティ

クロード・ルフォールの政治理論を手掛かりとして人民民主主義の研究に取り組みたいのだが、象徴的代表に関する議論からそこへ移行するのは容易い。ルフォールは、自分のアプローチの根拠を、近代民主主義の到来を可能にした、象徴の変容に置いているからである。[10] ルフォールのよく知られた分析によれば、そのような変貌には、政治的な想像的なもの《イマジナリー》における革命が関わっていた。権力・知・法の統一点としての王を中心に据えていた階層社会が、本質的に空虚なものとしての権力の場所の出現において実質化される解体に、置き換えられたのである。「権力は君主のうちに具現化され、それによって、社会に身体を与えていた。そして、このゆえに、何かが別の何かに対して意味するものに関して、潜在的だが実効的な知識が、社会的なもの全体を通じて存在していた。この原型が、民主主義の革命的かつ空前の特徴を明らかにしてくれる。権力の在処は、空虚な場所になる。……権力の行使は、周期的な再分配の手続きに従属する。……この現象は軋轢の制度化を意味する」(p.17〔邦訳四八頁〕)。「私の見るところ、重要な点は、確実性の指標の消失によって、民主主義が制度化され維持されていることである。これによって拓かれるのは、人々が社会生活のあらゆる水準で、権力・法・知の基盤に関して、そして、自己と他者の諸関係の基盤に関して、ある根本的な非決定性を経験するような、そうした歴史である」(p.18〔邦訳四九－五〇頁〕)。

この一連の文章をどう考えるべきか？　ある意味では、私が本書において別の用語で導入した一定の区別が、明らかに、ルフォールのテクストにも見て取られる。王によって保証され人格化される一方で、社会的軋轢の制度化が存在しない、階層的秩序という概念は、私たちが差異の論理と呼んだものに非常によく似ているように見える。価値としての平等というのも、それをルフォールは民主主義の目印として認めるわけだから、等価性の論理から遠く離れていないように思われる。けれども、ここにおいてこそ、ルフォールの分析は、人民アイデンティティの形成に関する私の研究が選択してきたのとはまったく異なる道筋を取るのである。彼にとって、民主主義の象徴的枠組みに対立させられるべきは全体主義である。それを彼は以下のような観点から記述する。

権力の圏域、法の圏域、知の圏域の間で、ある圧縮が起こる。社会の究極的な目標についての知や、社会的実践を規制する諸規範が、権力の所有物となる。そして、同時に、権力そのものが、ありのままの現実を分節化する言説器官であろうとする。権力は、ある集団に、さらに、最高水準においては、単一の個人に具現化される。それは、同じく具現化された知と、決して引き裂かれることのないような仕方で合流する（p.13〔邦訳四四頁〕）。

けれども、全体主義は、民主主義に対立するとしても、民主主義革命という地盤の枠内で出現したものである。一方から他方への移行の仕組みを彼はこう記述する。

経済的な危機や戦争の惨禍の結果として諸個人が一段と不安を募らせるとき、階級や集団間の軋轢が激化して、もはや政治の圏域内で象徴的に解決しえないとき、権力が現実の水準にまで零落し、卑俗な野心の利害や欲求を助長する道具としか見えなくなるとき、つまり、一言で言えば、それが社会の中に現われるとき、そして、同時に、社会が断片化されたものとして現われるとき、そのとき、〈一者としての人民〉という幻想が展開され、実体的なアイデンティティへの、自分の頭部に溶融した社会体への、具現化する権力への、分割を免れた国家への探求が始まるのが目にされる（pp.19-20〔邦訳五〇頁〕）。

ここにおいて、本書の読者は、この最後の記述のうちに漠然とながらも馴染み深く響く何かがあることに、気付き始めるかもしれない。というのも、その特徴の幾つかは、本書で記述されたポピュリズムの運動にも該当するからだ。もちろん、その大半は決して全体主義的なものではない。断片的で分散した諸要求から出発して等価性の連鎖が構築され、空虚なシニフィアンとして作動する人民的配置の周囲にそれらが統一されるというのは、全体主義ではなく、集合的意志の構築の条件そのものである。それは、多くの場合、大いに民主的なものでありうる。確かに、幾つかのポピュリズム的運動は全体主義的であるかもしれないし、ルフォールが実に的確に記述した諸特徴の大半ないし全部を呈しているかもしれないが、しかし、ありうる節合の変域《スペクトラム》は、全体主義／民主主義という単純な対立が示唆するよりも、遥かに多岐に及んでいる。ルフォールの民主主義分析の難点は、それがもっぱら自由‐民主主義的な体制に関心を集中させていて、人民‐民主主義的な主体の構築に然るべき注意を払っていないことにある。このことの一連の帰結として、分析の射程が制限されてしまう。一例を挙げてみよう。ルフォールにとって、民主主義諸国における権力の場所は空虚である。私にとって、問題は別の仕方で提起される。つまり、ヘゲモニー的論理の作動に基づく空虚の産出という問題である。

私にとって、空虚とはアイデンティティの一類型であって、構造上の位置ではない。ルフォールが考えるように――この点では、私は彼に同意する――、一つの社会の象徴的枠組みが一定の体制を支えるものだとしたら、権力の場所は全面的に空虚ではありえない。諸社会のうち最も民主的なものにおいても、誰が権力の場所を占めうるかを規定する、象徴的な制限があるだろう。全面的な具現化と全面的な空虚の間には、部分的な具現化を伴う様々な段階の状況がある。こうした部分的具現化こそ、まさしく、ヘゲモニー的な諸実践がまとう形式なのだ。

それでは、この地点からいかにして、ポピュリズムと民主主義の関係を一段と徹底的に論ずることへと進むのか？　ここで、シャンタル・ムフの近年の著作に含まれた区別を少しばかり議論に導入してみたい(11)。ムフはルフォールの著作への知的負債を認めることから始めるのだが、しかし、この承認に決定的な留保を加える。事実上、討議の地盤を変化させてしまう留保である。

　近代的形態の民主主義を権力の空虚な場所と単純に同一視する代わりに、私としては、二つの局面の区別の方にも強調点を置いてみたい。一方には、統治の形式としての民主主義、すなわち、人民主権の原理がある。他方には、この民主的統治が行使される象徴的枠組みがある。近代民主主義の新しさ、それを厳密に「近代的」にしているものは次の点にある。すなわち、「民主主義革命」の到来とともに、「権力は人民によって行使されるべきである」という古来の民主的原理が再び浮上したのだが、しかし、今回は、自由主義的《リベラル》な言説によって形作られた象徴的枠組みの内部で、個人的自由および人権の価値を強く重視しながらだった、ということである(12)。

つまり、民主主義の問題をルフォールは、自由主義《リベラル》的な象徴の枠組みに結び付いたものとしてだけ考え、暗黙裡に民主主義を自由民主主義《リベラル・デモクラシー》と同一視するのに対して、ムフの方は、双方の伝統の間に単なる偶発的な節合しか見ないのである。「一方には、自由主義の伝統がある。それを構成するのは、法の支配、人権の擁護、個人的自由の尊重である。他方には、民主主義の伝統がある。その主要な理念は、平等、統治者と被統治者の一致、人民主権といった理念である。この二つの伝統の間には必然的な関係は存在せず、歴史上の偶発的な節合しかない[13]」。

ひとたび自由主義と民主主義の節合が単に偶発的なものとして理解されると、二つの明白な結論が必然的に導かれる。⑴別の偶発的な節合もありうるのだから、自由主義的な象徴の枠組みの外側にも民主主義の諸形態はある（民主主義の問題は、その真の普遍性において見られるならば、「人民」の出現を可能にする複数の枠組みの問題となる）。⑵この「人民」の出現はもはや何らかの特定の枠組みの直接的な帰結ではないので、人民的主体性の構築という問いが、民主主義の問いにとって不可欠の部分となる（この側面をルフォールは十分には考慮に入れていない）。付随する帰結として言うと、自己言及的な政治体制は存在しないことになる。もちろん、象徴的配列の概念を拡大して、社会的・政治的な諸主体の構成をそれに含めることもできるかもしれないが、その場合、国家と市民社会の明確な区分はぼやけてしまう。区分がぼやけるというのは、けれども、全体主義的な仕方で無化するという意味ではない。市民社会を政治化することがすべて、権威主義的な一体化と等価なわけではない。例えば、グラムシのヘゲモニー観は国家／市民社会の区別を横切るものだが、にもかかわらず、大いに民主的である。というのも、それは、新たな集合的諸主体を歴史という闘技場に送り出すことに関わるからである。

とはいえ、自由主義と民主主義のこの偶発的な節合を、私たちはどのように理解するのか？　ムフは、いわゆる「熟議民主主義」の潮流に対して、きわめて批判的である。この節合の偶発的な性質を明確に除去して、一種の必然的な含意関係にしてしまおうとする潮流である（ロールズであれば自由主義の側に傾くだろうし、ハーバーマスは民主主義の側であろう）。けれども、私たちの目的にとって最も啓示的なのは、偶発的な節合ということで何が理解されるべきかを説明しようとするムフ自身の試みである。自由主義的な象徴の枠組みが優位に立つ諸社会における民主主義の問いに主として関心が寄せられているので、彼女の主要な努力は、民主主義の闘技モデルと呼ばれるものを提案することに向けられている。だが、それを定式化する過程で、民主主義——自由主義的かどうかを問わず——の一般理論に関わる多数の側面に光が投げ掛けられる。

> 合理性を特権化することによって、熟議型の視点と集計型の視点はどちらも、ある中心的な要素、つまり、民主的諸価値への献身を確保する際に情念と感情が果たす決定的な役割を、脇に除けてしまう。……今日の民主主義理論は、市民《シティズンシップ》であることの問いに取り組み損ねているが、これは、諸個人を社会に先立つもの、自然権の担い手、効用を極大化する行為者《エージェント》ないし合理的主体と見る主体観を作動させていることの帰結である。いずれの場合も、それらは、社会関係や権力関係、言語、文化から、つまり、行為体《エージェンシー》を可能にする一群の実践全体から抽象されたものである。これらの合理主義的アプローチから締め出されているのは、民主的主体が存在するための条件は何かという、まさにこの問いである。(14)

こうしたパースペクティヴから、ムフは幾度かウィトゲンシュタインに言及する。生の様式に投錨されたものとしての信念。そして、合理主義的な合意という夢想を断念する必要性を伴う、摩擦の必要性。

この分析の主要な帰結はこうである。一方において、政治‐象徴空間の形式的構造から、政治的主体性が構築される広範な「生の様式」へと移らなければならない。他方で、政治的主体性に関する一つの見解が出現する。そこでは、複数の実践や情念的愛着が描像に入り込み、もはや合理性――個人的であれ、対話的であれ――は支配的な構成要因ではなくなる。だが、そうなると、民主的アイデンティティという概念は、私が人民アイデンティティと呼んできたものと実際上は区別できなくなっている。あらゆる構成要因が揃っている。単に概念的な次元では社会的行為者《エージェント》の統一性を説明し損なうということ。何らかの中心を軸として諸要求が融合するよう促すア・プリオリな合理性など存在しない以上、名前という手段を通じて複数の位置ないし要求を節合する必要があるということ。この節合を固めるのに情動が主要な役割を果たすということ。次の帰結は避けられない。すなわち、民主主義が機能するためには、「人民」の構築が不可欠《シネ・クア・ノン》なのだ。空虚の産出がなければ、「人民」も、ポピュリズムも存在しない。だが、民主主義も存在しないのである。「人民」は、私たちが見てきたように、いかなる特定の象徴的配置にも本質的には結び付いていないと付け加えておけば、現代のポピュリズムの問題を、その真の次元のすべてにわたって包括したことになるだろう。

今や、民主主義の議論がポピュリズムの議論に継ぎ合わされる地点について、問わなければならない。民主主義に関する私たちの論題の主軸は、空虚の概念を、民主主義体制における権力の場所――ルフォールが提示したような――から、その場所を占める諸主体そのものの方へ移動させる必要があるというものだった。私の提案は次の通りである。あたかも、空虚というのが単に、権力の場所にはいかなる決定性も不在だということだけを、そして、この不在のために、いかなる個別の勢力も個別的でなくなることなしにその場所を占めうるということだけを意味するかのようにして、問いを提起するのでは十分ではない。私たちが扱っているのが単に、民主主義の法的・形式的諸側面だけであれば、これでよいのかもしれないが、しかし、ルフォールもよくわかっているように、ポリテイアの概念――それを彼は強く自覚していて、言及もしている――は、一つの共同体の政治的な生の様式全体を意味していて、そこでは、政体構成上の配置はあくまでも形式的な結晶化を表わすに過ぎない。それゆえ、ポリテイアの問いがその真の一般性――ムフが論じたように、何らかの政治的主体性の形成にも関わる――において考察されるならば、空虚についての議論は、それを占める者から影響を受けない何らかの場所という水準に留まるわけにはいかない。反対に、占有者の方も、自分が占める場所の性質から影響を受けないわけにはいかないのである。

この関係の両側面から問題を考察してみよう。まず、権力を占有する者の側面からである。お分かりのように、共同体へと統合される諸集団の個別性――しばしば互いに衝突し合う――と、普遍的な総体性において理解された、全体としての共同体との間には、乗り越えられない深淵がある。さらにお分かりのように、そのような深淵は、何らかの個別性が、一定の点で、自らと共約不可能なはずの全体性を代表する役目を引き受けることを通じて、ヘゲモニー的に媒介されるしかない。だが、これが可能であるためには、ヘゲモニーを握る勢力は自身の個別性を、それを超越する空虚な普遍性が受肉したものとして提示しなければならない。だから、単に、一つの個別性があって空虚な場所を占めるということではない。そうではなく、ヘゲモニー闘争を通じて共同体の空虚なシニフィアンとなるのに成功したがゆえに、その場所を占める権利を正当に請求できる個別性があるということなのだ。空虚は、単なる政体構成上の与件ではなく、政治的な構築物なのである。それでは、もう一つの側面から問題を考察してみよう。空虚なものとしての場所の側面からである。空虚は、そうした場所が関わる限りにおいて、単に真空を意味するだけではない。反対に、この真空が共同体の十全性の不在を指差すからこそ、空虚が存在するのである。空虚と十全性は、事実上、同義語なのだ。しかし、そうした十全性／空虚は、ヘゲモニーを握る一つの勢力のうちに具現化されて初めて存在できる。これが意味するのは、空虚が場所と占有者の間を循環するということである。それらは互いに混淆し合う。それゆえ、〈王〉の二つの身体の論理は、民主主義社会においても消滅しない。純然たる空虚が〈王〉の不死の身体に取って代わったというのは、端的に妥当しない。この不死の身体は、ヘゲモニーを握る勢力によって蘇らされる。民主主義が旧体制《アンシャン・レジーム》に比べて変わったとしたら、それは、後者ではこの蘇りが唯一つの身体において起こっていたのに対して、今日それは数多くの身体を通じて転生するということである。だが、具現化の論理は民主主義的諸条件の下でも作動し続けている。そして、一定の状況下では、それはかなりの安定性を獲得するかもしれない。ド・ゴール主義のような現象を考えてみてほしい。フランス第四共和制のヘゲモニー面での根本的な欠陥の一つは、空虚な場所を具現する相対的に安定した象徴を提供できなかったことにあると言えるかもしれない。

　けれども、ここにおいて、私たちは議論を一歩前に進めなければならない。空虚なシニフィアンは、等価性の連鎖を意味表示する場合に限って、その役割を演じられる。そして、そうなる場合に限って、「人民」は構成される。言い換えてみよう。民主主義は何らかの民主的主体の存在にしか根拠を有さず、それが出現するかどうかは、等価的な諸要求の間の水平的な節合に懸かっている。空虚なシニフィアンによって節合される等価的な諸要求の総体とは、「人民」を構成するものである。それだから、民主主義の可能性そのものが、民主的「人民」の構成に懸かっているのである。さらに、お分かりのように、民主主義と自由主義の節合／結合が存在するためには、二つの別個の型の要求が結合されなければならない。けれども、結合は二つの別個の仕方で起こりうる。一方の型の要求――例えば、人権や市民的自由等々の擁護を掲げる自由主義――が、政治ゲームの全参加者が受け入れる規則体系の一部をなすという意味で、体制側の象徴的枠組みに属することもある。そうではなくて、いずれもが、異論の余地のある価値であることもあり、その場合、それらは等価的な連鎖の部分となり、それゆえ、「人民」の部分となる。例えば、一九七〇年代から八〇年代のラテン・アメリカでは、人権の擁護は人民側の要求の部分であり、それゆえ、人民アイデンティティの部分であった。民主主義の伝統が、「人民」主権を擁護するために、原理上の理由から自由主義的な請求を排除すると考えてしまうのは間違いである。それでは、「人民」のアイデンティティは一度限りで永久に固定されてしまうことになる。反対に、「人民」のアイデンティティが、変化する等価的な連鎖を通じてしか確立されないのだとしたら、構成要因の一つに人権を含むポピュリズムが、ア・プリオリに排除されると考える理由は何一つない。ある時点においては――今日、国際的な舞台で実に頻々と起こっているように――、人権および市民的自由の擁護が喫緊の人民的要求となりうる。だが、ルフォールの全体主義分析が示すように、人民的要求はまったく別の布置において結晶化するかもしれない。私たちが次に注意を向けなければならないのは、人民アイデンティティの構成におけるこの多様性である。

第Ⅲ部

ポピュリズムの諸形態

Populist variations

第7章　ポピュリズムの遍歴譚《サーガ》

私たちが展開してきたポピュリズム概念は今や申し分なく巣立ちのときを迎えたわけだが、これはあくまでも、一定の諸対象に一義的に割り当てられる厳格な概念が規定されたのではなく、複数の現象が登録される諸変異《ヴァリエーション》の一領域が確立されたということである。とはいえ、この登録は、単なる外的比較や分類法の観点からではなく、それらの諸変異を理解可能にする内的規則を決定することによって進められるのでなければならない。本章では、趨勢としての諸変異にアプローチしてみたい。つまり、見掛け上は異質な諸現象を一つの連続体のうちに位置付けて、それらを比較できるようにしてみたいのだ。第八章では、よりミクロ分析的なアプローチを取るつもりである。「人民」が構築されていく歴史上の三つの契機を論じて、ここまでの章で理論的に分析してきた論理の幾つかがそこで十分に働いているのを示してみよう。最後に、第八章の締め括りとして、「現存する」ポピュリズムについての経験的論究が何を目指すべきかに関して、一群の発見法上の提案を行いたい。

この議論を、イヴ・シュレルの最近の論文に含まれる概念的基準系から始めてみたい[1]。シュレルが——実に的確に——拒絶するのは、ポピュリズムの概念を極右の運動に——H・G・ベッツのように[2]——縮減したり、現代の民主主義諸国で働いている立憲主義的論理への反感をそこに見て取る趨勢に縮減したりして、この概念を痩せ衰えさせてしまう、一群の限定視である。彼はポピュリズムのうちに、より両価的な形で制度的秩序に関係する現象を見て取る。彼が——『人民による、人民のための』で展開した論題を要約しながら——言うには、ポピュリズムにとって、

(1)「人民」は政治体制の主権者であり、それゆえ、社会的・経済的・文化的な原動力《ダイナミクス》を解釈するための唯一の適正な参照項である。(2)パワー・エリート、とりわけ政治的なそれは、自分たちが委任された職能をもはや履行していないことによって、「人民」を裏切った。(3)「人民」の優位性を復元することが必要であり、これは、「人民」の尊重を特徴としていた前時代の価値評価につながる。以上が、イデオロギー図式として理解されたポピュリズムの中核である。つまり、それは、民主的体制の枠内で広く散布された、言説的な諸資源の総体なのである[3]。

すなわち、ポピュリズムは、本書で記述してきたのと同じような意味で、固定された布置《コンステレーション》ではなく、実に様々な用途に供される一連の言説的な諸資源である（これは、浮遊するシニフィアンという私の概念に近い）。シュレルは言う。「ポピュリズムを、新しい極右に典型的な、相対的に安定して首尾一貫した趨勢を表わすものとする考え方に対して、私たちとしては、ポピュリズムとは、何らかの

政治的な系統というよりも、政治行為者によって採用される一定範囲の言説的・規範的な記録域《レジスター》だとする考え方を擁護したい。つまり、それは、複数の行為者が多少なりとも体系的な仕方で利用できる、一群の資源なのである」(4)。

この分析のすべてを是認してよい。実際、ポピュリズムは現代の代表制システムの民主的要素だという見解は、メニとシュレルの著作の最も洞察力に富んだ独創的な考え方の一つだと思う。ただし、一点だけ例外としたい。ポピュリズムの構築に利用される諸資源の流通について――したがって、「ポピュリズム的」と特徴付けられうるものについて――彼らが受け入れる制限は、私見では、余りにも狭すぎる。政治システムに対するポピュリズムの全面的外部性を主張することでポピュリズムを極右と同一視する（だが、実際には、同じことが極左にも等しく当て嵌まる）アプローチを批判する点で、シュレルは疑いもなく正しい。それに代えて、彼は、アンドレアス・シェドラーの提示したモデル(5)への共感を示す。それによれば、(1)政権担当者への支持によって定義される民主的な与党、(2)既存の制度的枠組みの内部で権力を掌握しようと試みる民主的な野党、そして、(3)既存の民主的規則の体系を拒絶する反制度的な政党、があるとされる。シェドラーがこれに付け加える――シュレルも同意する――のは、ポピュリズム運動の両義的な立場である。ポピュリズム運動は、制度的体制の周辺部に存在し、システムそのものの糾弾と、単なる、権力の場所を占める者への糾弾との間で揺れ動くというのである。このモデルの難点は、あらゆる特定の時点において十分に確立された規則体系のような何かが存在するのを当然視していることにある。私の見るところ、これでは、私の理論的検討の中で言及されたポピュリズムの二重の側面が十分に考慮に入れられていない。ポピュリズムは自らを、既存の事態を転覆させるものとしても、それと同時に、先行秩序が動揺を来たした際にはいつでも、新たな秩序の多少なりとも根源的な再構築へ向けた出発点としても、提示するのだ。ポピュリズムの訴え掛けが実効的であるためには、制度的システムが（ここでもまた、多少なりとも）砕かれていなければならない。完全な制度的安定性の状況（「完全な」というのは、もちろん、純然たる理念的状況ということだが）であれば、システムへの唯一可能な反抗は純然たる外部から発するしかない——つまり、純粋に周辺的で無力な階層から来るしかない——だろう。

これは、私たちが見てきたように、ポピュリズムが決して、絶対的な外部から出現し、先行する事態をその周囲に溶解させるような仕方で前進するのではなく、断片化され転位された諸要求を新たな核の周囲に節合することによって進むからである。それだから、旧構造内の一定程度の危機が、ポピュリズムにとって必須の先行条件である。というのも、私たちが見てきたように、人民アイデンティティは、満たされない諸要求の等価的な連鎖を必要とするのだから。一九三〇年代の不況がなければ、ヒトラーは騒々しい過激派の首謀者でしかなかっただろう。アルジェリア戦争を巡る第四共和政の危機がなければ、ド・ゴールの訴えは、一九四六年と同じように聞き届けられなかっただろう。そして、一九三〇年代のアルゼンチンで寡頭体制の腐敗が一段と進行しなければ、ペロンの台頭は考えられなかっただろう。

そうであれば、一歩内側に踏み込めばポピュリズムの運動、その一歩外側には制度的システムといったことではなく、一つの流動的な状況があることになる。その主要な可能性は以下の通りである。

1　概ね自己構造化された制度的システムがあって、あらゆる反制度的な異議申し立ては周辺的な位置に格下げされる——ということは、後者が等価的な連鎖を構成する能力は最小である（これは、シェドラーのモデルの最初の二つの状況に対応するだろう)。
2　システムがそれほど適切に構造化されておらず、何らかの種類の周期的な再構成が必要となる。ここに、シェドラー／シュレルの意味でのポピュリズムの可能性が生じる。システムに異議が申し立てられるが、その自己構造化の能力はなおも相応のものなので、ポピュリズム勢力は「内部者」としても「外部者」としても機能しなければならない。
3　システムが、グラムシ的な意味で「有機的危機」の時代に入る。この場合、システムに異議を申し立てるポピュリズム勢力は、システムを転覆させながら同時にそれに統合されるという両義的な位置に就く以上のことを行わなければならない。新たな人民的核の周囲に国民を再構築しなければならないのである。こうなると、再構築という任務が転覆というそれに優先される。

お分かりのように、第二の可能性から第三のものへの動きは程度の問題であり、理論的連続体の枠内に出現しうる様々な歴史上の選択肢群の問題である。シュレルのアプローチに私が一つだけ苦言を呈したいとすれば、彼が、ポピュリズムをシェドラーのモデルの第三の選択候補に制限することで、それを余りにも、今日の西ヨーロッパの地平内で可能なものだけに限定してしまっていることである。私としては、ポピュリズムを、より広範な選択肢のシステムのうちに登録したいのである。

この選択肢群を解明するために、幾つかの事例を検討してみよう。最初は、ブーランジェ運動である。(6)ブーランジェ将軍の政治的台頭を理解しようとするならば、一八八〇年代のフランスの状況を想起しておかなければならない。政治的に見れば、共和国——主として、王党派諸勢力間の内的不一致の結果として成立した——は、決して強固なものではなかった。様々なイデオロギー集団—

―〈右〉にも〈左〉にも及ぶ――の幾つもが実質的に議会システムに統合されぬまま、それに代わる政体構造式《コンスティテューショナル・フォーミュラ》を夢想していた。経済的にはフランスは、産業社会への移行に伴う一群の変動を別にしても、一八七三年以来、世界的不況の影響を被っていた。これに加えて、一八八二年の金融恐慌と相次ぐ金融スキャンダル、とりわけヴィルソン事件[*1]があり、共和国政府の信用は地に墜ちていた。高水準の失業率や、パリ・コミューン後の抑圧がもたらした労働運動の混迷も考慮に入れておかなければならない。労働者は、政治からの様々な影響に直に晒されていたのである。こうした状況において、政治システムは明らかに、何であれ議会外の主導権から影響を受け易くなっていた。

ブーランジェ将軍とは誰だったのか？　ここで、彼の悪名高い興亡――私たちの目的に大きな関わりを持つ――のエピソード全体を綴る余裕はないが、少なくとも、主要な出来事を略述することはできるだろう。ブーランジェは、明確な共和主義志向の優秀な将校だった（もっとも、彼の共和主義は幾分日和見主義的ではあった。というのも、彼は、以前はボナパルト主義者だったりオルレアン王家支持派だったりもしたのだから）。彼は一八八六年に国防大臣に就任し、間もなく、軍制改革および共和主義者としてのイメージによって絶大な人気を得た。これを警戒した政府は世論の抗議も無視して、彼に辞任を強要し、パリからクレルモン・フェランに追放した。その後、一八八八年に退役。これによって、彼は公然と政治に介入できることになった。彼は一連の選挙で地滑り的な勝利を収めたが、それが絶頂を極めたのは一八八九年一月二七日であった。この日、選挙での圧倒的大勝利を承けて集結した群集が、彼に、エリゼ宮へ行進し権力を奪取するよう要求したのである。彼はこれをやり遂げられただろう。というのも、軍と警察の相当部分の支持を得ていたからである。けれども、ブーランジェは躊躇し、最終的に、そうしないことを決断した。これが、彼の経歴の転回点だった。安堵した政府は、彼の活動を抑え込む一連の措置を講じ、ついには彼を起訴した。彼はブリュッセルに逃れ、二年間にわたってベルギーとロンドンを行き来した後、一八九一年に自殺した。

私たちの理論的目的にとって、ブーランジェのエピソードの多くの局面が重要である。第一に、彼を支持した諸勢力の、確立されたシステムに対する、異質性および周辺性である。

彼は、〈右〉の側でも〈左〉の側でも、きわめて多様な政治的党派からの期待を……一身に受けていた。……ブーランジェの周囲に集結したのは、……フランス第三共和政の内閣の不安定性に苛立ち……、失望したありとあらゆる民主派であり、また、普通選挙権に基づくにしても強力な国家を支持する者たち、ナポレオン三世の帝政権力に郷愁を抱くボナパルト主義者、パリ伯を代表とするオルレアン王家を慕う穏健な王党派、であった。コミューン運動の残党から急進主義の分派にまで及ぶ、左翼側の多くの潮流も忘れるわけにはいかない。例えば、新聞『ラ・デモクラスィ・ドゥ・ミディ』に代表される潮流がそれに当て嵌まる。この新聞は、「真に代表された」政府を達成することのできる直接民主制を要求して、議会体制の腐敗を糾弾し、そして、「首領の何らかの雄々しい行為」を待望していた(7)。

第二に、ブーランジェへの支持は、主として都市部の中心域に集中していた。この点では、堅固な農民層を基盤としていたナポレオン三世への支持とは似ていない。こうした都市部中心域でブーランジェは、プロレタリア層から強力な社会的支持を得ていたが、実のところ、それはほとんどの社会階層を横断していたのである。「けれども、プロレタリア的要素がこのように強く目立つからといって、彼の追随者を一方で特徴付けるのが、それが、あらゆる社会的境遇を包括していて、都市の中産階級や、さらには上流階級からも等しく補充されていたという事実であることが否定されるわけではなかった」(8)。第三に、議会外からの介入という考え方は、そこに強力な国家と直接民主制の結合を達成する仕方を見て取った極左にも、また、それを保守的かつ軍国主義的な国家主義への道と受け止めた右派にも、等しく訴え掛けるものであった。第四に、これらの不均質な《ヘテロジニアス》諸勢力のすべてを束ねていたのは、唯一、ブーランジェと彼の否認しえないカリスマへの共通の傾倒であった。彼が政治の舞台から姿を消したときに支持者たちの連携が素早く消失したのが、その証拠である。それは、第三共和政の強化につながる竜頭蛇尾《アンチクライマックス》であった。

さて、これら四つの政治的‐イデオロギー的特徴を考察してみると直ちにわかるように、それらはほぼ逐一、私たちが本書の理論的な部分で確立してきた、ポピュリズムを定義する諸次元を再現している。第一に、既存の差異的／制度的システムの内部に有機的に統合されえない、不均質な諸勢力や諸要求の集塊がある。第二に、これらの諸要求の間の連環は差異的ではない以上、等価的でしかありえない。それらすべてが、腐敗した既存の議会システムという同じ敵を持つがゆえに、それらすべての間に家族のように《エール・ドゥ・ファミーユ》相似た様子が生まれるのである。第三に、この等価性の連鎖は、空虚なシニフィアンとして機能するブーランジェという人物を軸として初めて、結晶化の点に達する。第四に、けれども、この役割を果たすためには、「ブーランジェ」は、彼の名に（そして、少数の等しく不明確な、その他の付随的シニフィアンに）還元されなければならない。このことは、私たちの作業仮説のうちのまた別のものを示す。名が対象の統一性を根拠付けるという、ラカン的テーゼである。第五に、この役割を果たすためには、名は高度に対象備給されなければならない。すなわち、それは対象aとならなければならない（ヘゲモニー的主体を構成しなければならない）。それゆえ、情動の役割が必須である。

さて、先の議論に立ち戻ろう。ブーランジェ運動という実験がポピュリズム的であったことに疑いの余地はない。けれども、シュレルの記述する選択肢――制度的秩序とポピュリズムの言語の間に立って、後者を政治的道具として用いること――は、ベルルスコーニにとってのようには、彼にとって開かれていなかった。ブーランジェは徐々に制度的選択の外側に押し出され、その結果、前に進む唯一の可能な道は、新たな秩序の構築者となることしかなくなった。彼は、転覆者である振りだけをするわけにはいかなかったのである。これが意味するのは、彼の場合、エリゼ宮の奪取だった。けれども、この一歩を彼は敢えて踏み出そうとはせず、そして、この躊躇が彼を没落へと導いた。ブーランジェのクーデタが成功したならばどのような種類の制度的秩序がもたらされたか、私たちには憶測するくらいしかできないが、それでも、確かなことが一つある。彼の連合を作り上げていた不均質な諸勢力のすべてを満足させることはできなかっただろうということである。空虚なシニフィアンは、全面的に空虚なままでいることはできない。新たな差異的／制度的秩序を構築するためには、より詳細に諸内容と連合しなければならない。この移行によってヘゲモニーのゲームが中断するわけではない――一定程度以上に不人気となった体制の余命は幾許もない――としても、しかし、権力の座にあるときの方が、単にそれを奪取しようとしているときよりも、選択を行うのは限りなく容易である。

それにしても、ブーランジェの事例では、等価的な連鎖の圧縮点――空虚なシニフィアン――があまりに弱い。ブーランジェ運動の経験の全体が非常に短期的かつ情況的なものなので、「ブーランジェ」というシニフィアンが将軍の個人的な気紛れ以上の多くを意味するだけの時間がなかった。そこで、等価的な連鎖の投錨点を創造しようとする試みが、より深く長引いた政治経験に関係した事例に移ることにしよう。第二次世界大戦終結時にイタリア共産党に開かれていた、一連の政治的選択肢群である。この件については既に簡潔に言及したが、ここで、本章で論じられる主要な論点との関連において振り返ってみよう。選択肢は以下のようだった。共産党は、労働者階級の政党として、後者の利害の代表者であることに自らを還元しなければならない――その場合、本質的には労働者主義の政党となり、北部産業地域の単なる孤立群落となっただろう――のか、それとも、相当程度に不均質《ヘテロジニアス》な大衆の集結地点となり、その結果、「労働者階級」が、狭義の労働者階級という来歴を絶えず越え出て多様な闘争の隠喩的な中心として働くようになるのか。これと似ていなくもない選択肢は、アパルトヘイト終結に先行する時期の南アフリカにも出現したが、そのとき、政治の舞台を占有した論戦の二つの極は――実に興味深いことに――「労働者主義」と「ポピュリズム」と呼ばれていたのである。イタリアの方の論争は、より広範な問い――いかにしてイタリア国民を構成するか――に深く根差していた。これは、国家統一運動《リソルジメント》やファシズムに参画した者たちを含めて、この国のあらゆる社会部門が中世以来失敗してきた責務であり、そして、グラムシによれば、労働者階級の政党――現代の〈君主〉――が達成すべく宿命付けられていた責務であった。

この責務には何が関わっていたのか？　還元不可能な不均質性《ヘテロジニティ》から何らかの統一性――何らかの同質性《ホモジニティ》――をヘゲモニー的に創造することである。パルミーロ・トリアッティ*2は、戦争後の数年中にポピュリズムという選択肢を選び取るにあたって、それを単刀直入にこう記述した。「新しい党《パルティト・ヌオーヴォ》」は「労働者階級の国民的な責務」を遂行しなければならない、と。それは、多数の懸け離れた闘争や要求の集結地点とならなければならない、と。ブーランジェという個人がフランス史において束の間代表したものが、今や、イタリアの伝統全体に有機的に投錨しようと熱望する党に具現されようとしていた。党の責務は、「人民」を構成することであった。

ここにおいて、名と概念の区別という私たちの視点から、イタリアの選択肢の問題に取り組むことができる。共産党は労働者階級の政党として、活動を北部工業地域に集中させるべきだった、それというのも、そこにこそ労働者階級は見出されたのだから、このように言うとしたら、それは、「労働者階級」というカテゴリーには何らかの概念的内容があって、それを通じて世界の中の一定の諸対象が認識されると、そのように言うことである。この場合、私たちによる名指しには、いかなる遂行的機能もない。単に、それらが何であるか認識しているだけである。名とは透明な媒体であって、概念的に十全に了解可能な何かが、それを通じて示されるのである。そうではなくて、一連の不均質な諸要素を「労働者階級」と名指すのだとしたら、そこでは、別の何かが行われている。すなわち、このヘゲモニー的な作業が、それらの諸要素の統一性を遂行的にもたらしているのである。それらが単一の実在へと癒合するのは、名指しという作業の結果に外ならない。名が、「母乳の乳房価値」——コプチェクの表現に立ち戻れば——を備えたシニフィアンが、絶対的な歴史的特異性を構成する。それが指し示すものという、概念の相関項は存在しないからである。

これは、もちろん、ある程度はつねに起こっていることだ。何らかの共示的にだけ連想される意味によって超過されることがないほど純粋な概念など、存在しないからである。異なる二つの国の人民にとって「労働者階級」という語が別種の連想を喚起するのは避けられない。けれども、決定的な問題は、これらの連想された意味が、概念的に同一的な、それゆえ、「普遍的」なままであり続ける核にとって周縁的であるに過ぎないのか、それとも、概念的規定の契機に混淆する——そして、その実質に浸透し、その結果、少しずつ、ついには、この核が概念でなくなり、名（私たちの語法では、空虚なシニフィアン）となる——のか、ということである。この後者の変容が生じたときにだけ、歴史的特異性《シンギュラリティ》について語ることができる。そして、これが起こるとき、もはや、「階級」といった党派的な行為者《エージェント》は存在しない。存在するのは、「人民」である。

これこそが、疑いの余地なく、一九四〇年代におけるトリアッティの企図の真の意味であった。彼の見方では、政党は、複数の民主的戦線（私たちの用語で言うと、複数の個別的な要求を掲げる）に介入し、それらを何らかの種類の統一（お分かりのように、等価性への統合と考えられる）へと導かなければならない。そのようにして、それらの孤立した諸要求のそれぞれが、他の諸要求との間に確立された連環を通じてより強力になり、そして、とりわけ重要なことだが、それらすべてが公共圏への新たな経路を持つようになる。諸要求のこの新たな布置《コンステレーション》の存在を通じて、公共圏はより民主的になり、そして、この布置が地理的に分散しているがゆえに、真に国民的になる。これは、北部と南部の地域間の「紳士協定」によるイタリア政治の運営を超越することを可能にするだろう。つまり、「人民」を一つの歴史的単数性《シンギュラリティ》として構築することが問題となっていたのである。

毛沢東の長征——政治的には、明らかに、トリアッティの企図とはまったく別のものだが——は、それにもかかわらず、「人民」の構築に関する限り、同じ視点から見ることができる。パルチザン戦争後のティトー体制[*3]の台頭についても、共産主義の伝統に含まれる他の幾つかの政治的経験についても、同じことが言える。けれども、重要な点として心に留めておくべきは、この伝統のあらゆる趨勢が反対方向に作用したことである。つまり、各国の特殊性をすべて、国際的中央《センター》と普遍的責務に服属させていったのである。それにとって、様々な共産主義諸政党は単なる歩兵でしかなかった。コミンテルンがこの不毛な政治の最悪の表現だった。その結果、これらの党がポピュリズム的となる機会はなかった。それらは、不均質な諸要求の節合を通じて歴史的特異性を構成するよう促されるどころか、中央で計画された政策を自動的に採用しなければならない単なる支部と見做された。一九二〇年代における共産主義諸政党の「ボルシェヴィキ化」に関するコミンテルンの決定を想い起こしてみよう。各国の特性を顧慮することなく、それらの党はすべて、同じ構造と同じ機能規則を備えなければならなかったのである。こうした状況においては、「人民」を構成することは不可能だった。トリアッティ、毛、ティトーといった指導者がそれぞれの仕方でこれをなんとか成し遂げたとすれば、それは、「中央」から深い疑念を抱かれながらも、国際的指令を不断に歪曲することによってであった。「人民」を構成することが概念から名へ移動することを意味するとすれば、ここには、名から概念へという反対の動きがある。それぞれの共産党は互いに可能な限り一致しなければならず、それらすべてが、同一の、曖昧さなしに規定された標識の下に包摂されるのでなければならなかった。今日においても自らを想像上の「インターナショナル」の地方部門と見做す小セクトがあるが、これらは、共産主義の伝統のこうした反ポピュリズム的趨勢の背理法《リダクティオ・アド・アブサドゥム》的な証明に外ならない。

イタリア共産党（ＰＣＩ）は、国際共産主義運動に所属する結果として、十分に成熟したポピュリズム運動となる際の構造的な限界に直面していたわけだが、この限界は、他の影響要因によっても強められていた。第一に、冷戦が、西ヨーロッパにおいて共産主義の旗幟の下に達成しうるものに確固たる限界を設定していた。キリスト教民主党（ＤＣ）主導の連立政権が政治的圏域《スペクトラム》を分割する際の境界線は、まさしく「共産主義」という論題に基づいていた。こうした状況においては、イタリア的に装った「共産主義」も、歴史的特異性を統一する空虚なシニフィアンとして自らを構成するという方向へ、一定程度以上には進むことができなかった。イデオロギー的な問題のために、ＰＣＩは複数の部門への接近を拒まれたのだが、しかし、そうした部門を組み込むことがトリアッティの企図の成功のためには死活的だったのである。さらに、限界は外的なものだけではなかった。ＰＣＩは、結局のところ、共産主義の闘士の党だった。彼らにとって、ソヴィエト連邦と全面的に袂を分かつことは考えられなかった（一九五六年に、ＰＣＩはソヴィエトのハンガリー侵攻を擁護した。その代償として、多くの国民的支持が失われた）。こうして、ＤＣがキリスト教徒有権者を固める一方で、唯一の真に国民的な企図であるＰＣＩのそれは内的・外的限界を乗り越えられずに、状況は膠着に陥ったのだった。

この「国家宗派主義」のために国民が支払った代価は大きかった。憲法は、自由民主主義や、その先進的な社会民主主義的原理に対して口先の好意を向けるだけで、「憲法イデオロギーとしての反ファシズム」も拒絶された。レジスタンスが……民主的アイデンティティの基礎となりうるはずの諸価値を部分的ながらも供与していたにもかかわらず、イタリア共和国の最初の数年間は、「創建神話」（たとえ、部分的なものに過ぎなかったとしても）を「刷新された国民アイデンティティの媒体」に変換することを頑なに拒絶したのだった(9)。

つまり、国家統一運動《リソルジメント》やファシズムが国民意識を構成しようとして味わったのと同じ失敗が、戦後のこの時期にも、ＤＣの側での腐敗した地方閥権力や宗派主義《コンフェッショナリズム》と、*4それから、唯一の真に国民的な企図――ＰＣＩのそれ――が既存のシステムとの陣地戦において一定程度以上に前進しあぐねていたことが組み合わされる中で、再現されたのである。ここに、ブーランジェ運動との明らかな相違が見て取られる。後者は、政治的な出来事として短命だったがゆえに、それを統一するシニフィアンが、ほとんど全面的に空虚なものとして作動できた。実際、イタリアでも、レジスタンスという象徴が、〈解放〉後の数箇月間、これと似ていなくもない仕方で機能した。しかし、長期的なヘゲモニーの構築は、まったく別の問題である。何らかの歴史的特異性を創造するために少数の中心的なシニフィアンを空虚化する過程は、それらを元々のシニフィエに結び付け直して、「拡張する」ヘゲモニーが行き過ぎないようにしようとする諸勢力からの、構造的圧力に晒される。概念から名への移行の射程を限定することこそが、対抗ヘゲモニー的実践の本質なのである。

　イタリアにおける戦後期のヘゲモニー的対峙の終わりは周知の通りである。一九七〇年代の経済危機が、長く続いた政治的配置をひどく傷付けたのに続いて、一九八〇年代になると新たな脚本がもたらされた。古い政治勢力が生き延びられるとしたら、新たな歴史的登場人物となるしかなかった。それは誰にもできなかった。労働者階級の中心的役割は、第三次産業の進展につれて深刻に蝕まれた。後者の価値観や願望は、ＰＣＩが旧来の戦略の観点から構想しえたものにも、ＤＣ側の連立政権が縁故主義《クライエンティリズム》的手法を通じて吸収しえたものにも収まらなかった。つまり、代表制の危機であり、これが支配的エリート全体の消滅につながった。「清廉な手《マーニ・プリーテ》」作戦[*5]を経て連立政権は一掃されたが、反腐敗の改革運動《クルセイド》に際して概ね無傷だったＰＣＩも、新たな状況の有利を活かすことができなかった。依然として、あまりにも過去の亡霊に支配されていたのである。そうした状況において、一群の野生の新勢力が湧き出てきた。

　ＰＣＩが構成しようとした「人民」は、断固として「国民的《ナショナル》」なものであった。それは、その名に値する国民国家の構築過程と同義的なものとして構想された。共産党の企図の瓦解は、伝統的なＤＣの地方閥的縁故主義への単なる逆戻りにはつながらなかった。様々な新しい要素があったからである。

一段と世俗的な社会への全般的な移行が進み、カトリック教会の権力は衰退した。メディアの、とりわけTVの発展は、より広範な国民的公論を創出した。そして、最後に、反腐敗の改革運動《クルセイド》は、主要な政治関係者《プレイヤー》すべてに影響を及ぼしたのだが、(10)実質的には、DCエリートを丸ごと一掃した。こうした情勢において、等価的な連鎖が節合しうるものの限界としての地域を軸に「人民」を構築しようとする様々な試みがなされた。一九八〇年代には、幾つかの「同盟《レーガ》」の出現が見られた。サルデーニャ行動党。[*6] ヴァルドテーヌ同盟。[*7] 一九四五年以来活動していた、南チロル人民党。[*8] そしてとりわけ、フランコ・ロチェッタのヴェネト同盟[*9]は、当初の選挙で相当な成功を収めた。

とはいえ、一九九〇年代に最も際立った現象は、ウンベルト・ボッシ[*10]が同盟の訴え掛けを地方的なものからまずは地域規模へ、後には全国規模へと拡張すべく次々と行った諸々の試みであった。(11)ロンバルディア同盟は、一九八二年に、民族政治《エスニック・ポリティクス》の新たな一例として発足した。想像上のロンバルド民族アイデンティティが発明され、当初はピエモンテの、後にはローマの中央集権的勢力に対置された。けれども、きわめて速やかに、ボッシは、単なる地方主義に自らを限定してしまうと全国政治の主要関係者《プレイヤー》になれないことに気付いた。そうなると、次の一歩は、彼が「民族的な連邦主義[etnofederalismo]」と呼ぶものを称揚することだった。等価的な連鎖をイタリア北部全体に拡張し、ポー川流域の諸地方組織すべてを単一の運動内に抱き込もうという試みである。これは、一九八九年の北部同盟の創設において絶頂を極めた。ボッシの指導権およびロンバルディア同盟のヘゲモニーの下に、北部イタリアの自律主義《アウトノミズム》の運動のほとんどが吸収されたのである。この段階の最高到達点は、新たな「国家《ネイション》」、パダニアの宣言であった。[*11] けれども、直ちに、この戦略の限界は明らかになった。一方において、攻撃的な反‐南部《メッツォジョルノ》および反‐中央集権国家の言説は、中部イタリアと南部イタリアの双方において、また、北部在住の南部出身者の間でも、同盟のイデオロギー的影響力に限定を加えた。他方で、同盟は、基盤である北部においても、堅固な支持を当てにできなかった。ベルルスコーニのフォルツァ・イタリアや、フィーニの国民同盟《アレアンツァ・ナツィオナーレ》(12)が、同じ地盤で競合者となったからである。それゆえ、ボッシが一九九四年に第一次ベルルスコーニ政権で連立与党に加わったとき、同盟は、ポピュリズム的・攻撃的な反制度主義に関する限り、その限界に達していた。もはや国民国家の死滅が呼び求められることはなく、パダニアの冒険は若気の至りと見做され始めていた。この優柔不断は結果として、同盟を弱体化することにしかならなかった。制度内への参加と反制度的レトリックの間で身動きが取れなくなってしまったのである。

こうしたすべては、同盟が、人民アイデンティティを築き上げようとして実際に用いた言説に目を移せば、一段と明らかになる。ご承知のように、いかなる政治的境界も、その意味を、当の境界の向こう側にあるものが同定される仕方から引き出す。そして、この点において、同盟は、トリアッティの企図に見出されたような長期的な政治的関与を持つどころか、極端な不安定性を示した。あらゆるものが、その当座の政治戦術に応じて変化したのである。

この集合的アイデンティティは、イデオロギー的でも階級的でもなく、純粋に地域的なものである。だが、往々にしてさらに重要なのは、否定的な構成要因だった。敵、「否定的アイデンティティ」の担い手、しばしば擬人化される否定的概念である。初めのうち、この敵は単に「中央集権国家」と呼ばれたが、しかし、次第に、より特定のものとなった。それは、時に応じて、政党支配体制（partitocrazia）、福祉国家、寄生的南部として、移民、犯罪、ドラッグとして姿を現わした。何らかの意味で異なっていたり周辺的であったりする個人や集団。報道機関、司法、その他、何らかの形で瀕死のシステムの一部と見做されたすべての集団。同盟は、こうして、明確な「敵の理論」を築き上げていった[13]。

実際、同盟には「敵の理論」が確かにあった。問題は、いかなる精確な仕方をもってしても当の敵を同定できないことであった。同盟員たちは、何か急激な変化が起きれば、社会的領野は二つの対峙する陣営に分裂するはずだと考えていたが、そうした分割が何に基づいて起こるかはわからなかった。現状維持への抽象的な反対が彼らの急進的な言説の根拠だったが、そうした現状の範囲を特定しようとすると、彼らは途方に暮れた。敵を指示するに際してのこの不確定性の最終段階は、あらゆる地域的価値を部門横断的なそれに翻訳することであった。「公的対私的、集団的価値対個人的価値、保守主義対刷新、国家介入対自由企業[14]」。つまり、地域への傾倒の放棄が、右翼的言説との関連において起こったのである。後者に具体的な参照項が欠如していたことは、それが確かにより普遍的であることを意味したが、しかし、これは真空の普遍性であった。空虚なシニフィアンは産出されず、純粋に影のような空虚だけがあった。そこでは、投錨点に関する不確実性が、些かたりともヘゲモニー的ではない不確定性を生み出した。この時点以降の同盟の全歴史は、あらゆる対象、あらゆる資源、あらゆる政治的言説を物質的な諸利益に結び付けては、それを絶え間なく価値へと転換することとして見ることができる。資本主義社会（同盟にとって、社会組織の自然な形態）が生産する諸利益は、それ自体が価値である。そして、他の人々からすれば破壊してやりたくなるほどの価値もある。国家と国庫のことである。経済的自由主義の採用と、生産・効率性の場としての民間部門の比類なき優位性は、

必然的な一歩となった。(15)

同盟が全国的な勢力に転換するのに失敗したことが、真のポピュリズム政党になるのに成功できなかったことの根底にある。ブイヨー(16)が指摘したように、一九九〇年代の反制度的な趨勢のヘゲモニーを握る勢力になろうとした試みが失敗したのは、ベルルスコーニ連合を構成した他の二つの勢力の主導的役割を受け入れなければならなかったからである。ビオルチオとディアマンティ(17)は、同盟のポピュリズム的性格を強調したが、それでも、そうした性格を初期の地域主義的な時期に限定している。中央集権国家、財政的圧力、政党支配体制《パルティートクラツィア》、そして最後に移民――とりわけ、イスラーム教徒――に反対する、一連の改革運動《クルセイド》を通じて国全体に語り掛ける後期の試みは、著しく不首尾に終わった。その理由は多分に明らかである。一方において、同盟は、純粋に単一争点を掲げる政党には決してならなかったものの、(18)その活動は余りに敵意に満ちていて、しかも、一つの焦点から次のそれへと接続句もなしに万華鏡のように移動した。他方で、一九九〇年代の制度的危機を経て、イタリアの政治システムは一定の均衡を辛うじて再構築した。私たちの用語で言えば、差異の論理が再び部分的ながらも働き出して、社会的領野を二つの敵対的陣営に等価的に分割する可能性を限定したのである。こうなると、全面的な敵の構築という純粋な政治方針に残された余地は小さい。この視点からすれば、シルヴィオ・ベルルスコーニの政治的進展は特徴的である。(19)シュレルが指摘するように、彼の経歴に見られるのは、ポピュリズムから離れる動き、漸進的な「正常化」、そして、部分的に再建された政治システムへの彼の勢力の取り込みである。一九九四年には、彼の政治的言説は大いに異質《ヘテロジニアス》だった。そこには、確かにポピュリズム――信頼を失った政治階級に対して自分の外部性を強調する――があったが、しかし、反共産主義（ポピュリズム的な含意を部分的に備給された）だとか、経済的自由主義および社会的保守主義の肯定といった、他の構成要因もあった。けれども、彼の最初の政権の失墜につながった一連の緊迫的事態を通じて、ポピュリズムが、次第に中心的な構成要因として残っていく。一方において、反共産主義は、ＰＣＩが左翼民主党に姿を変えた後には意味を失う。他方で、経済的自由主義は、ボッシの経済的・社会的な綱領とも、国民同盟の国家主義とも衝突する。こうなると、ベルルスコーニはシステム内に堅固な根を持たないことになる。「ベルルスコーニは、ひとたび反共産主義で自由主義的、保守的な装飾を奪われてしまうと、過度に単純化された言説にしか支えを見出すことができない。ポピュリズム的含意を強く臭わせながら、司法組織や伝統的な政治関係者を、体制の墓掘り人にして人民の意志への裏切り者だとして、糾弾するのである」[20]。けれども、これに続く数年間で、「正常化」（私たちにとっては、差異的論理）に向かう動きが始まる。シュレルは三つの基本的な変化を列挙する。第一に、経済的自由主義がベルルスコーニの自画像において次第に中心的な役割を演じるようになる（彼は自分を、サッチャー、ブレア、アスナール[*12]に準える）。第二に、フォルツァ・イタリアは、その内部機能に関する限り、より通常の政党になる――フィニンヴェスト社[*13]に牛耳られた純粋にその場限り《アド・ホック》の編成体ではなくなる。第三に、連立を構成する三党の提携関係がより強固になり、政党システムに一段と統合されるようになる。これ以降、ポピュリズム的要素は――選挙活動中には部分的に保持されるものの――姿を消していく。野生の等価的論理は、連立のイデオロギー的接合剤ではなくなる。

私たちの分析から幾つかの一般的な理論的結論を引き出してみよう。イタリアの事例が興味深いのは、イタリアが西ヨーロッパにおいて最も統合度の弱い政治システムだったという事実による。国民国家が、社会生活の様々な側面のヘゲモニーをあまり握れていなかったのである。このような状況において、共同体は自明視されず、社会的な諸要求を中央の国家装置は不完全にしか吸収できなかった。そうした情勢のゆえに、「人民」の構築には枢要な重要性があった。ポピュリズムの誘惑は決して茫漠たるものではなかったのである。共同体を画するものとしての「国民」と「地域」が、等価的論理の拡張に根差した二つの相次ぐ企図であった。しかし、どちらも、共同体を再構築する原理となることには成功しなかった。現時点において、差異的論理と等価的論理が不安定に均衡する中、イタリアで優位に立つと思われるのは前者である。このことは、シュレルの記述を裏付ける。ポピュリズムとはレトリック上の道具（浮遊するシニフィアン）の兵器廠であり、まったく異なるイデオロギー的用途に供されうるというものだ。だが、ここで、決定的な区別をしておかなければならない。これらの浮遊するシニフィアンの政治的な意味が情況的な節合に全面的に依拠するという事実は、必ずしも、それらの使用が政治家側の純粋に冷笑的で道具的な操作によることを意味するわけではない。ベルルスコーニの犯罪的組織《コーザ・ノストラ》についてならばこれは適切な記述かもしれないが、しかし、ポピュリズムそのものを定義する特徴ではない。毛沢東やド・ゴール、ヴァルガス[14]（自らの信念を生命をもって支払った）といった人々は、自分自身の呼び掛けを深く信じていた。一般的規則として言えるのは、ポピュリズム的な呼び掛けが空虚なシニフィアンの役割を真摯に演じれば演じるほど――共同体を辛うじて等価的に統一すればするほど――、それはますます根源的備給の対象にもなるということである。そして、明らかに、後者には冗談半分だったり浅薄だったりするところは何一つない。反対に、高度に制度化された社会になると、等価性の論理が働く余地はあまりない。その結果、ポピュリズム的レトリックは、いかなるヘゲモニー的な深みも欠いた一種の日用品と化す。この場合、ポピュリズムは確かに、取るに足らない扇動とほぼ同義となる。

取り組むべき点がもう一つある。私たちの分析に従えば、「人民」の構成における集結地点は概して開かれたままに留まる。ジャコバン・モデルに従う国民国家ポピュリズムもあれば、地域ポピュリズム、民族《エスノ》ポピュリズム等もある。いずれの場合も、等価性の論理が等しく働くが、しかし、等価的な連鎖を統一する中心的なシニフィアン、歴史的特異性《シンギュラリティ》を構成するシニフィアンは、根本的に異なるであろう。例えば、ラテン・アメリカでは、ポピュリズム運動は本質的に国家ポピュリズムであり、大土地所有者寡頭支配《オリガルキー》に対抗して中央集権国家の役割を強化することが目指された。そうした理由から、それは主として都市部の運動であり、一九一〇－五〇年という時期において、新興の中産階級や人民階級と連携したのである。このポピュリズムの台頭は、二つの段階を経て起こった。初めのうち、民主的な諸要求と自由主義国家という形式との距離は、それほど大きくはなかった。自由主義は、ほとんどのラテン・アメリカ諸国で、独立後の無政府状態や内戦の時期を経て、寡頭制支配層によって確立された典型的な体制であった。農村部の地域大土地所有者に牛耳られた選挙システムが、一九世紀後半のラテン・アメリカの経済発展と世界市場への統合とを統轄した政治の定式だった。萌芽期の都市部門も同様に、縁故主義のネットワークを通じて牛耳られていたのを付け加えておかなければならない。けれども、経済発展は、急速な都市化と、そして、中産階級・下層階級の拡大をもたらす。彼らは、一九世紀終盤から二〇世紀初頭にかけて（時期は国によって異なる）、再分配的な政策とさらなる政治参加を要求し始めた。こうして、典型的なポピュリズムの政治的筋書きが出現したのだった。民衆指導者の名を軸として結晶化する、満たされない諸要求の蓄積。そして、いかなる政治的拡大にも抵抗する、旧式の縁故主義的システム。けれども、初めのうち、民主的諸要求と自由主義は対立していたわけではない。諸要求は、自由主義的システムの内側からの民主化を求めるものだったのである。様々な世代に及ぶ民主的な政治改革者が、この文脈において登場した。アルゼンチンのイリゴージェン、[15] ウルグアイのバッジェ・イ・オルドーニェス、[16] メキシコのマデロ、[17] チリのアレッサンドリ、[18] ブラジルのルイ・バルボーザ。[19] 改革が自由主義国家の枠組みの中で起こる場合もあった。一九一六年から一九三〇年のアルゼンチンにおける急進党政権や、ウルグアイでの、バッジェ主導下のコロラド党による国家の再建がそうである。けれども、寡頭制支配集団の抵抗があまりに強く、民主的改革の過程が体制の徹底的な変化を要する場合もあった。チリにおいて、一九二〇年代のアルトゥーロ・アレッサンドリ・パルマ政権下で起こったのはこれである。保守勢力に妨害された彼の民主的綱領を実施に移したのは、イバニェス将軍[20]のポピュリズム的独裁だった。

けれども、ラテン・アメリカのポピュリズムがより急進化したのは、一九三〇年代初頭の不況の後であった。自由主義的-寡頭支配国家の潜在的再分配力は恐慌のために急激に低下し、政治システムは次第に民主的諸要求を吸収できなくなった。こうしてもたらされた自由主義と民主主義の先鋭な亀裂が、その後の二五年間にわたってラテン・アメリカの政治を支配していく。ブラジルのヴァルガスとエスタード・ノーヴォ、アルゼンチンのペロン主義、ボリヴィアの民族革命運動党政権。これらが、明らかに反自由主義的な、しかも、場合によっては公然と独裁的な政治体制の下で、再分配計画と民主的改革を実施することになる。強調すべき重要な点は、いずれの場合も、これらの体制と連携する動員を通じて構成された「人民」には、強力な国家主義的構成要因があったことである。地方の寡頭支配権力に対抗する強力な国民国家の構築が、このポピュリズムの表徴《トレイドマーク》であった。

ところが、東ヨーロッパのポピュリズムに移ると、相当程度まで、ラテン・アメリカとは正反対の状況が見出される。(21) 私たちが見てきたように、ラテン・アメリカのポピュリズムでは市民の権利に関する国家主義的な言説が優勢だったが、[22] これに対して、東ヨーロッパで見出されるのは、特定の共同体の全国的な価値を個別的に強めようとする、民族《エスニック》ポピュリズムである。もちろん、国家主義的な次元が完全に不在というわけではない。国民国家を構成しようという試みは明らかに存在するからである。だが、そうした構築は、ほとんどの場合、地域的に限定された文化的集団の特殊性の肯定から始まって、他の民族的少数派《マイノリティ》の権利を排除したり徹底的に減損させたりする方向に進む。例えば、一九一四年のハンガリー議会では、四一三議席中四〇七議席がマジャール人に占められる一方で、クロアチア人やスロヴァキア人はほとんど代表されていなかった。[23] ハンガリーが独立国家となる権利を掲げた一八四九年の革命宣言では、民族集団間に国民としての区別はなかったが、実際上は、マジャール人のヘゲモニーに他の全集団が従属することになった。同じように、ケマル主義の「人民」――アタテュルクは、自分の原理は「ポピュリズム」だと断言した――は、内的に分割されない同質的な実体と想定されていたが、実際には、トルコ民族主義《ナショナリズム》と次第に同一視されていった。アルメニア人、ギリシア人、中東キリスト教徒の立場に対して特別な考慮が払われることは何もなかったのである。

こうした状況において、ケマル主義の「人民」は、アタテュルクのいう「私に耳を傾ける農民、商人、労働者から」構成される、文化的に同質な共同体へと姿を変えた。彼が「トルコ人の父」と呼ばれたのは故なきことではない。たとえ、彼が、市民的ポピュリズムへの帰属を言葉の上では語ることで自分が引き裂かれてしまっているのを押し隠すとしても、である。おそらく、彼は、自分の行動から透けて見える民族ポピュリズムをそれが相殺すると考えていたのだ。[24]

東ヨーロッパのほとんどの国に厖大な諸少数民族《マイノリティ》が存在するからには、純粋に普遍主義的な言説はほとんどの場合に完全な茶番劇であり、支配的な民族集団への事実上《デ・ファクト》の権力の集中を隠すものでしかなかった。

民族文化アイデンティティのこの形成過程がどのように始まったかを見るのは重要である。決定的な事実は、これらの社会では、国境はつねにきわめて不安定であったということ、そして、その歴史の大半にわたって彼らは侵入勢力に服属してきたということである。こうした情勢において、国家としての同一性は弱く、文化共同体への帰属が決定的となる傾向にあった。

いずれの場合も、領主というよりも外国から来た占拠者である支配者を前にして、中東欧の人民のアイデンティティを世俗的に維持するのに、知的な支えはほとんど必要なかった。というのも、それは、支配者に対する絶対的な対立という、直接的かつ自然発生的で半ば本能的な自明性に根差していたからである。この強い差異の感情から自己意識が生まれたのだが、それは、迫害者側の国家にも被迫害者側の——存在しない——国家にも訴え掛けられないがゆえに、「民衆的」であるしかなかった。だから、それは、共通の言語、先祖伝来の宗教、自分たちの土地への愛着、共有された苦難や乱暴な処遇、さらには、共通の生活条件に基づく意識であり、村落や近隣地区の範囲を越えて、多分に混乱した仕方で民族集団全体に広がっていったのだった[25]。

共同体意識を知的な面から仕立て上げる作業——神話的過去の発明——は、幾世紀もかけて為された。初めのうち、それは、地方ごとの状況を熟知した聖職者たちの職分だった。彼らの教会ネットワークは、人々が同一化できる唯一の型の制度だったのである。けれども、ここ二世紀にわたって、世俗の知識人の貢献が枢要となった。ハーメットは、この過程のうちに三つの契機を認識する。第一段階では、政治とは無関係なエリートがいて、オーストリア＝ハンガリー帝国という文脈の枠内で、地域の芸術的・文学的所産の価値を救出しようとした。第二段階において、この運動は、より広範なブルジョワ・サークルに広まる。オーストリアの文化的ヘゲモニーへの愛着は徐々に薄れ、自分たちの母語の擁護が企てられた。最後に、こうした愛国主義的《ナショナリスティック》な民族的傾向の影響が、より穏健な諸部門にまで拡大する。ここに至って、それは政治的な含意を獲得し、愛国主義的でポピュリズム的な綱領と連携する。

この最後の移行には共同体帰属の諸シニフィアンが伴ったが、それらは、ヘゲモニー抗争に固有のあらゆる圧力に晒された。一方で、それらは一連の敵対的な仕方で、国家建設の過程に結び付けられた。他方で、その等価的な訴求力は、敵を構築する仕方や、訴えのイデオロギー的目標に大きく依存していた。ポピュリズムが西洋型の自由主義国家を築き上げる企図に結び付いた場合もあるが、しかし、ほとんどの場合、そのイデオロギー的影響力は、近接する隣人同士を対立させたり国内の少数民族《マイノリティ》を排除しようとしたりする、外国人排斥的な試みと連携した。それは、〈左〉と〈右〉の間でも絶えず揺れ動いた。例えば、ルーマニアに見られるのは、一八五八年に自治権を有する実体としての国が確立された後、ポピュリズムの諸シニフィアンがきわめて矛盾した仕方で節合されていく、ジグザグ型のイデオロギーの動きである。大土地所有者の権力に対抗した、アレクサンドル・クザ公[*21]の農民ポピュリズム。それに対して、そうした大土地所有者寄りながらも、象徴操作の面では等しくポピュリズム的な体制を確立しようとした、ホーエンツォレルン＝ジグマリンゲン家のカール公[*22]の企て。

まったく懸け離れた社会階層を束ねようとした、一九二〇－二一年および一九二六－二七年におけるアレクサンドル・アヴェレスク元帥[23]の政権。王カロル二世[24]の君主制的ポピュリズム。そして、最後に、明確に親ファシズム的方向にあったアントネスク元帥[25]と鉄衛団[26]による権力掌握。いずれの場合も、同じ一群の中心的シニフィアンが、一つの政治的企図から別のそれへと回遊した。それらの空虚さそのものが、この回遊過程を可能にした。こうしたポピュリズム的シニフィアンを、チャウシェスクの共産主義体制も、比較的少数の変更を加えただけで利用していたのを想い起こしておこう。それらの自律性そのものが、イデオロギー的諸布置の間での幅広い揺れ動きを可能にしたのである（さらに一つ事例を挙げるならば、ポーランドのユゼフ・ピウスツキ[27]といった指導者のイデオロギー的転向を考えてみてほしい）。しかし、ポピュリズムのシニフィアンは、左翼的方向性にも等しく結び付きうる。一九二〇年代ブルガリアのアレクサンドル・スタンボリスキ[28]政権の農地改革の試みを想い起こしてみればよい。

東ヨーロッパの経験において真に興味深いのは、「人民」の出現の、私がまだ十分には論じていない一つの特徴がそこに、ほぼ生まれながらの状態《スタトゥス・ナシェンス》で、示されていることである。私が参照してきたすべての事例は、ある所与の社会における内的境界の構築に関わるものであった。「民族《エスノ》ポピュリズム」の事例では、むしろ、共同体の範囲を確立しようとする企てが見出される。このことが一連の帰結をもたらす。第一に、「人民」を構成するシニフィアンの空虚さは、まさに初めから徹底的に制限される。共同体空間を統一するシニフィアンは、明確なシニフィエに厳密に結合している。空虚のための条件は、お分かりのように、等価的な連鎖が無際限に拡張されることである。これは社会的領野の内的分割を前提とする。だが、ここでは、この分割が無効化されてしまっている。ポプルスとなることを請求するプレブスが存在しないのである。というのも、プレブスとポプルスが精確に重なるからだ。対立する「他者」は共同体の内側ではなく外側にある。民族という原理が、まさしく当初から、どの要素が等価的な連鎖に加わりうるかを確定している。民族ポピュリズムにとって、多元性の可能性は存在しない。先のようにして規定された領土内に少数民族《マイノリティ》が存在することはありうるが、ひとたび民族原理が共同体空間の範囲を規定してしまうと、彼らにとって周辺性は永続的な境遇となるしかない。共同体の言説的構築がひとたび、純粋に民族的な線に沿って進められてしまえば、住民全体の浄化がつねに、潜在的な可能性となるのである。だから、この政治的論理の権威主義的傾向は明らかである。等価的な連鎖の他方の側が共同体の外側にある以上、共同体が自身の組織原理として依拠できるのは差異的論理しかない。政治的な画一性への傾斜が必然的な帰結である。

現代ユーゴスラヴィアの崩壊が好例である。[26] 第二次世界大戦後にティトーが企図したのは、複数の共和国に相当程度の自治権——相継ぐ憲法改正を経て強化された自治権——を付与しながら、ユーゴスラヴィアのアイデンティティを強化することであった。この二重の作戦が成功を収めていたならば、複数の国民アイデンティティと連邦国家への強固な忠誠との間に等価的な関係が成り立っていたであろう。だが、事実としては、事態は別の道を辿り、遠心的な傾向が次第に優勢となった。この趨勢はティトーの死後に加速し、スパイロス・ソフォスが「ポピュリズム的民族主義《ナショナリズム》」と呼んだものの出現につながった。[27] セルビアでは、「大セルビア」という夢想や、コソヴォでのアルバニア人の影響力に抗う蜂起を巡って、民族主義《ナショナリズム》の波が高揚し、それを背景としたミロシェヴィッチの台頭は、他の共和国と衝突する針路にセルビアを進ませた。クロアチアでも、多民族共存《マルチ・エスニック》の社会の可能性はまさしく初めから土台を掘り崩され、民族的に統一された社会を創出しようとする——概ね成功した——試みに取って代わられた。

独立以来、クロアチア民族主義《ナショナリズム》はクロアチア社会の社会的・政治的生活の中心的な特徴であった。……カトリック教会内部の保守的サークルのイデオロギーと民族主義が融合したことも、強力なナショナリズム的社会的多数派の運動の出現につながった。国民《ネイション》の利害が部門や個人の利害・権利に優先される「道徳的に健全な」社会の確立を、国民の名において、体系的に追求する運動である。このような社会的・政治的支持層に主として依拠することで、支配層の政治エリートは国家、経済、マス・メディアに対する統制を辛うじて維持し、民主化要求を抑え込んだのだった(28)。

ボスニア＝ヘルツェゴヴィナでは、問題はひときわ複雑だった。一九九一年の国勢調査によれば、全国の人口の四三・七パーセントがムスリム、三一・四パーセントがセルビア人、一七・三パーセントがクロアチア人、五・五パーセントがユーゴスラヴィア人だったのである。その結果、政治的領域は民族という線に沿って分割され、戦争は不可避であった。ヴォイスラヴ・シェシェリ[*29]の率いるセルビア民族主義者《ナショナリスト》が、農村地区でテロ活動を行った。HOS[*30]――クロアチア人の超国家主義《ウルトラ・ナショナリスト》政党――は、ボスニアをクロアチアに併合するよう要求した。これに対して、アリヤ・イゼトベゴヴィッチ[*31]率いるムスリム系の民主行動党も、非ムスリムの民族集団に対して同様に非妥協的な態度を示した。

最後の結論を私たちの先の分析に付け加えなければならない。重要な点として理解すべきなのは、抽象的な普遍主義に相対応するものは、ここで記述したような種類の民族《エスニック》ポピュリズムだけではないということである。すべては、等価的な連鎖を構成する諸々の環に懸かっていて、それらすべてが一つの同質的な民族集団に属するはずだと想定すべき理由は何もない。諸要求の多くがより包括的《グローバル》なアイデンティティに基づき、内容面で「普遍的」で、そして、複数の民族《エスニック》アイデンティティを横断するような、そうした仕方で「人民」が構成されることも、十分に可能である。これが起こったとしたら、等価的な連鎖を統一するシニフィアンは、必然的に、真に空虚で、そして、個別の共同体——民族的なものであれ、他の型のものであれ——とあまり結び付かないものとなるはずである。私が思うに、「憲法愛国主義《パトリオティズム》」について語るとき、ユルゲン・ハーバーマスが言及しているのはこの問題である。いわく、

憲法愛国主義の倫理的実質は、前政治的水準で倫理的に統合された諸共同体に対する法体系の中立性によって、損なわれるわけではない。むしろ、多文化社会内に共存する様々な生活諸形式の多様性と完全性への感度が鋭敏にされるはずである。統合の二つの水準の間のこの区別を維持することが肝要である。それらが一つの水準へと崩落してしまえば、多数者の文化が国家からの優先権を簒奪することになるだろう。他の文化の生活形式の平等な権利は犠牲とされ、相互承認への彼らの権利請求は侵害される。複合的な社会においては、全体としての市民なるものは、もはや価値についての実質的な合意によってではなく、正当な法制定および正当な権力行使のための手続きについての合意によってでなければ束ねておくことができないという事実が、国内の倫理的な差異化に対する法の中立性の淵源に存する。(29)

彼の言及する二つの水準を分離する必要性に関しては、私はハーバーマスに同意するが、この区別

が、実質的な価値と手続き的な価値の対立という観点から表現されるとは――何らかの手続きを正当なものとして受け入れるためには、何らかの実質的な価値を他の人々と共有していなければならないという事実より外に、理由がないとすれば――私は思わない。真の問いはこうであるはずだ。ハーバーマスの二つの水準の区別が可能であるためには、人々はどのような実質的な価値を共有していなければならないのか？　この問いには既に答を与え始めている。現代社会において、別個の文化的・民族的集団が単に並置されるだけということはない。数多くの自己があり、人々は自らのアイデンティティを、主体としての複数の位置《ポジション》において構成する。このようにして、普遍性の程度が様々に異なる諸要求が同一の等価的な連鎖に加わり、そして、何らかの種類のヘゲモニー的な普遍性が出現する。だが、この普遍化は、実質的な権利請求と手続き的なそれの両方から組み立てられているのである。

第8章　「人民」の構築にとっての障碍と限界

私たちのこれまでの分析全体から引き出されるべき一つの結論は、「人民」の出現に関して自動的なものなど何一つないということである。それどころか、それは、一つの複雑な構築過程の結果であり、その行く末には様々な可能性がある。目的を達成し損なうかもしれない。このことの理由は明らかである。政治的アイデンティティは、対立し合う等価性の論理と差異の論理との節合（すなわち、緊張関係）の結果であり、だから、これらの論理の間の均衡が、二つの極の一方が他方より一定程度以上に優勢となることで崩れるという事実がありさえすれば、それだけで、政治的アクターとしての「人民」の崩壊を引き起こすには十分なのである。制度的な差異化があまりに支配的ならば、人民アイデンティティが構成されるための前提条件として必要とされる、等価的な同質化は不可能になる。社会的不均質性《ヘテロジニティ》（これは、私たちが見てきたように、差異化のまた別の形態である）が優勢ならば、そもそも、等価的な連鎖が確立される可能性がない。けれども、重要な点として同様に認識すべきだが、全面的な等価性もまた、集合的アクターとしての「人民」の出現を不可能にするはずである。全面化した等価性は等価性ではなくなり、単なる同一性《アイデンティティ》へと崩落する。もはや連鎖は存在せず、同質的で差異化されていない塊《マス》があるだけになる。初期の大衆《マス》心理研究者が唯一つ注視した状況がこれである。彼らは誤って、あらゆる形態の人民の動員をそれと同一視してしまったのだった。

以上のすべてから引き出されるべき結論は、「人民」の構築は容易に不発に終わりうるということである。そこで、右で言及された可能性の幾つかを例証する三つの経験について論じるとしよう。

オマハ綱領から一八九六年選挙での敗北へ(1)

アメリカの人民党は一八九二年初めにセントルイスで結成された。その綱領は、間もなく同年七月のオマハ綱領でもほぼ逐語的に再現されるように、アメリカ社会の病理と、それを治療するはずの同盟の大まかな概略とを記述しようとするものだった。

道徳的・政治的・物質的な荒廃の瀬戸際に国民が追い込まれる最中に、我々は集まっている。買収が投票箱、州議会、連邦議会を支配し、法廷の裁判官までも蝕んでいる。人々は堕落している。ありふれたものとなった脅迫や賄賂を防ぐために、多くの州では、有権者を投票所で隔離することを余儀なくされている。新聞は買収されるか、口を封じられるかである。世論は沈黙させられる。商売はなぎ倒され、私たちの家は抵当に入れられ、働き手は疲弊し、そして、土地は資本家の手中に集められている。都市部の労働者は、団結して自分たちを保護する権利すら拒まれる。赤貧の移民の労働のせいで、彼らの賃金は押し下げられる。彼らを撃ち殺すために、法の認めていない常備兵が金で雇われ、そして、彼らは急速にヨーロッパ並みの境遇にまで堕落しつつある。何百万人もの労苦の果実が厚かましくも盗み去られる。世界史上に例を見ないほど途方もない財産を築き上げるためだ。それなのに、その所有者どもは共和国を軽蔑し、自由を危険に晒すのである。政府の不正という同じ子宮から、二つの大いなる階級――貧民と百万長者――が育まれる。富を創り出す国民の力が、債券所有者を豊かにするために流用される。歴史の曙以来貨幣として受け入れられてきた銀は廃貨に追いやられる。人間労働を含めあらゆる形態の財産の価値を減少させて、金の購買力を増大させるためだ[*1]。おまけに、高利貸しを太らせ、企業を破産させ、産業を隷属化するために、通貨供給は故意に縮小される。人類に対する巨大な陰謀が二つの大陸において組織化され、世界を手中に収めつつある。即座に対処し打倒しなければ、恐るべき社会的動乱、文明の破壊、絶対的専制の確立は間近い[(2)]。

一連の要求がこれに続く。通貨の民主化、土地の再分配、輸送システムの国有化、無制限の銀貨鋳造、税収の用途の統制。さらに、電信や電話、郵便システムは、政府の手中にあるべきだということ。つまり、意図されていたのは、社会空間を二つの敵対する陣営へとポピュリズム的に二分化することであった。この目的は、アメリカ政治の二大政党制モデルを打破する第三党の創出によって達成されるはずだ。ポピュリズム運動の屋台骨である農民たちの視点からすれば、人民党の理念は、一八七〇年代の農民同盟にまで遡る長い過程の頂点であった。動員や協力計画が幾度か着手されはしたものの、持続的な成功には至らなかったのである。農民たちに次第にわかってきたのは、自分たちの大義を何歩かでも前進させるために必要なのは、直接的な政治への関与（この行動方針の可能性が彼らの心に兆すのには時間がかかったし、彼らの多くはそれを不承不承受け入れただけだった）だということだった。これは、しかし、未踏の地に踏み込むことだった。「人民」を新たな集合的アクターとして全国的《ナショナル》な政治の舞台に登場させようとするのならば、彼らの要求の党派性を後回しにして、もっと大規模で複合的な等価性の連鎖を構築することが必要だった。もちろん、以前にもアメリカ政治において、第三党を形成しようとする試みはあった。「民主党と共和党を批判する者たちは二十年間にわたって連邦、州、地方の選挙を、様々に掲げられた旗の下に戦ってきた。禁酒《プロヒビション》＊2、法定紙幣《グリーンバック》＊3増発、反独占、労働改革、労働組合、働く人々。地方や州レベルの幾百もの独立党に至っては、名称そのものに選挙戦の規則の拒絶が示されていた。体制側の政治家たちは、これらの散発的ながらも頑固で手に負えない挑戦者たちを叩き潰すのに必要な言語的・法的な武器はどんなものでも——嘲笑、抑圧、取り込み——持ち出すことに慣れていった」(Kazin, p.27)。だが、人民党は、こうした初期の企ての党派的、地域的、争点限定的な性格を越えて、真に国民的《ナショナル》な政治言語を構成しようと欲したのである。

権力側との新たな包括的《グローバル》対決は、人民党にとっては未踏の地だったかもしれないが、決して処女地というわけではなかった。腐敗した金融寡頭支配から弱き者《スモール・マン》を保護しようとするポピュリズム的な伝統は、南北戦争前の時期以来、主にジェファーソンおよびジャクソンのイデオロギー的な遺産の一部として、出揃っていたのである。権力の高みにある者たちから庶民を切り離して考えることが、この伝統の不断の示導動機《ライトモティーフ》だった。とはいえ、侮蔑される側のエリートの性格付けは場合に応じて様々だった。「ジェファーソン主義者からすれば、それは、親英的な秘密結社、貿易商、大土地所有者、保守的聖職者のうちにある。ジャクソン主義者にとっては、良家の上流都会人《コスモポリタン》の指揮下にある「富の力《マネー・パワー》」である。一八五〇年代の新しい共和党の活動家にとっては、市民的自由を圧殺し、北部白人の稼ぎを抑え込む、南部の「奴隷制の力《スレイヴ・パワー》」だった」（Kazin, p.16）。それゆえ、一八九〇年代のポピュリストたちの課題は、この伝統を掘り下げて、自分たちが活動している新たな文脈の観点からそれを再定式化することだった。

人民党が直面していた状況には、政治のポピュリズム的転回期に典型的なものとして私が列挙した構成要因のすべてがあった。既存の現状に対する広範な不満。対象備給《カセクテッド》された少数の象徴を中心とした、諸要求の等価的な連鎖の萌芽的構成。政治システム全体への異議申し立ての増大。けれども、等価的な連鎖を作り上げる諸々の環は――私たちが見てきたように――、それらが代表する諸要求の個別性と、現状への共通の対抗から分与された「普遍的」な意味との間で分裂する。ポピュリズムの作動の成功全体が、普遍主義的な契機を個別主義的なそれよりも優先させられるかどうかに懸かっている。これは、しかし、平穏な航海とは程遠かった。

芽生えたばかりの生産者連盟に人民党は希望を託したが、これは、優先順位の衝突し合う社会集団や政治組織の、不安定な混成体《アマルガム》だった。負債に怯える小農は、貨幣供給の膨張を望んだ。都市部の白人労働者は、食費や家賃の価格引き上げを恐れた。禁酒主義者と通貨改革論者はそろって高給取り《ビッグ・マネー》に反対したが、どちらの罪が根本的か――酒類の販売か、信用収縮か――については意見を異にしていた。そして、実に様々な社会主義者たち――キリスト教的、マルクス主義的、べラミー主義的——の声は、私有財産への信頼と階級構造の順応性を肯定する、大半の労働組合や農民側の叛徒とは食い違っていた。党派抗争が、この時期の改革政策に付きまとう特徴であった。一八九二年に至ってようやく、ほとんどの集団が、自分たちなりの万能薬を売り込むのをしばらく差し控えて、同じ第三政党の候補者名簿の下に団結したのである（Kazin, p.30）。

こうした党派抗争を停止することは、共通の言語を練り上げることであり、個別性へ向かう遠心的傾向を中和することでもあった。後者の傾向には二つの種類がありえた。まず、政治的代表の主要空間に対比して異質な諸部門（第五章で異質性のカテゴリーに割り当てたような意味における）がある。そのうちでも顕著なのは黒人層であった。ほとんどの人民党員は白色人種《コーカソイド》の優位性の教義を疑わなかった。この論点を取り扱う実際的なやり方は、人種間の序列に関するいかなる見解も削除して、共通の経済的利害についてだけ黒人に訴え掛けることだった。驚くには値しないが、そうした打診を黒人はそれほど熱狂的には受け容れなかった。「人民党員は相変わらず、ジェファーソン時代やジャクソン時代の先人たちと同じく、「普通の人々」が意味するのは、白い肌で、土地か職業技能の形で財産を保有する伝統に属する者たちのことだと思っていた。驚くには値しないが、黒人の大半は、人民党からの限定された申し出を受け入れず、その代わりに、まだ投票を許されていたところでは、リンカーンの党か、先祖代々仕えてきた主人の党に投票した」（Kazin, p.41）。付け加えておかなければならないが、黒人に対してのこの両義性はアジア系移民に関しては存在しなかった。彼らは完全に妥協の余地なく排除されていたのである。労働騎士団[*4]や農民同盟の文書は、「アジア人」や「モンゴル人」に対する侮蔑的な言及に満ちている。

「異質なもの《ヘテロジニアス》」という一般的カテゴリーに含まれるこれらの諸部門とはまた別に、人民党の言説が実際に呼び掛けようと試みていたのに、その差異的個別性のゆえに人民党の改革運動《クルセイド》への統合に抵抗した者たちもいた。例えば、人民党と労働騎士団の関係はつねに緊張に満ちていて、多くの職人や工場労働者が人民党側の訴え掛けを無視した。農村部のキリスト教福音主義的な説法は、移民労働者階層の耳に深くは響かなかった。後者は、多くの場合、プロテスタント系の出自ではなかったのである(Kazin, p.43)。

こうした差異的な個別性を克服してくれる等価的登録を確立しようという試みの中心にあったのは、「生産者」(「怠け者」や「寄生者」に対立するものとして)という定義だが、これは、人口の大部分が包括されてしまうほど曖昧で抽象的なものだった。しかも、カジンが指摘するように、これは両刃の武器でもあった。「生産者」が、個別的な指示対象との結び付きを緩めて空虚なシニフィアンになったとすれば、それは、人民党以外の党派に横領され、別の等価的な連鎖のうちに登録し直されてしまうかもしれない。つまり、それは浮遊するシニフィアンになるかもしれないのである。人民党の言説がこのように多数の参照先に向けられたことは、その運動綱領にも反映された。

負債に喘ぐ農民に向けては、貨幣供給の増加、外国人土地所有の禁止、国家による鉄道の接収が約束された。鉄道はしばしば、零細農民に負担し切れないような運賃を払わせていたからである。賃金労働者に向けては、一日当たり労働時間の短縮を引き続き推進することが確言された。ピンカートン探偵社[*5]の廃止が要求され、「農村の労働と都市の労働の利害は同じ」と宣言された。通貨改革論者や、西部鉱業州の居住者に向けては、銀貨と金貨双方の無制限の鋳造が要求された。

労働組合退職者に既に支給されていた健康年金を継続し、また、労働騎士団のストライキ下にあるロチェスターの衣類製造業者のボイコットを支持するという「補足的決議」も、「公約」として綱領に付加された（Kazin, p.38）。

つまり、等価的登録を目指す人民党側の試みと、それに抵抗する差異的論理との、典型的な「陣地戦」である。「人民」の構成にとっての限界は、一八九二年および一八九四年の選挙結果に反映された。人民党が獲得した総得票数は強い印象を与えはしたものの、これらの票はほぼ全面的に深南部《ディープ・サウス》およびミシシッピ以西の西部に集中していた。人民党が真に全国的な選択肢になろうとするならば、明らかに、何らかの大胆な一歩が新たに踏み出されなければならなかった。そのことが、一八九六年に、民主党候補ウィリアム・ジェニングス・ブライアン[*6]を人民党が支持することにつながった。彼の綱領には多くのポピュリズム的な倍音が響いていたのである（銀問題が過度に重視されてはいたが）。

一八九六年のアメリカの選挙は、私たちの主題にとってほとんど模範例ともいえる価値を有する。対峙する二つの側が、私が等価性の論理および差異の論理と呼んできたものを、その最も純粋な形式で例証しているからである。ブライアンの選挙運動の成功は全面的に、歴史的アクターとしての「人民」を構成することに――すなわち、普遍的‐等価的な同一化を党派的なそれより優越させることに――懸かっていた。そうなると、彼を政治的に支持する層がありふれた人々であることが、いかなる代価を払ってでも明言されなければならなかった。次の一節が、彼の典型的な話法である。

この人々の顔を眺めてみると、そして、我々の敵が彼らを暴徒と呼び、自由な政府にとっての脅威だと言うのを想い起こしてみると、私はこう問いたい。彼らを別にしたら、一体、人々《ピープル》とは誰のことなのだろうか、と。この選挙活動において、自分たちを普通の人々《コモン・ピープル》と呼ぶ者たちの支持が私の側にあることを、私は誇りに思う。私の背後に控えるのが巨大な企業合同《トラスト》や連合体だったとすれば、私が就任した途端、彼らは、自分たちの利益になるよう私の権力を使って人々から強奪することを要求してくるはずだ（Goodwyn, p.523 に引用）。

「人民」に対抗して、マッキンリー*7の選挙運動――顧問マーク・ハンナの率いる――は、「進歩的な社会」というスローガンを打ち出した。ここで呼び掛けられているのは、同質的で差異化されない大衆ではなく、有機的で秩序立った社会の発展である。後者の成員はそれぞれが正確に差異化された地位を有し、その中心には、アメリカの価値観と一体化したエリートがいる。

「巨大な企業合同や連合体」に抗う「人民」の投票箱での潜在力を考慮すれば、共和党には明らかに、前者を基盤として選挙運動を決定する余裕はなかった。「進歩的な社会」という間に合わせの理念は、金本位制に埋め込まれた象徴的価値から緩やかに実体化したものである。……だが、次第に……「平和、進歩、愛国心、繁栄」といった広範な主題が、ウィリアム・マッキンリーの選挙運動の特性となっていった。協調的共同体《コーポレート》の名の下にマーク・ハンナが推進した「進歩的な社会」とは、本来、正装して教会に通うような社会のことだった。ここで持ち出された様々なスローガンは、冷笑的な政治の単なる表現ではなく、むしろ、台頭しつつあるアメリカ的世界観の真摯な主張だったのである（Goodwyn, p.534）。

グッドウィンが主張するように、リンカーンの党は、実業《ビジネス》の党、協調組合主義的《コーポラティブ》アメリカの政治的具現者となっていた。

それは、白人、プロテスタント、北東部州民《ヤンキー》だった。それが票を得ようと近づいたのは、非白人、非プロテスタント、非北東部州民の投票者だった。つまり、新興の進歩的社会という枠内で礼儀作法を描き出す新たな文化的規範に、進んで追従しようとする人々である。「愛国的」という言葉は、プロテスタントの北東部州民が有するものを示唆するようになっていた。……「人民」に抗して進歩的社会が築き上げた壁は、ブライアンに対するマッキンリーの勝利以上のもの、さらには、大規模な企業集中化の容認以上のものの証しだった。民主的文化そのものに許容される限界がそこに刻み込まれていたのである。血塗れのシャツもついに埋葬された。実業の党は、二〇世紀にそれを支えることになる文化的価値観を、より広い社会のうちに創出したのである（Goodwyn, pp.532-3）。

このように、アメリカの人民党運動《ポピュリズム》が孕んでいた「民主的約束」の敗北は、私たちが本書全体を通じて見てきたパターンを辿った。等価的な連環の解体、そして、広範な有機的社会内部への諸党派の差異的組み込み——グラムシの語を用いれば、「変異順応《トランスフォルミズモ》」——である。そして、この差異的組み込みは、もちろん、平等主義的ではなく、階層的なものであった。あらためてグッドウィンを引用しておこう。

ますます多くのアメリカ人にとって、実業の信条《クレド》が勝利を収めたことも、白人至上主義の前提を意識的・無意識的に取り込むことによって、乗り越えられたとまでは言わないにせよ、埋め合わせられたのである。進歩の理念に内含された新たな特権感覚とも相俟って、この新たな気質《エトス》が意味したのは、北部では共和党員の実業家に民主党員の被雇用者が怯え、南部では民主党員の実業家に人民党員や共和党員が怯えるということ、どこでも実業家は州議員を買収できるということ、そして、どこでも白人に黒人やインディアンは怯えるということだった（Goodwyn, p.535）。

アタテュルクの六本の矢

アメリカの事例では、私たちが見てきたように、等価的な連鎖の内部に諸差異を登録し直せなかったことが、草の根ポピュリズムの限界であった。制度的な差異化が、最終的に、二分法的な再節合を上回ったのである。人民党という政治運動全体の本質は、差異的な限界域の解体を追い求める自然発生的な諸等価性のうちにあった。「進歩的な社会」が「人民」に勝利したというのは、つまるところ、そうした解体の試みが失敗したということである。それでも、人民党が作動した地盤は、自然発生的な諸等価性のそれだった。では、権力中枢が、民主的諸要求の等価的相互作用から社会的に沈殿したものではなく、あらゆる要求に表現された同一の実体を規定したものと見做され、そうした権力中枢により公準として認定されたア・プリオリに同質的な存在として「人民」が理解されたならば、どうなるだろうか？　その場合、等価的な連鎖内部のあらゆる民主的要求が孕む内的分裂は崩壊する。「人民」は内的差異化を失い、実質を有する一つの統一性に還元される。「人民」はなおも、既存の現状に対立する急進的勢力と見做されるかもしれないが、それはもはや被迫害者《アンダードッグ》ではない。あらゆるポピュリズム的アイデンティティの基礎として必須の異質性は放棄され、同質的な統一性に置き換えられる。これがトルコで起こったことだ。そして、なぜ、ケマル主義が急進的で断絶的な言説だったとしても、決してポピュリズム的ではなかったかを説明してくれるものである。

　トルコ共和国の建国事業の六つのキーワードを考察してみよう。一九三〇年代初め、共和人民党の紋章に六本の矢として表わされたものである。共和主義、国民主義《ナショナリズム》、人民主義《ポピュリズム》、革命主義、世俗主義、国家社会主義《エタティズム》である。(3) これらは、ケマル主義イデオロギーの支柱とされた。人民主義《ポピュリズム》から始めるとしよう。本書でこの語に与えられた意味——被迫害者、ポプルスとなることを要求するプレブス——は、ハルクシリク（人民主義）の概念に見出されるそれではない。後者は、いかなる敵対ないし内的分割の概念をも排除する。ポール・デュモンはこう指摘する。「［人民主義に］含意されていたのは、民主主義の理念への、そして、街頭の人々を進歩へ導く知識人闘士の活動という理念への献身だった。だが、それにはもっと特定の意味もあった。階級からではなく、連帯し、密接に相互依存する職業集団から構成されたトルコ国民という理想像である。それは、フランスの急進的政治家レオン・ブルジョワや社会学者エミール・デュルケームが概略を描いた連帯主義の理念のトルコ版であった」(4)。これと同じ脈絡において、理論的指導者ズィヤ・ギョカルプ*8は、以下のように人民主義を定義した。「ある社会が一定数の階層なり階級なりを含むとしたら、そのことが意味するのは、それが平等主義的ではないということである。人民主義が目指すのは、階級や階層といった差異を削除すること、そして、相互に連帯する職業集団から成る社会構造をそれに代えることである。換言すれば、人民主義はこう要約できる。階級は存在しない、あるのは職業だ、と」[5]。そして、ケマル主義の理論家マフムート・エサト・ボズクルト[*9]は一九三八年にこう書いた。「文明世界のいかなる政党も、共和人民党ほど国民全体を完全かつ真摯に代表したことはなかった。他の政党は様々な社会的階級や階層の利害を擁護する。私たちの方は、こうした階級および階層の存在を認めない。私たちにとっては、すべてが一つになっている。紳士階級もいなければ、主人も奴隷もいない。一つのまとまり全体があるだけだ。そして、このまとまりがトルコ国民である」[6]。私たちは明らかに、私たちにとってのポピュリズム概念の対蹠点にいる。後者が共同体空間の二分法的分割に関わるのに対して、アタテュルクの人民主義《ポピュリズム》は、内的な裂け目のない滑らかな共同体を前提とする。けれども、アタテュルクの「人民」概念には何か根源的に断絶的なものがあるという印象は避けがたい。これはどうしてなのか？　この謎に対する答えは、ケマル主義の人民主義が他の五本の矢と節合される仕方のうちに見出されるはずである。

それでは、「革命主義」を考察してみよう。当時、トルコ語の二つの言葉、インキラブ inkilab とイーティラール ihtilal のどちらを用いるかに関して、幾らかの躊躇があった。「『革命主義』の意味を表現するのに」最も近いオスマントルコの言葉はイーティラールである。政治的・社会的秩序の突然の暴力的な変化という考え方を伝えるものである。インキラブの方は、秩序と方法をもって遂行される急激な変化を含意する。イスラーハト islahat、「改革」と違って、それは、社会生活のある限定された部門における部分的な改良にではなく、社会全体を変貌させようという試みに当て嵌まる」[7]。この点は決定的に重要である。社会変革の方法としての漸進的技法《ピースミール・エンジニアリング》は根源的に排除されているのだ。「人民」の構成は、突然かつ全面的な出来事でなければならない。同じことが「共和主義」にも該当する。その内容は――それを「革命主義」と密接に連携させる、断絶への含意は――、カリフ制およびスルタン制との根源的亀裂によって与えられた。この亀裂という思想が革命的将校たちの心の中で成熟するまでには長い時間を要したが、ひとたびアタテュルクによって断固として採用されてしまうと、それは、不可逆的な変化としての価値を獲得したのである。「国民主義《ナショナリズム》」に関しても、そこで強調されたのは、同質的なアイデンティティ、そして、あらゆる差異的個別性の除去だった。一九三一年に党事務局長レジェプ・ペケルは次のように説明している。

私たちの考えでは、私たちの間で生活し、政治的・社会的にトルコ国民に属するすべての市民が、私たちである。その中には、「クルド主義」や「チェルケス主義」[*10]、さらには「ラズ主義」[*11]や「ポマク主義」[*12]といった思想や感情を植え付けられた者もいる。私たちが思うに、真摯な努力によってこれらの誤った考え方を払い除けることが私たちの義務である。それらは、絶対主義体制の遺物であり、長年続いた歴史的圧制の産物なのだから。今日の科学的真理からすれば、数十万人の、或いは、百万人の個人に対してさえも、一つの国民としての独立した存在は許容されない。……私たちは同じく真摯に、ユダヤ教徒やキリスト教徒の同胞に関する私たちの意見を表明したい。私たちの党は、これらの同胞を、彼らが私たちの言語および理想の共同体に属する限り、絶対的にトルコ人であると考える。(8)

宗教および人種の概念は、オスマントルコ時代には国民の概念と密接に関連していたが、共和国の最初の数年間のうちに次第に後者から取り除かれていった。「世俗主義《セキュラリズム》」は、トルコ語のライクリッキ layiklik の訳だが、この語の意味を十分には表現し切れていない。デュモンはこう述べる。「世俗主義［その語のトルコ語的な意味での］における基本的な軋轢は、必ずしも、キリスト教が経験したような、宗教と現世の間のものではない。軋轢はしばしば、宗教および聖なる法の支配を促進しようとする伝統側の勢力と、変化を唱える側の勢力の間にある。政教分離《ライシズム》の方はもっと狭く、教会を国家から隔離するという特定の過程を指す」[9]。換言すれば、世俗主義は、宗教的価値の混淆しない公共圏を確保することに限定されるわけにはいかなかった。それに加えて、伝統的な宗教勢力に対する闘争を、市民社会という地盤そのものにまで押し進めなければならなかったのである。他の矢に関する私の議論からも十分にわかるように、ケマル主義革命は自らを、単なる政治革命ではなく、政治的手段を通じて社会を徹底的に作り変える試みとして理解していた。そして、その世俗主義的目的がどれほど容赦なく追求されたかはよく知られている。一九二四年にカリフ制が廃止された。その後、宗教裁判所とイスラーム学院、宗教基金と宗教省は解体され、宗教的信徒団体、修道会、聖墓が閉鎖された。グレゴリオ暦が導入され、メッカへの巡礼が禁じられた。市民社会内部へのこの強い政治介入によって、第六の矢、「国家社会主義《エタティズム》」が理解できるようになる。国家はすべての圏域に介入しなければならなかった。そして、これには明らかに経済生活の規制も含まれていたのである。

ケマル主義に関する近年の文献の相当量が、アタテュルクが伝統と断絶したということの根源的性格に疑義を呈していて、基本的な思考型式に関する限り、初期共和国とオスマン期の過去との連続性を強調する傾向にある[10]。いかなる革命も、自然発生的に出現するわけではない心構えや素材をもって為されるしかないという限りでは、もちろん、これらの主張には相当程度の真理が含まれる。だが、そうした諸要素を、過去との根源的断絶の言説へ節合したことが、ケマル主義の特有かつ独創的な貢献であったことに疑いの余地はない。それどころか、アタテュルクがオスマンの伝統から受け継いだものこそ、国民とは、単に過去から手渡されるのではなく、新たに創出されるべき何かであるという考え方だった。歴史的変化を、社会的なものの輪郭を既に形作っている諸勢力の有機的かつ自然発生的な展開としてではなく、何らかの意志的行為から帰結するものとして考える見方である。この見方は、トルコで近代化が起こった仕方からの帰結だった。すなわち、最も発展したヨーロッパ諸国民に対しての反動という仕方である。追い付く《キャッチ・アップ》ことの必要性が、改革の主要な刺激因であった。けれども、オスマン帝国の土台を掘り崩していた遠心的な諸勢力は、若返った国民にとって誰が存続可能な主体となりうるのか、次第に疑念を抱くようになっていた。長い間、スルタンを取り巻く諸勢力は、中央集権的な内政改革によって、広範な多様性や地方主義を何とか均衡させられれば、帝国は存続可能な政治的実体たりうると考えていた[*14]。タンズィマート時代[*13]、幾つかの重大な改革の気運——一八二六年のイェニチェリの反乱の鎮圧とそれに続く改革、一八三〇年代末の行政・軍事・教育の改革、さらに、一八五六年に始まる時期——が、そうした結末も可能だという幻想を創り出しはしたが、しかし、長期的に見れば、遠心的な諸力がつねに優勢だった。こうした背景に照らし合わせてみることで、いわゆる新オスマン人[*15] Young Ottomans の介入は理解できる。根本的な国民の再建を理念として目指した知識人の集団である。そのような再建は、イスラームの原理に根差した立憲的秩序に基づくのでなければならない。すなわち、地方的・分権的な拡散に対抗するものとしての、国家権力の中央集権化。そして、いかなる種類の分割（地域、民族、宗教）をも越えた、ワタンへの、つまり、祖国への忠誠に基づく政治的アイデンティティ(11)。この最後の点は決定的に重要である。ミッレト（宗教共同体）への伝統的な忠節は、純然たる国民という実体への忠節に置き換えられなければならない。ケマル的な国民主義《ナショナリズム》の概念が、萌芽的に、このイデオロギー的転回に包含されている。新オスマン人の理念に鼓舞された憲法が一八七六年に制定されたが、二年後にスルタンによって廃止される。それは、しかし、一九〇八年の青年トルコ人 Young Turk 革命[*16]によって再確立された。後者のイデオロギー面での兵器廠は、幾つかの面で、新オスマン人の伝統を引き継いでいたのである。

それでは、あらゆるポピュリズム的断絶の本質的構成要因である反現状という契機が、これほどケマル主義のうちに存在しているのに、なぜ、ケマル主義はポピュリズムの道筋を辿りえなかったのか？　その理由は明らかだ。「国民《ネイション》」の同質化が、実在する民主的諸要求間での等価的な連鎖の構築を通じてではなく、権威主義的な強制を通じて進行したからである。ケマル主義が一定程度まで大衆動員に依拠したのは、第一次世界大戦後の独立戦争期だけだった。アタテュルクは彼の統治期間の大半を通じて――そして、彼の直接的な後継者たちにも当て嵌まるが――、人民からの支持なしに「人民」を構築しなければならないという逆説に直面していたのだった[12]。彼自身、こうした観点から自分の役割を理解していた。一九一八年の日記に、彼はこう書いている。

> 大きな権威と権力を得たならば、私は、一撃で――突然、一瞬のうちに――私たちの社会生活に望まれる革命をもたらすであろう。というのも、他の人々と違って、私には、そうした偉業が、他の人々の知性を私の水準にまで緩やかに引き上げることで達成できるとは思えないからである。私の魂は、そのような道程に反撥する。何年も教育を重ねた後に、文明化や社会化の過程を学んだ後に、人生と時間を費やして自由の喜びを手に入れた後に、なぜ、私が普通の人々の水準にまで降りて行かなければならないというのか？　彼らを私の水準にまで上らせればよい。私をして

彼らに似させることなかれ。彼らが私に似るべきなのである[13]。

この強制的な近代化事業の主要な媒体は、もちろん、軍だった。これは、アタテュルク時代以降も、トルコ政治の究極的な裁決者であり続けている。問題は、差異的な統合以外に、等価的な動員に代わる選択肢がないことである。軍にしても、ケマル主義的構想に従って形成される全面的に新しい社会を創出できるほど、十分に強力なわけではなかった。その結果、新たな共和国は瞬く間に、大衆の支持から見捨てられて、各地方段階では、「トルコ人の父」の野心的な大望にほとんど共感を抱いていない伝統的な諸勢力に頼るしかなくなった。

アンカラでは近代的な法的権限に求められるあらゆる形式的要件が整えられる一方、国土の大部分は依然として、伝統的な生活に深く根差したままだった。そもそもの初めから、ケマル主義者たちは、伝統的な支配形式と妥協し、中央と周縁の仲介を伝統的指導者層に頼らなければならなかった。かつての統一派[*17]と同様、ケマル主義の運動は、地方の伝統的な名士層の周囲に組織されたので、彼らの影響力は「議会政治においても政党活動においても存分に感じ取られた」(Sayari 1977: 106)。国民国家の傘の下で、共和国体制はアナトリア伝統社会の主要パターンを生き永らえさせた[14]。

ケマル主義の実験が「人民」を構成するのに失敗したことは、政治システムに空隙が生じるたびに、明らかとなった。イノニュ大統領[*18]が民主選挙を行うと決断した一九五〇年、政権側の共和〔人民〕党六九議席に対して野党の民主党は四〇八議席を獲得して勝利した(15)。等価性が猛烈に拡散する。だが、アタテュルクの六本の矢とはほとんど無関係な方向に、である。最初は、アドナン・メンデレス*19のネオポピュリズム。後には、イスラーム主義の再生。その結果は、曲折に満ちた過程だった。民主主義が開かれようとする度に、軍の介入に繰り返し遮られたのである。

ペロンの帰還

アメリカの人民党が限界に行き当たったのは、差異の堅牢なシステムが人民党の訴え掛けに対して示した抵抗の結果、等価的な連鎖を一定程度以上に拡張できなかったためだった。アタテュルクの限界は、いかなる等価的論理にも媒介されない有機的統一性として「人民」を構築するという試みのうちにあった。一九六〇年代から一九七〇年代のペロン主義の場合はまた別だった。ほとんど無制限の等価性の連鎖の構築に成功したからこそ、等価性の原理そのものの転覆がもたらされたのである。これはどういうことか？

大衆に支持されたペロン派の政府は、一九五五年九月に打倒された。この体制の最後の数年間を支配していたのは、ある特徴的な展開だった。政治的領野の二分法的分割を、十全に統合された差異的空間の創出を通じて克服しようとする試みである。体制側の言説の象徴的変化が、この変動を証言している。デスカミサード descamisado（文字通りには「シャツなし」、サン・キュロットのアルゼンチンにおける等価物である）の姿は消え去り、「組織された共同体」のイメージに置き換えられつつあった。

革命過程を安定させることの必要性が、ペロン主義の言説の――一九五五年以前の数年間だけでなく、その後の時期においても――示導動機《ライトモティーフ》となった。私は憶えているのだが、一九六七年にペロンが、私も属していたある左翼組織に手紙を送ったことがある。その中で、彼は、いかなる革命も三つの段階を経て進むと主張していた。第一に、イデオロギー的な準備――すなわち、レーニンである。第二に、権力の掌握――すなわち、トロツキー。第三に、革命の制度化――すなわち、スターリン。ペロン主義革命は第二段階から第三段階に移行しなければならない、そう彼は付け加えていた。

ところが、一九五五年のクーデタが政治的論争の用語を変えた。新たな当局側の攻撃的な反ペロン主義のレトリック――実際には、レトリックどころではない、彼らはペロン派の党を解体し、労働組合に介入し、ペロンの名に言及することを犯罪としたのだから――にもかかわらず、すぐさま、ペロン派の政治家集団との対話がなされた。新たな政治システムに彼らを統合する方法について論じるためである。この統合から、もちろん、ペロン当人は排除されていた。彼は永久に糾弾されなければならない。彼の亡命は無期限《サイニ・ダイ》のものと思われていた。「ペロンなきペロン主義」という考え方が広く流通した。亡命中のペロンは、自分を周辺化しようとするこうした試み――ペロン主義の内外からの――に粘り強く抵抗した。新体制が抑圧的になるにつれて、そして、その経済計画が国際金融資本への魂の売り渡しと見做されるようになるにつれて、ペロンの姿は、反システム的な大衆的かつ国民的なアイデンティティと同一視されるようになっていった。ペロン（亡命中の）と一連の反ペロン主義政権との対決が始まっていた。これは一七年間も続き、ペロンがアルゼンチンに、そして、政権の座に凱旋するに至ってようやく終わりを迎えることになる。

アルゼンチンの新たなポピュリズムが形を取り始めたのは、この対決の頃からであった。そのパターンを理解しようとするのならば、幾つかの事情を考慮に入れておかなければならない。第一に、アルゼンチンは民族的に同質的な国である。都市部の人口が支配的で、ブエノスアイレス、ロサリオ、コルドバという三つの産業都市から構成された三角地帯に集中している。そのため、主要なイデオロギー的事態はすべて、この地域全体に直ちに等価的な衝撃を及ぼし、その影響は速やかに国土の他の部分に広がった。この型の衝撃がなければ、一九六〇年代のペロンの動きは不首尾に終わっただろう。第二に、ペロンが亡命先から談話を表明する際の条件そのものが、その成功の独特な性質を規定していた。新体制側は、細分化されたペロン派の反対勢力に漸進的な仕方で対処できただろう。けれども、亡命の身の政治家としてのペロンに、受け入れ側の諸国が課した条件は、政治的声明《ステイトメント》を差し控えなければならないというものだった。そして、アルゼンチンの方では、彼のいかなる声明の流布も、もちろん、厳密に禁じられていた。だから、彼は、私的な手紙やカセットテープを送ったり、口頭で指示を与えたりすることしかできなかったのである。しかし、それらが、産業諸都市の工場や労働者地区で徐々に組織化されつつあったペロン派の抵抗にとって、この上ない重要性を持った。つまり、最近の研究で示されたように、(16) ペロンの表明行為（それは目に見えなかった）と、そうした表明の内容との間に恒常的な亀裂があったのである。この亀裂の結果、それらの内容に――いかなる公認の解釈者もいないわけだから――幾つもの意味を付与することができた。それと同時に、出所不明の多くのメッセージも流通していた。真正性が怪しげなものもあれば、ごく控え目に言っても、その内容に反対する者たちから疑義を呈されそうなものもある。けれども、この錯綜した状況が逆説的な効果を及ぼした。メッセージの多層的な性質――表明の行為と内容の亀裂から帰結する――が故意に増幅され、意図的に多義的なものとされた。その結果、ペロンの言葉は中心的役割を少しも失わなかったが、言葉の内容の方は終わりなき解釈と再解釈に委ねられたのである。ペロンは、アルゼンチンにおける彼の最初の個人的代理人ジョン・ウィリアム・クックに宛てて書いている。「私はつねに、どんな人も歓迎するという規則に従っている。というのも、忘れないでほしいのだが、私は今、何かしら法王のようなものなのだから。……この理解を考慮に入れる限り、私は自分の無謬性［のために］何も否定するわけにはいかなくなる。……それは、あらゆる無謬性なるものがそうであるように、まさに何かを言わなかったり行わなかったりすることにこそ基づくのだ。［それが、］そうした無謬性を確実にする唯一の仕方なのである」(17)。

もちろん、この文章を冷笑的に読解することもできる。まるでペロンがすべての人にとってすべてのものであろうとしていたかのように理解することもできるだろうが、しかし、そのような読解は近視眼的だ。亡命中のペロンは、抵抗に携わる多数の地域的集団の行動に精確な指令を与えられなかった。ましてや、これらの集団間で生じた論争に介入することなどできなかった。他方で、これらのまったく懸け離れた諸闘争に象徴的統一性を与えるには、彼の言葉が不可欠だった。つまり、彼の言葉は、個別のシニフィエとは弱い連関しか持たないシニフィアンとして働かなければならなかったのである。これは大して驚くべきことではない。これこそまさしく、私が空虚なシニフィアンと呼んだものだ。ペロンは、一連の反ペロン派体制との対決に勝利した。これらの体制が、ネオ・ペロン派集団――「ペロンなきペロン主義」を掲げる――を、拡大された政治システムに統合する闘争に敗れたからである。その一方で、ペロンのアルゼンチンへの帰還を求める要求が、拡張する人民陣営を統一する空虚なシニフィアンとなった。

しかしながら、ここで、幾つかの区別を導入することが必要となる。ペロンが自分自身を準えた法王の役割（きわめて適切にも、ラカンの「主人のシニフィアン」の概念を喚起する）は、様々な仕方で理解できる。第一に、等価的な照射の中心でありながら、しかし、その元来の内容の個別性を全面的に失うわけではないものと見てもよい。先の事例に立ち戻ってみよう。〈連帯〉の諸要求は、それら自体よりも巨大な等価的連合にとっての集結地点となったが、それでも、依然として一定の綱領に従った内容に結び付いていた。この接触こそがまさしく、連鎖に統合される諸個別性（最初の図式における下側の半円、一七九頁を参照）間の一定の凝集性を維持可能にしていたのだった。だが、別の可能性もある。空虚になりつつあるシニフィアンが全面的に空虚になるというものである。その場合、等価的な連鎖の中の諸々の環は互いに凝集する必要がまったくなくなる。甚だしく矛盾し合う諸内容が、それらすべてが空虚なシニフィアンに従属し続ける限りにおいて、集合しうるのである。フロイトに立ち戻るならば、これは、父への愛が兄弟たちを結び付ける唯一の連環であるという、極端な状況だ。その政治的な帰結は、このような仕方で構成された「人民」の統一性は極度に脆弱だということである。一方において、矛盾し合う諸要求間の潜在的な敵対性があらゆる瞬間に噴出しかねない。他方で、どのような形式の制度的規則性にも結晶化していない、指導者に対する愛――精神分析の用語で言えば、通常の自我に部分的に内面化されていない自我理想――は、束の間の人民アイデンティティとしかなりえない。一九六〇年代が進むにつれて、ペロン主義がこの第二の可能性に危険なまでに接近していくのが見て取られる。ペロン主義革命が制度化という第三段階に移行する必要性についてのペロンの考察（先に言及した）を見れば、この潜在的な脅威に彼がまったく気付いていなかったわけではないのがわかる。

一九六〇年代初頭には、しかし、そうした危険はまだ将来のどこかにあるものだった。差し迫った課題は、「ペロンなきペロン主義」の方向に突き進む、ペロン主義内部の政治勢力と戦うことだった。主要な脅威は、一九五八年の憲法体制への復帰およびアルトゥーロ・フロンディシ[*20]の大統領就任の後、労働組合運動が正常化されたときの諸状況から生じた（彼の選出が確実になったのは、ペロンが、事実上の政権側候補者リカルド・バルビンではなく彼に投票するよう、自分の信奉者たち――彼らの〈党〉は禁止されていたが――に求めることを決断したからである）。一九五九年、労働組合活動は法一四・四五五の下で合法化された。

新しい労働法は、組合運動に関して国家に例外的なほどの権力を与えた。組合が雇用者側と団体交渉できるかどうか自体、そのペルソネリア（政府が独占的に認可する公的認証）次第だった。したがって、あらゆる労働組合の制度面での将来（その要求が将来において充足されるか）は、本質的に国家との関係に拘束されていた。必然的な結果として、法一四・四五五の諸条項は、組合の指導者たちにとって、彼ら自身のイデオロギー的な背景や個々の見解、地位から得られる個人的利得にかかわらず、実用的《プラグマティック》な現実主義を採用する強力な誘因となった(18)。

現実には、労働組合運動は錯綜した状況にあった。一方において、組合員たちは、政府に対して慎重に行動しなければならなかった。彼らの合法的身分が、労働者たちの利害や要求を擁護するための前提条件だったからであり、しかも、組合の指導が不首尾に終わった場合、労働者たちは支持を撤回してしまうかもしれない。他方で、彼らの社会的基盤は一貫してペロン派だったので、ペロンと公然と決別するわけにはいかなかった。このような情勢において、一九六〇年代前半、金属労組書記長アウグスト・ヴァンドール率いる労働組合執行部と、これに反発する、ペロンおよびペロン派内部の最急進派との間で、軋轢が高まった。労働組合側の企図――決して明示的には表明されない、というのも、ペロン派内部の誰も公然とペロンに対峙することはできなかったから――は、既存の政治システム内へのペロン派の漸進的な統合を勝ち取ることだった。ペロンは純粋に儀礼的な形象となり、運動内の実質的な権力は組合指導部に委譲されるというわけである。軋轢は様々な変転を経て、一九六六年四月のメンドーサ州選挙で絶頂に達した。二つのペロン派の候補者リスト――一方はペロンによる支持、他方はヴァンドールによる――が競合し、正統のペロン側リストが地滑り的な勝利を収めた。

ところが、ゲーム盤を蹴り倒すプレーヤーがやって来て、この軋轢の展開は、さらに一段と錯綜することになった。一九六六年、国軍はイリア大統領[*21]を罷免し、オンガニア将軍[*22]の支配の下で軍部独裁を開始した。これは、この国が経験することになる最も抑圧的な体制ではなかった――それは、一九七〇年代まで待たなければならない――が、しかし、確かに、最も愚劣で非効率的なものではあった。数箇月のうちに、それは、国内のあらゆる重要な勢力――ごく一部の大企業を除いて――を敵に回した。あらゆる政治組織を解散させ、組合運動を残酷に抑圧し、大学に介入した。独裁が始まって二、三箇月後には、社会的諸要求を表現するための制度的な経路はもはや存在しないということ、制度的秩序の完全に外側にある何らかの暴力的な反作用だけが、この政治的な袋小路に対して唯一可能な応答となるだろうということが、誰の目にとっても明らかになった。

一九六九年、いわゆるコルドバソ、武装集団によるコルドバ市の暴力的掌握をきっかけとして、社会的抗議が噴出した。これはやがて、この国の内陸部の他の諸都市にも拡大した。別方面での展開も、体制側との暴力的対決を促した。第一に、新左翼ペロン主義のゲリラ集団――ペロンはこれを自分の

「特別編隊」と呼んだ――が出現した。だが、第二に、政権が労働組合運動に対して仕掛けた抑圧そのもののために、ヴァンドールやネオ・ペロン派の集団が暗躍する余地は相当程度に縮減された。彼らはもはや期待に応えられなかった。この状況は、最終的に、左翼ペロン派ゲリラによるヴァンドールの暗殺と、さらには、労働組合運動の左右両派への分裂につながった。いずれにせよ、こうした展開の帰結は明らかだった。ペロンの中心的な役割の再強化である。彼は、支持者の政治的方向性次第で、社会主義的アルゼンチンへ向けての第一歩となるはずの反帝国主義連合の指導者とも、また、民衆運動を制御可能な限界内に封じ込んで、左翼的混沌に変質しないようにする唯一の保証とも、見做されたのだった。

したがって、たとえ、ペロン派ゲリラ集団との彼の関係性が、ペロン主義左派の組合指導者との関係に見られるのと似た政治的曖昧さに覆われていたとしても、ペロンとしては、彼の帰還を促す政治的諸条件を創出するために、こうした組織を是認する必要があった。一九七一年末になると、ペロンは、彼が自分の「二つの手」と呼んだものを活用する立場にあった。彼の「右手」は、主としてペロン派の組合に位置付けられた。……ペロンの「左手」を代表するのは、主として左翼の青年組織および彼が自分の「特別編隊」と呼ぶものだった。後者は、統率者への忠節を宣言し、さらに、彼のアルゼンチンへの帰還を国家の革命的変革の最初の契機と考えていたゲリラ集団である。亡命中の指導者はまさしく、実に巧みに両手を活用した。一九七一年から一九七二年にかけて、ペロンは驚嘆すべき流儀で政治的才能を十全に発揮した。[19]

それ以降、事態は急速に展開した。ペロン派ゲリラ組織モントネーロスによる元大統領アランブル[*23]の誘拐・処刑は、オンガニア将軍の失脚を導いた。後を継いだのはロベルト・マルセーロ・レヴィングストン将軍[*24]、その後、アレハンドロ・ラヌーセ将軍[*25]である。後者は最終的に一九七三年に総選挙を施行し、ペロン派が地滑り的な勝利を収めた。けれども、先に言及した危険性、ペロン派の等価性が構築されてきた仕方に内在する危険性が、その致命的な潜在力を露わにし始めたのは、まさにこのときだった。ひとたびアルゼンチンに戻ってしまうと、ペロンはもはや空虚なシニフィアンではありえなかった。彼は共和国大統領となった。その立場にある者として、決定を下し、選択肢の一方を選び取らなければならない。亡命時の数年間のゲーム――それぞれの集団が自分たちの政治的方向性に従って彼の言葉を再解釈する一方で、ペロン自身はあらゆる解釈から慎重に距離を維持する――は、ひとたび彼が権力の座に就いてしまうと、それを続けるわけにはいかなくなった。その帰結は速やかに表面化した。一方の側の官僚制的右派労働組合と、他方の側のペロン派青年組織や「特別編隊」には、何も共通するものはなかった。彼らは互いを不倶戴天の敵と見做した。彼らの間ではいかなる等価性も内面化されておらず、彼らを同じ政治的陣営内に留めていたのは、指導者としてのペロンへの共通の同一化だけだった。これはほとんど何の役にも立たなかった。というのも、それぞれの分派にとってペロンは、まったく相容れない政治原理を具現していたからである。しばらくの間、彼は首尾一貫した仕方で運動全体のヘゲモニーを握ろうと試みたものの、失敗した。敵対的な差異化の過程が進みすぎていた。一九七四年のペロンの死後、様々なペロン主義分派間の闘争は加速し、この国は再び急速に脱制度化の過程に入り込む。その帰結が、一九七六年の軍部の権力奪取、つまり、二〇世紀において最も容赦なく抑圧的な体制の一つの樹立であった。

私は、ポピュリズム的動員の三つの事例を提示し、それらの業績と失敗とを考究してきた。そして、それらの間には、差異――それらは、地理的地域としても政治文化としても遠く隔たったものから採られている――の面でも、それらの言説の基層にある論理の面でも、本質的に比較に値するものがあると主張してきた。まず手始めに言っておきたいが、分析に持ち込まれた諸変数の組み合わせ方だけを考えても、可能な選択肢がこれらで尽きるわけではない。別の組み合わせの可能性はつねにある。より広範な類型論的記述に向けて前進することが、もちろん、ポピュリズム理論の十全な発展にとっての目的であり宿願であるはずだ。しかし、この多角的な類型論に向けて前進するためには、幾つかの前提条件がある。理論的考察と経験的分析との架橋をどのように確立するにせよ、基本的な要請として強調しておかなければならないものである。

第一のものは、この探究で諮問してきた様々な理論的伝統において、注目に値するほど規則的に、ある区別が、繰り返し示されてきたことである。社会的アイデンティティという問題へのすべての言説的アプローチにとって決定的に重要な区別である。言語学においては、これは範列関係《パラディグム》と統辞関係《シンタグム》の区別（アイデンティティが置換関係に基づいて創出されるのか、それとも、結合関係に基づくのか）であり、修辞学《レトリック》においては、換喩《メトニミー》と隠喩《メタファー》の区別である。政治学においては、等価性と差異のそれである。様々な理論的領域において同一の区別がこのように絶えず再現されるということが、明らかに、社会的存在論が今日その最も緊急の課題として扱わなければならない一つの問題――おそらくは、唯一の問題――を指し示している。すなわち、いかにして、この区別――諸実在間の新たな関係に関わる――を思考にとって接近可能なものにするのか？

けれども、第二に、そうした区別が実際に具体的な分析に浸透するとなれば、それは、具体的状況における影響を跡付けしさえすればよいだけの、超越論的に固定された完成態《エンテレケイア》として考えられるわけにはいかない。そうではなく、具体的分析と超越論的探究が果てしなく互いに糧を与え合う肥沃な地盤として考えられなければならない。理論側への衝撃を与えることなく経験的調査の身分に格下げして済ませられるような、具体的分析など存在しない。逆に、絶対的に「純粋」で、つまり、そのカテゴリーが統御しうるものからの過剰――超越論的地平に何らかの不純な経験性を混淆させる過剰――の影響を免れた、超越論的探究も存在しない。ポピュリズムは、政治分析にとって、この混淆が出現する特権的な場所の一つである。マーガレット・カノヴァンは、きわめて興味深い論文において、救済《リダンプティヴ》としての政治と実用《プラグマティック》としての政治というマイケル・オークショットの区別を用いて、ポピュリズム的政治が構築される「無の地盤」を特徴付けた[20]。私はこの見方に全面的に賛成する。そして、ここまでの頁で十分に明らかにされたと思われる理由から、私は、この混淆という曖昧な領域《グレイ・エリア》は、ある種の周辺的な政治現象などではなく、政治的なものの本質そのものだと考えている。

おそらく、私たちの政治経験の可能性として兆しつつあるものは、ポストモダンの預言者たちが「政治の終焉」として予告しているものとは根源的に異なる何かである。全面的に政治的な時代への到達。というのも、確実性の指標の解体が政治というゲームに与えるのは、何らかのア・プリオリに必然的な地盤ではなく、それどころか、この地盤そのものが絶えず定義し直される可能性なのだから。

結論

それでは、私たちの分析の主要な結論を引き出してみよう。「人民」を一つの社会的カテゴリーと考えるとなると、私たちが探究の行程で下してきたような一連の理論的決定が要請される。最も決定的なのは、おそらく、社会的異質性に付与された構成的な役割である。異質《ヘテロジニアス》なものにこの役割を割り当てなければ、それは、その不透明さのゆえに、それ自体としては全面的に同質的で透明な何らかの究極的な核の、単なる外見上の形態に過ぎないものとして了解されてしまいかねない。つまり、それは、歴史哲学を花開かせる地盤となりかねない。反対に、異質性《ヘテロジニティ》が原基的かつ還元不能なのだとすれば、それは、まず第一に、過剰として現われるだろう。私たちが見てきたように、この過剰は、弁証法的反転であれ他の手段であれ何らかの巧妙な手口によって統御されうるものではない。異質性は、しかし、純然たる複数性や多数性も意味しない。後者〔複数性や多数性〕の方は、諸要素の集合体が十全に確定することと両立しうるからである。私が理解する意味での異質性には、それを定義する特徴の一つとして、何らかの、瑕疵のある存在ないし失敗した単一性といった次元がある。異質性は、一方で、より深層の同質性には究極的に還元不可能なのだが、他方で、単に不在なのではなく、不在であるものとして現前しているのだ。単一性は、その不在そのものを通じて現われる。私たちが見てきたように、この現前／不在の結果として、不均質《ヘテロジニアス》な総体の様々な諸要素が、差異的に対象備給され、重層的に決定される。とはいえ、ここにあるのは部分対象である。まさにその部分性を通じて、絶えず後退する一つの全体性が具現されるのである。この後者は、諸対象自体の実定的・存在的な性質から帰結するものではないから、何らかの偶発的な社会的構築が必要となる。これが、私たちが節合およびヘゲモニーと呼んできたものである。この構築――単なる知的な作業にはとても収まらない――のうちに、「人民」の出現が開始される地点が見出される。この出現のための主要な諸条件をあらためて要約してみよう。まず、「人民」のような何かが理解可能になるために必要な一群の理論的な決定を、それから、その出現を可能にする歴史的諸条件を列挙してみたい。

1　第一の理論的決定は、「人民」を、社会構造の与件としてではなく、一つの政治的カテゴリーとして理解することである。それが指し示すのは、何らかの所与の集団ではない。そうではなく、不均質な複数の要素から新たな行為体《エージェンシー》を創出する、一つの制定行為である。この理由のために、そもそもの初めから私は、分析の最小単位は、指示対象としての集団ではなく、社会的・政治的要求だと力説してきたのだった。このことから、「これらの要求はどのような社会集団の表現なのか」といった問いが、なぜ、私の分析においては意味を成さないのかが説明される。私にとって、集団の統一性とは、社会的諸要求の集積——もちろん、社会的諸実践が沈殿する中で結晶化される——の単なる結果でしかないからである。この集積は、共同体全体（ポプルス）と敗残者（プレブス）の本質的な非対称性を前提とする。なぜ、後者はつねに、全体としての共同体に自らを一体化させる部分性なのか、それについても説明してきた。

2　ポプルスの普遍性にプレブスの部分性がこのように混淆することにこそ、歴史的アクターとしての「人民」の特有性がある。それが構築される論理こそ、私が「ポピュリズムの理性《リーズン》」と呼んできたものだ。二つの視角から、その特殊性に接近できる。部分的なものの普遍性、そして、普遍的なものの部分性である。順に論じることにしよう。どのような意味で、部分的なものが普遍的なのか？　この問いに的確に答えるための要素はすべて既に出揃っている。部分性は、お分かりだと思うが、ここではほとんど一つの撞着語法として用いられている。それは、単なる部分としての意味を失い、全体性を表わす名の一つとなっている。人民的要求とは、潜在的には終わりのない等価性の連鎖を通じて共同体の不在の十全性を具現する要求なのである。それだから、ポピュリズムの理性——私たちが見てきたように、要するに政治的理性そのものである——は、政治の終焉を予告する二つの形態の合理性と関係を断つ。全面的な革命という出来事。これは、社会を自らとの十全な和解へともたらし、政治という契機を無用なものにしてしまう。さもなければ、単なる漸進主義的な実践。こちらは、政治を行政管理に還元してしまう。サン・シモンの漸進主義的なモットー——「人間の統治から事物の管理へ」——を、階級なき社会という未来の状況を記述するためにマルクス主義が採用したのも、故なきことではない。だが、私たちが見てきたように、部分対象が非部分的な意味も持つこともありうるのだ。全体の部分ではなく、全体である部分。部分／全体の関係のこの反転――ラカンの対象aにも、ヘゲモニー的な関係にも内在的である反転――がひとたび達成されると、ポプルス／プレブスの関係は、根絶しえない緊張の場となる。そこでは、それぞれの項が相手を吸収すると同時に駆逐する。この無期限《サイニ・ダイ》の緊張こそが、社会の政治的性格を確保する。すなわち、ポプルスを具現するものの複数性である。そこでは、二つの極はいかなる究極的な和解（すなわち、重合）にも導かれない。だからこそ、普遍的なものの痕跡を自らのうちに示さないような部分性は存在しないのである。

3　それでは、もう一つの視角に移ろう。普遍的なものの部分性である。ここにこそ、私たちの分析の基層を成す真の存在論的選択肢が見出されるはずである。いかなる存在的内容を存在論的備給の点で特権化すると決断するにせよ、その備給の痕跡が完全に隠匿されてしまうことはない。特権化された部分性は、また、普遍性が必然的に宿る地点ともなる。鍵となる問いはこうだ。この「宿り」は、個別的なものの特有性を廃し、その結果、普遍性が無制限の論理的媒介の真の媒体となり、そして、個別性の方は表出的媒介が起こる単なる外見上の場となるのか？　それとも、後者が、不透明な媒体を、さもなければ透明だったはずの経験に対立させ、その結果、還元不能なまでに不明瞭で（非）表象的な一つの契機が、構成的な役割を担うことになるのか？　もし私たちが後者の選択肢を採るならば、直ちに、「人民」とは（それを概念的に包摂するわけではない一つの命名を通じて、構成されるのだから）、基層にある下部構造的論理のある種の「上部構造的」効果などではなく、政治的主体性が構築される主要な地盤であることが見て取られる。

普遍性と個別性の相互混淆の主要な効果の幾つかがここに見出される。個別的なものは、自らの部分性そのものを、超越的な普遍性の名において変容させる。それだから、その存在論的機能は決して存在的内容には還元されえない。だが、この存在論的機能は、それが一つの存在的内容に結び付いたときにだけ現われうるものなので、後者が、そこにあるものすべてにとっての地平——存在的なものと存在論的なものが、偶発的だが分割不能な統一性のうちで融合する地点——となる。先の事例に立ち戻ってみよう。ある時点において、ポーランドの〈連帯〉という象徴は、社会の不在なる十全性の象徴となった。十全性としての社会といっても、それを具現する存在的諸内容以上の固有の意味を持つわけではないから、そうした諸内容が、それに結び付く諸主体にとっては、そこにあるものすべてである。したがって、そうした諸内容は、空しく待ち望むしかない何らかの到達不可能な究極の十全性と対比された、経験的に達成できる次善策などではない。これこそが、私たちが見てきたように、ヘゲモニーの論理である。部分対象と全体性の融合というこの契機は、ある一つの時点での、歴史における究極的な地平を表わす。それを二つの次元、普遍的な次元と個別的なそれに分裂させることはできない。それゆえ、歴史を、ある究極的な目的へ向かう無限の前進として理解することはできない。歴史は、むしろ、ヘゲモニー的な諸形成体の不連続な継起である。それらを、その偶発的歴史性を超越した何らかの脚本《スクリプト》によって整序させることなどできない。「諸人民」は現実の社会形成体だが、いかなる種類のヘーゲル的目的論への登録にも抵抗する。それだから、欲望と欲動というラカン的な区別を力説することにおいて、コプチェクは絶対的に正しい。前者〔欲望〕にはいかなる対象もなく、充足もされえないのに対して、後者〔欲動〕は部分対象への根源的備給に関わり、充足をもたらす。それだからまた、後に見るように、全面的革命と漸進的改良主義の二者択一の観点から政治を分極化しようとする政治分析は、論点を取り逃がしてしまうのである。そこから逃れてしまうのは、対象aというもう一つの論理――すなわち、部分性が、不可能な全体性の名となる可能性（換言すれば、ヘゲモニーの論理）――である。

4　明確化のための三つの論点を、ここで簡潔に付け加えておかなければならない。第一に、名指しと偶発性の関係は、今や完全に理解可能になっている。仮に、社会的アクターたちの統一性が、様々な主体位置《ポジション》を何らかの統一された概念的カテゴリーの下に包摂する論理的連関の結果であるならば、「名指し」とは、単に、純粋にア・プリオリな手段によって統一性を確保された一つの対象に、恣意的なラベルを選択することに過ぎない。けれども、社会的行為者《エージェント》の統一性が、等価的な（換喩的な）隣接関係を通じて束ねられた複数の社会的要求の結果なのだとしたら、名指しという偶発的な契機が、絶対的に中心的かつ構成的な役割を果たすことになる。重層的決定という精神分析のカテゴリーが指し示すのも同じ方向である。この観点からすると、名指しは、「人民」の構成において鍵となる契機である。それの境界線にしても等価性の構成要因にしても恒常的に揺れ動いているからだ。例えば、国民主義《ナショナリズム》が人民アイデンティティの構成において中心的なシニフィアンとなるかどうかは、ア・プリオリな手段を通じては決定不能な、偶発的な歴史に懸かっている。例えば、今日のイラクに関して、こう主張されている。「国民主義《ナショナリズム》の感覚はあったとしても希薄なもので、容易く他の形態の集合的忠節に置き換えられる。スンニ派とシーア派が最近になって親近感を高めていることは、まさしく、自己同一性の融通性を示している。国民《ネイション》の存在――そして、そこへの帰属――という理念は、絶えず推移する概念なのである」(1)。同じ著者が、スタンフォード大学教授スティーヴン・D・クラズナーを引用している。「個々人にはつねに選択肢がある。多数のアイデンティティがあるからである。シーア派、イラク人、ムスリム、アラブ人。こうしたアイデンティティのレパートリーからどれを選ぶかは、情況次第であり、特定のアイデンティティを持ち出すことの損得次第である」(2)。「国民主義《ナショナリズム》」が、その空虚なシニフィアンとしての役割を別の項によって代替されうるというだけではない。それ自体の意味すら、それと連合する等価性の連鎖次第で変動するかもしれない。

第二の論点は、人民アイデンティティの構成における情動の役割に関わる。言語の結合的／象徴的な次元の自動的な働きが弱まるにつれて、情動という絆が中心的になる。この視点からすると、言語の置換的／範列的な極の作動を説明する際に、情動は絶対的に重要なものである。それが働くとき、言語はより自由に連合する（したがって、精神分析的探究に開かれる）からである。私たちが見てきたように、等価的論理は人民アイデンティティの形成において決定的であり、そして、こうした置換的／等価的作業において、意味作用と情動の重なり合いは最も全面的に際立つ。これこそ、想い起こしてみると、大衆社会の初期の理論家たちが、最も問題を孕んだもの、社会的合理性への主要な脅威をもたらすものと見た次元である。そして、構造主義から合理的選択に至るまで、現代における社会科学の合理主義的再構築の中で、結合的／象徴的な極、「文法的」ないし「論理的」な計算を可能にする極の犠牲となって、体系的に降格させられている極でもある。

最後の論点も述べておかなければならない。一つのヘゲモニー的形成体ないし人民的布置から別のそれへの移行にはつねに、根源的な分断、無からの創造が伴う。出現する布置のすべての要素が全面的に新しくなければならないということではない。そうではなく、節合の地点、すなわち、それを軸に新たな全体性としてヘゲモニー的形成体が再構成される部分対象は、自らの中心的な役割を、先行状況内で既に作動していた何らかの論理から引き出したりはしないということだ。ここにおいて、私たちは、ラカンのいう行為への移行《パサージュ・ア・ラクト》に近付いている。〈現実的なもの《リアル》〉の倫理に関わる近年の議論の中心にあるものだ[3]。アレンカ・ジュパンチッチが主張するように、「Aktus der Freiheit、「自由の行為」、真正なる倫理的行為は、つねに転覆的である。それは、単に「改善」や「改良」の結果であることは決してない[4]」。

等価的／節合的な契機は、各々の要求が他のものへ移行する論理的必要性から発生するものではないから、新たな歴史的アクターとしての「人民」の出現にとって決定的に重要なのは、新たな布置における複数の諸要求の統一化は、構成するものであって派生してくるものではないということである。換言すれば、それは狭義における行為を構成するのだ。というのも、それは、外側にある何かのうちに源泉を有するわけではないからである。歴史的アクターとしての「人民」の出現は、だから、つねに、先行する状況に対して侵犯的である。この侵犯は新たな秩序の出現である。ジュパンチッチは、オイディプスに関してこう主張する。「オイディプスの行為や発話は、単なる、無礼だとか、〈他者〉に浴びせられた挑発の言葉だとかではない。それは、〈他者〉（別の〈他者〉）を創造する行為でもあるのだ。オイディプスは「侵犯者」という以上に、新たな秩序の「創設者」である[5]」。

真の行為に関するジュパンチッチの記述に私は概ね賛同するが、侵犯される状況の性質に関しては、私の見解は彼女のものと袂を分かつ。彼女が主に重視するのが行為のもたらす分断の根源性であるがゆえに、その侵犯機能が、その確立するものの新しさとも併せて、強調される傾向にある。だが、私の見るところ、彼女はこれにより、行為への移行に先行する状況を、実際にそうである以上に閉鎖的で一枚岩的なものとして提示してしまっている。状況が内的に転位されるとしたら、そして、行為が単に旧秩序を新秩序に置き換えるのではなく、少なくとも部分的には混沌《カオス》があったところに秩序を導入するのだとしたら、どうなるだろうか？　その場合でも、導入された秩序は依然として新しいものだろうが、欠落していた秩序そのものの具現でもあることになる。このことは、ジュパンチッチの分析の一つの鍵となる論点、すなわち、真の行為においては、分割された主体は存在しないという彼女の主張にとって重要である。「意志の分割ないし主体の分割が自由の指標だとしても、しかし、それは行為の指標ではない。行為においては、分割された主体は存在しない。アンティゴネーは、彼女の行為において全体ないし「すべて」である。彼女は「分割されて」も「斜線を引かれて」もいない。これが意味するのは、彼女が対象の側に完全に移行するということ、そして、この対象を欲する意志の場所が「空虚なままとなる」ということである」[6]。この定式化に対して私が苦情を申し立てたいのは、行為において主体が全面的に対象の側に移行するという主張ではない。それには私は賛同できる。私の異議は——先に与えたばかりの理由で——、私は対象自体を分割されたものと見ているということである。行為は、一方で、新たな（存在的）秩序をもたらすが、他方では、秩序付ける（存在論的）機能を有する。だから、それは、ある複雑なゲームの場なのである。このゲームによって、ある具体的な内容が、まさしくそれが具体的であることを通じて、それ自身とはまったく別の何かを、つまり、私が社会の不在の十全性と呼んだものを現実化するのだ。容易く見て取られるように、このゲームの複雑さそのものがなければ、ヘゲモニーも人民アイデンティティもないだろう。

5　次に、人民アイデンティティの出現と拡張を可能にする歴史的諸条件について論じるとしよう。構造的条件については既にわかっている。すなわち、社会的諸要求の多元化である。それらの不均質性《ヘテロジニティ》は、等価的な政治的節合を通じて初めて、何らかの形の統一性へ導かれる。したがって、歴史的諸条件に関わる問いは次のようであるはずだ。私たちは、内在的な下部構造の機構を通じて社会的同質性が増大していく社会に暮らしているのか、それとも、反対に、不均質な断絶点と敵対性が増殖し、そのために、社会的再凝集の政治的な形態が次第に必要となっていく――つまり、後者が、基層的な社会論理にではなく、私が記述してきた意味での、行為に依拠するようになる――歴史的地盤に生きているのか？　この問いには答えるまでもないだろう。とはいえ、一定の考察を必要とするのは、均衡を次第に不均質性の側に傾けさせる諸条件である。相互に関係する幾つかの条件があるが、それらを一つの表題の下に包摂するとすれば、それはこうだろう。グローバル化した資本主義。もちろん、資本主義というのを、もはや、基本形式としての商品の諸矛盾から派生する運動に統御された、自己完結的な全体性と理解するわけにはいかない。資本主義は、もはや純粋に経済的な現実としてではなく、経済的・政治的・軍事的・技術的その他の規定因――それぞれに、固有の論理と一定の自律性が備わった――が全体の運動の規定に参与する、一つの複合体としてでなければ理解できない。別の言い方をすれば、不均質性は資本主義の本質に属する。その部分的安定化は本性においてヘゲモニー的なのである。

ここで右の諸問題に関する議論に踏み込む余裕はない。もう一冊の書物が必要となってしまうからである。現代社会におけるポピュリズムに関する考察が無視するわけにはいかない幾つかの側面に、簡潔に――ほとんど電信文のように――言及するだけにしておこう。[7] 第一に、概念と名の不安定な均衡という問題がある。私の議論の様々な箇所に姿を見せたものである。社会的アクターが取りうる主体位置《ポジション》群の水平的変動の範囲が限られた社会であれば、それらは、一定の社会的アクターのアイデンティティを表現するものとして理解してよいかもしれない。例えば、労働者たちが、特定の近隣地区に暮らし、同程度の職に就き、消費財・文化・娯楽等々を同じように入手できているとしたら、彼らは、不均質性があろうとも、自分たちの要求のすべてが同じ集団から発するという、また、自分たちの間には自然で本質的な連関があるという幻想を持つかもしれない。人々の生活経験の中でこれらの要求がより不均質となってくると、「当然視されていた」集団を軸とする自分たちの統一性に疑いが抱かれてくる。一つの偶発的実在として「人民」を構築する論理は、この時点において、社会的内実から一段と自律化するが、しかし、まさにその理由から、一段と構成的な諸効果を及ぼすようにもなる。ここにおいて、高度に対象備給された結集点として、名が、集団の統一性を表現するのではなく、その根拠となる。

第二に、社会的分割の言説的構築という問題がある。私が提示した人民アイデンティティ形成の構造的説明において、敵対性の境界は等価的論理に根拠を置く。境界は、「人民」の出現の不可欠の条件《シネ・クア・ノン》である。それがなければ、部分性／普遍性の弁証法全体が端的に崩壊してしまう。だが、等価的な連鎖が拡張するにつれて、諸々の環の間の節合は「自然な」ものではなくなり、敵（境界の反対側に位置付けられた）のアイデンティティも不安定になる。私の分析の様々な箇所で遭遇した事柄である。局所的な文脈内で定式化された特定の要求の場合であれば、誰が相手なのかを決定するのは相対的に容易である。ところが、多数の不均質な要求間に等価性があるとなると、何が目標なのか、誰と戦っているのかを決定するのは遥かに困難になる。ここにおいて、「ポピュリズムの理性」が十全に効力を発揮するのだ。このことは、私が「グローバル化した資本主義」と呼ぶものが資本主義の歴史において質的に新たな段階を画するのはなぜか、そして、私が記述してきたようなアイデンティティ形成の諸論理の深化へ導くのはなぜか、説明してくれる。転位をもたらす諸効果が多元化し、新たな敵対性が増殖したのである。それだから、反グローバル化運動もまったく新たな仕方で行動しなければならない。きわめて不均質な社会的諸要求間の等価的連環の創出を提唱する一方で、同時に、何らかの共通の言語を彫琢しなければならないのだ。新たなインターナショナリズムが出現しつつある。それは、同時に、政治的媒介の伝統的な制度化された形式を時代遅れにするものである。例えば、「政党」という形式の普遍性は、根源的に問いに付される。

最後に、政治的なものの身分という問題がある。私の見るところ、政治的なものは、偶発的節合——差異的論理と等価的論理の弁証法のもう一つの名——とでも呼ばれるものに結び付く。この意味で、あらゆる敵対性は本質的に政治的である。けれども、そうなると、政治的なものは、例えば、経済的なそれとは別の、一つの領域的な軋轢の型に関わるわけではなくなる。なぜか？　主な理由は二つある。第一に、事態を問いに付す諸要求は、当の事態の論理から自然発生的に成長するのではなく、それとの分断にこそ基づくからである。賃上げの要求は資本主義的関係の論理から派生するわけではない。それとは無縁の観点——例えば、公正さに関わる言説の観点——から、この論理を中断するのである。それゆえ、いかなる要求も構成的異質性《ヘテロジニティ》を前提とする。それは、状況の論理との関係を断つ出来事なのである。このことが、そうした要求を政治的なものにする。けれども、第二に、既存の状況に対する要求のこうした異質性が、一つの特定の内容に限定されることは滅多にない。それは、そもそもの初めから、きわめて重層的に決定されているはずだ。公正さの観点からの高水準の賃金への要望は、他の様々な状況にも結び付いた、より広範な公正感覚に根差すであろう。換言すれば、変化の純粋な主体は存在しない。それはつねに、等価的な諸論理を通じて重層的に決定されているのである。これが意味するのは、政治的主体はつねに、何がしかの仕方で、人民的主体であるということだ。そして、グローバル化した資本主義の諸条件下において、この重層的決定がなされる空間は明らかに拡大する。

以上で、人民アイデンティティの形成を規定する諸論理に関して、私の考え方の主要な特徴は提示された。しかし、私のアプローチの特性は、近年提案されてきた別種のアプローチと比較してみれば、より明らかになるだろう。最初に、それらのうち、私が根本的に同意しかねる二つ――スラヴォイ・ジジェクの提案したもの、および、マイケル・ハートとアントニオ・ネグリのもの――について論じよう。それから、本書で提示された見方に近いものに移る。ジャック・ランシエールのものである。

ジジェク――火星人を待ちながら

人民的主体の統一性という問題への第一のアプローチは、伝統的マルクス主義の新たなヴァージョンのうちに見出される。人民の統一性は階級の統一性に還元されるというものである。ジジェクの著作を、この立場《ポジション》の代表例として取り上げてみたい[8]。私の著作を批判する過程で、彼自身の主体観が提示される。彼の主要な論点は次の通りである。(1)私〔ラクラウ〕の立場の背後には、ほとんど偽装すらされていないカント主義がある。

> ラクラウの主要な「カント的」次元は、政治的関与における不可能な〈目標〉への熱狂と、その穏健で実現可能な内容との間に、架橋しえない間隙を彼が認めている点にある。……私が言いた

いのは、そのような間隙を政治的関与の究極的地平として認めてしまうと、そうした関与に関して私たちは次の選択をするしかなくなるのではないかということだ。すなわち、私たちは、自らの企てが必然的に究極的には失敗するということから目を背ける——素朴さへ後退して、熱狂に巻き込まれる——のか、それとも、冷笑的な距離の構えを身につけて、結果が失望させるものなのを十分に自覚しながらゲームに参加するのか？（pp.316-17〔邦訳四一六頁〕）

⑵私の立場を多文化的なアイデンティティ政治《ポリティクス》のそれと誤って同一視した後に、ジジェクはこう結論する。「しかし、革命後の〈社会〉の十全性を拒絶するのは正当だとしても、だからといって、包括的な社会変革のいかなる企図も断念しなければならないという、そして、解決されるべき部分的な諸問題に留まらなければならないという結論が正当化されるわけではない。」「現前の形而上学」の批判から反ユートピア的な「改良主義的」漸進主義の政治へ飛躍するのは、無理な短絡である」（p.101〔邦訳一三七頁〕）。⑶ジジェクによれば、古典的な本質主義的マルクス主義の崩壊が進展し、新たに人民的な数多くの歴史的アクターが出現しているという歴史的な語りの背後には、ある種の「諦念」、「唯一関心に値するもの《オンリー・ゲーム・イン・タウン》」として資本主義を容認すること、既存の資本主義的な自由主義体制を克服しようとするいかなる実際の試みも断念すること」がある（p.95〔邦訳一三〇頁〕）。⑷「グローバル資本主義や「〈資本〉の論理」への批判の提唱者たちに対して、ラクラウが論じるところでは、資本主義は、偶発的な歴史的布置の結果として結合された不均質な諸特徴の、一貫性を欠いた複合体であり、基層にある共通の〈論理〉に従う同質的な〈全体性〉ではない」（p.225〔邦訳二九九頁〕）。⑸そして、最後に、ジジェクの議論の核として、私との社会的アイデンティティ観の相違の根拠となるものがある。

「ラクラウに対する異論のここでの争点は、ヘゲモニー闘争に参与する全要素が原理的には平等だということを、私〔ジジェク〕は容認しないということである。一連の闘争（経済的、政治的、フェミニズム的、生態学的、民族的、等々）のうちには、つねに、連鎖の部分でありながら、秘かにその地平そのものを重層的に決定する一つ〔階級闘争〕があるのだ。個別的なものの普遍的なものへのこの混淆は、ヘゲモニーを求める闘争よりも強力である。……それは、多数の個別的な内容がヘゲモニーを求めて戦う地盤そのものを前以て構造化するのである」（p.320〔邦訳四二一頁〕）。

この不正確な記述の累積を探究してみよう。まず、本書の読者であれば、私の研究をジジェクがどこで基本的に読み誤っているか、苦もなく特定できるであろう[9]。私のアプローチを特徴付けるにあたって、彼は、「包括的《グローバル》な社会変革」を部分的変化に対立させ、後者を漸進主義的改良主義と同一視する。この対立は意味を成さないし、同一視の方に至っては端的に恣意的な作り話である。私は「漸進主義」についてなど語っていない。私の理論的なアプローチにおいて、この語が意味できるとしたら、いかなる種類の等価性にも邪魔されない差異的論理か、さもなければ、いかなる種類の人民的節合にも参与しない瞬間的な諸要求の世界でしかない。人民アイデンティティは、私の言う意味では、つねに全体性を構成する。私が部分的な闘争や要求について語っているのは確かだが、しかし、この部分性は漸進主義とは何の関係もない。本書で充分に明らかとなったように、部分性という私の概念は、精神分析で「部分対象」と呼ばれているもの——すなわち、全体性として機能する部分性——に収束する。それゆえ、ジジェクが看過しているのは、対象aの論理全体である。これは、先に論じたように、ヘゲモニーの論理と同一のものだ。対象が「〈モノ〉の荘厳さにまで高められる」ということを、ジジェクは政治的な可能性として排除しているらしい。彼が提示する二者択一はこうである。

〈モノ〉そのものに到達するか、さもなければ、いかなる全体化効果によっても結び付けられていない純粋な諸部分性に留まるか。私が思うに、ジジェクのようなラカン主義者であれば、もっとよくわかっているべきだ。

同じ理由で、ヘゲモニーの地平の部分性は、いかなる種類の諦念にも関わらない。欲動が充足をもたらしうるという、対象に関するコプチェクの議論が、ここで大きく関係してくる。あるヘゲモニー的布置内部の主体にとって、その布置は、存在するすべてである。それは、ある〈理想〉に向けて果てしなく接近する中での一つの契機などではない。それだから、ジジェクがカントに言及するのは、完全に見当違いである。カントにとって、〈理念〉の統制的な役割は、本体的《ヌーメナル》な世界に向けての無限の接近を確かに結果するが、しかし、ヘゲモニー的同一化の場合には、その種のことは何も起こっていない。何への無限の接近だというのか？　ジジェクが提示する二者択一――素朴な期待か、冷笑か――は、ひとたび部分対象への根源的備給がなされれば（ひとたび、対象が「〈モノ〉の荘厳さにまで高められ」れば）、崩壊する。そして、この対象は、つねに部分的だとしても、根源的変化なり包括的《グローバル》な社会変革なりをもたらすかもしれない。だが、そうなるときですら、根源的備給という契機は必然的に存在するはずである。いかなる場合でも、〈モノ〉そのものは、何らかの対象を通じた表象なしに直接触れられることはない。実のところ、そのような〈モノ〉は、遡及的な仮定として以外には存在しないのである。だが、対象のこの部分性には、いかなる諦念も断念も関わらない。

それにしても、この理論的な不一致の真の根底は何だろうか？　私が思うに、それは、ジジェクの分析が完全に折衷的だという事実に存する。というのも、それは、二つの両立しえない存在論に根差しているからである。一方は、精神分析と、フロイトによる無意識の発見に結び付き、他方は、ヘーゲル的／マルクス的な歴史哲学に結び付く。ジジェクはその二つを束ねるべく、ありとあらゆる怪しげな歪曲を遂行するのだが、明らかに成功からは程遠い。彼のお気に入りの方法は、表層的な相同性を樹立しようとするものである。例えば、彼はどこかで、資本主義は、それがつねに回帰するものであるがゆえに、現代社会にとっての〈現実的なもの《リアル》〉――ラカン的な意味での――だと主張している。しかし、無際限の反復が〈現実的なもの〉に固有の唯一の特徴ならば、同じように、寒気は、それが毎冬回帰するがゆえに、資本主義社会の〈現実的なもの〉だと言うこともできてしまう。真の隠喩的な類比――認識論的価値のある類比――は、資本主義が社会的象徴化以上のものだと示さなければならないはずである。ジジェクには、これを証明しようがないだろう。

ジジェクによれば、資本主義とは多数の不均質な特徴の情況的で一貫性を欠いた結合だというのが私の主張である。言うまでもなく、私はそのような馬鹿げたことを決して言ってはいない。私が実際に言ってきたこと――そして、これはまったく別のことである――は、社会形成体としての資本主義の首尾一貫性を、商品形態に含意された諸矛盾の論理的分析だけから導出することはできないということである。というのも、不安定な権力関係を通じて制御はできるかもしれないが、しかし、自身の内生的論理からは導出しえないような、そうした異質《ヘテロジニアス》な外部への関係に、資本主義の社会的実効性は懸かっているからである。換言すれば、資本主義の優位性は、自己決定的なものでも、それ自身の形式から導出されるものでもなく、ヘゲモニー的構築の結果なのである。だから、それの中心性は、社会における他のすべてと同じように、不均質《ヘテロジニアス》な諸要素の重層的決定から導出される。そういった理由から、社会には、諸力の関係のような何か――グラムシ的な意味での「陣地戦」――が存在しうるのである。資本主義の優位性がその単なる形式の分析から導出されうるとしたら――私たちが対峙しているのが、同質的で自己展開する論理だとしたら――、いかなる種類の抵抗も端的に無益だろう。少なくとも、その論理がそれ自身の内的諸矛盾を展開し切るまでは（第二インターナショナルのマルクス主義が弄んだ結論だが、実のところ、ジジェクもそこから懸け離れているわけではない）。

ジジェクが言うには、彼と私の不一致は、ヘゲモニー闘争に参与する諸要素は対等ではないという、彼にとっての事実から発する。「連鎖の部分でありながら、その地平そのものを重層的に決定する」ものがつねに存在するというのだ。彼によれば、これが意味するのは、ヘゲモニーを相争う闘争より根本的な何か、それが生起する地盤を構造化する何かが存在するということである。ヘゲモニー闘争に参与する諸要素に本質的な不均等性があるという主張には、私は確実に賛同できる。ヘゲモニーの理論は、まさしくこの不均等性の理論なのである。だが、ジジェクが提示するのは、歴史的議論ではなく、超越論的なそれである。彼にとって、あらゆる可能な社会において、この決定を下す役割は必然的に経済に対応する（この点に関しては、あたかも、「最終審級における決定」、「支配的な役割」、「相対的自律性」等々といった、一九六〇年代における素朴な区別に立ち戻っているかのようだ）。古典的マルクス主義に向かうジジェクの空虚な身振りについて私が最初に言えるのは、重層的決定というフロイト的カテゴリーが誤用されているということである。フロイトにとって、重層的に決定する審級は、全面的に個人史に依存する。それ自身として本来的に重層的に決定する要素など存在しない。けれども、もしジジェクが、幾つかの要素は歴史的ア・プリオリであり、重層的に決定するべく宿命付けられていると言うのであれば、彼はフロイトの陣営を完全に放棄している。事実上、ユングの方に近いことになる。死に物狂いに「経済による最終審級における決定」を擁護しながら、ジジェクはときに、自然主義という最後の砦が維持されるべきであると語る。これはうまく行かないだろう。二つの両立しえない存在論を束ねることはできない。重層的決定がその諸効果において普遍的である——その場合には、コプチェクが最近書いたように、欲動の理論が古典的存在論の空間を占める——か、さもなければ、それは、領域限定的なカテゴリーとして、完全な決定の領野に包囲され、後者が基礎的存在論の場となりながら、重層的決定が作動しうる範囲を画定するか、そのいずれかなのである。

皮肉なことながら、資本主義社会における経済的過程の中心性を示すのに、ジジェクはこの不細工で折衷的な言説を必要としない。誰もこの中心性を真剣に否認したりはしない。困難が生じるのは、彼が「経済」を、社会の根拠として作動する自己規定的で同質的な審級に変形するとき——つまり、それをヘーゲル的な説明モデルに還元するとき——である。実際には、経済は、社会における他のすべてと同じように、社会論理の重層的決定が起こる場であり、だから、その中心性も、社会の物質的再生産は他の諸審級以上に多くの影響を社会過程に及ぼすという明白な事実の結果である。これは、資本主義的再生産が、単一の自己規定的機構《メカニズム》に還元されることを意味しない。

ここにおいて、私たちは、ジジェクのアプローチにおける諸困難の核心に到達する。一方において、彼は、全面的な革命的行為の理論に専心する。自らの外側のいかなる対象へも備給されることなく、それ自身の名において作動する行為である。他方で、資本主義システムは、支配的で基層的な機構として、解放の行為が関係を断たなければならない現実である。両方の前提から得られる結論は、有効な解放闘争は、全面的かつ直接的に反資本主義的なもの以外に存在しないというものである。彼の言葉でいうと、「私は反資本主義闘争の中心的な構造化の役割を信じる」(10)。しかし、問題は、反資本主義闘争がどのようなものか、彼が何の示唆も与えないことである。ジジェクは、多文化的、反性差別主義的、反人種主義的な諸闘争を、直接的には反資本主義的ではないとして、直ちに斥ける。より直接的に経済に結び付いた〈左派〉の伝統的な諸目的が是認されるわけでもない。賃上げ、産業民主主義、労働過程の管理、所得の漸進的な分配といったことへの要求が、反資本主義的なものとして提案されるわけでもない。すべての機械を打ち壊そうという機械破壊《ラッダイト》運動的提案が資本主義に終焉をもたらすとでも考えているのだろうか？　ジジェクの著作のただの一行たりとも、彼が何を反資本主義闘争と考えているのか、事例を与えてくれない。別の惑星の生物の侵略を予期してでもいるのか、それとも、彼がかつて示唆したように、何らかの種類の生態学的破局が起きて、世界を変貌させはしないまでも、ばらばらにしてしまうとでもいうのか、途方に暮れるしかない。

それでは、どこで議論全体が狂ってしまったのか？　まさしく前提そのものにおいてである。ジジェクは戦略的‐政治的思想にヘゲモニーの論理を適用するのを拒むがゆえに、袋小路に入って立ち往生するのだ。彼は、あらゆる「部分的」闘争を、「システム」（それが何を意味するかはともかく）に内在的なものとして斥けなければならなくなる。そして、〈モノ〉は到達不能である以上、彼は、反資本主義闘争のいかなる具体的な歴史的アクターもなしに取り残される。結論はこうだ。ジジェクは、解放の主体の理論を何一つ提供できない[11]。それと同時に、彼の見るシステム的全体は、一つの根拠として、それ自身の内的法則だけに統御される以上、唯一の選択肢は、こうした法則がその効果をすべて産み出し尽くすのを待つことしかない。ゆえに《エルゴ》、政治的ニヒリズム。

しかし、ジジェクの前提を両方とも問いに付すならば、より多くの希望の余地を残した筋書き《シナリオ》が産み出される。第一に、闘争の部分性を取り上げてみよう。私たちが見てきたように、等価性に照射された領域がなければ、いかなる闘争も要求も存在しない。ジジェクが間違っているのは、多文化的等々の諸闘争を、二次的で、既存のシステム内に全面的に統合可能なものとして提示していることである。どの項がより根本的かを問うという形で問題を提示することは、まったくもって不適切なのである。私たちが見てきたように、中心性はつねに人民アイデンティティの形成に結び付いているが、後者は民主的諸要求の重層的決定より外の何ものでもない。したがって、それぞれの場合の中心性は、ジジェクが想像するような、社会的諸効果の抽象的配置《ジオメトリー》内部での位置付けにではなく、人民の総体のうちでの他の諸要求との具体的な節合に依拠することになる。言うまでもなく、これは、そうした全体が「進歩的」な性格を有することを保証するわけではないが、しかし、様々なヘゲモニー的な試みが生じる地盤は確かに創出されている。第二に、反資本主義闘争それ自体といった何かが存在しないのはなぜか、それも明らかに見て取れる。そうではなくて、複数の闘争の節合からある一定の断絶点において導出される、反資本主義的な諸効果しか存在しない。革命運動にだけ言及するとしても、前世紀の主な蜂起のいかなるものも――ロシア、中国、キューバ、ヴェトナムの革命すらも――自らを主に反資本主義的なものと宣言したわけではなかった。母乳の「乳房価値」についての精神分析的議論において私が述べたことが、ここでは、政治的備給の「反資本主義的」価値として参照できるだろう。とはいえ、一つの問題が残る。「反資本主義」の意味論的内容は何か？　反資本主義は空虚なシニフィアン――先に言及したような、欠如を表わす名の一つ――なのか？　その場合、「資本主義」は反資本主義運動の構築物、反資本主義的等価性の陣営の統一性を構成する境界の「反対側」ということになる。それとも、資本主義は、むしろ、システム全体の基層にある論理なのか？　その場合、反資本主義は、資本主義そのものの論理の内的な効果でしかないことになる。ここにおいて、ジジェクと私を分かつものが正確に見て取れよう。彼が全体的内在性――ヘーゲルの用語で言えば、論理的内在性でしかない――の領野内に留まる一方で、私にとって、否定性の契機（根源的備給、代表の不透明性、対象の分割）は還元不能なのである。それだから、私にとって、中心的な歴史的アクター――ある時点においては、経験的に「階級」となるかもしれないが――はつねに、雑多な「人民」であるのに対して、ジジェクにとってはつねに、「階級」そのものなのだ。彼はこの点でラカンよりもヘーゲルに近いが、私の方はヘーゲルよりもラカンに近いと思う。

ハートとネグリ――神は与え給う

ジジェクが、社会的アクターのアイデンティティを、最終審級における決定という「歴史的ア・プリオリ」において根拠付けようとするのに対して、ハートとネグリは、超越論的な存在論的特権のそうした割り当てを、どのようなものであれ回避する。(12) 彼らにとって、あらゆる社会闘争は、つながりはないとしても、彼らが「マルチチュード」と呼ぶ解放の主体の構成のうちに収束する。さて、見掛け上、彼らのいう「マルチチュード」と、私が本書全体を通じて「人民」と呼んできたものとの間には一定の類比がありそうだが、しかし、この類比は純粋に表層的なものである。彼らのアプローチの主要な特徴を、私たちの調査主題に関係する限りで、簡潔に考察してみよう。彼らの出発点はドゥルーズ的／ニーチェ的な内在性の概念である。ハートとネグリは、それを近代の世俗化過程と結び付ける。しかし、世俗的内在主義は、何らかの普遍的な機構《メカニズム》の作動と、そして、何らかの普遍的な歴史的アクターの一定時点における出現とを要請する。だが、すべては、この普遍性がどう理解されるかに懸かっている。部分的で、政治的に構築された普遍性なのか、それとも、基層にあって自然発生的なそれなのか。明らかに、根源的内在主義と両立しうるのは後者の立場《ポジション》だけであり、ハートとネグリは決然とこちらを採用する。前者の立場——私の立場である——が要請するのは、社会という根拠を断片化するとともに、純粋な内在性には還元しえないような否定性だからである。ハートとネグリからすれば、根源的内在性は、〈帝国〉の構成においてその可視性の最高点に達する。境界線がなく、また——かつての帝国主義とは反対に——中心もない実体である。不定形ながらも自己規定的なこの全体性の諸特徴は、〈帝国〉の墓掘り人としてのマルチチュードにも——資本主義のもたらす普遍化を、普遍的階級としてのプロレタリアートの出現の前触れとして記述するマルクスを、偲ばせるような仕方で——受け継がれる。近代における主権国家は、マルチチュードにとって歴史的な挫折だったのかもしれない。というのも、それに伴ったのは、王の絶対権力の再確立であり、そして、代表制機構だったのだから。これらは、マルチチュードの統一性の創出を可能にする唯一の機構である自然発生的収束に足枷を付けたのだった。この統一する機構《メカニズム》はどのように作動するのか？『〈帝国〉』によれば、それには、いかなる政治的媒介も関わらない。著者たちによれば、圧迫された者たちが反抗するのは当然でしかないのだから、彼らの統一性は、端的に、自然発生的な収束への傾向の表現に過ぎない。統一性は、〈天〉からの贈り物として、彼らの理論のうちで、私たちがヘゲモニー的節合に割り当てているのと同じ場所を占める。垂直に分離された諸闘争を水平方向に結び付ける必要はないから、あらゆる政治的な構築は消滅する。共通の目標を巡ってマルチチュードが統合されることを確保する唯一の原理は、ハートとネグリが「対抗すること《ビーイング・アゲンスト》」と呼ぶものである。あらゆるものに、あらゆるところで対抗することが肝要なのである。その目的は普遍的な逃走である。この過程は、国境を越える人々のノマド的・リゾーム的運動を通じて、既に起こっている。

この理論的な継起をどのように考えるべきか？　分析全体の表層性に驚かされることは避けられそうもない。あまりに明瞭なその弱点を指摘するよりも、むしろ、それらの源泉を暴いてみよう。というのも、それらは、単なる誤謬ではなく、真の重要な諸論点を間違った仕方で取り扱った結果だからである。まず、「対抗すること」というカテゴリーを取り上げよう。額面通りにいえば、それは何の意味も成さない。人々はあらゆるものに、あらゆるところで対抗しているわけではない。けれども、もし――マルクスを敷衍して――「神秘的な殻から合理的な核を引き出そうと」するならば、この不器用な定式化の背後に重要な問題があるのが見て取られる。本書において、「社会的異質性《ヘテロジニティ》」という用語で取り組んできた問題である。マルクスにとって、革命的主体――プロレタリアート――の統一性が資本主義の下での社会構造の単純化に起因する本質的同質性の表現であったのに対して、ハートとネグリのマルチチュードは、社会的行為者《アクター》の不均質性《ヘテロジニティ》を否認することも、また、統一性の根拠を、ジジェク流に、一つの闘争の他のすべてに対する超越論的に確立された優越性に置くこともしない。私もまた、「人民」の概念において、社会的諸要求の基本的不均質性と、集合的実在へのそれらの収束を認めたし、この実在は、それらの節合の諸形式とは別個の何らかの基層的機構を表現するものではない。「対抗すること」という概念にしても、具体的な参照項がないことにおいて、私が「空虚なシニフィアン」と呼んだものを仄かにながらも喚起する。そうだとしたら、どこに違いがあるのか？　きわめて単純である。政治的節合の問題へのアプローチが違うのである。私にとって、不均質性からの統一性の出現は、等価的論理の確立、そして、空虚なシニフィアンの産出を前提とする。『〈帝国〉』では、それは、圧制と戦う人民の自然な傾向からの結果である。この傾向を天からの贈り物と呼ぶか内在性の帰結と呼ぶかはどちらでもよい。神即自然。重要なのは、この問題へのハートとネグリのアプローチが、政治過程を過度に単純化するよう彼らを導いてしまうことである。反抗への自然な傾向があるならば、反抗の主体の政治的構築は必要とされない。だが、社会はこの単純過ぎる定式化が認めるよりも遥かに錯綜したものである。人々は決して、ただ「対抗する《アゲンスト》」のではなく、何らかの個別的な事柄に反対したり賛成したりするのだ。そして、より広範な「対抗する」――より包括的《グローバル》な人民アイデンティティ――の構築は、延長された政治的陣地戦（もちろん、敗北するかもしれない）の結果でしかありえない。権力の内的な極が消滅した、中心なき帝国的全体性――ある種のスピノザ的永遠――という描像に関して言えば、これで事態がうまく運ぶわけではない。九・一一以降の国際的情勢において何が起きたかに目を向けてみればよい。

同じようなことが、ハートとネグリの議論の別の側面についても言える。そこでは、戦略に対して戦術が絶対的に特権化される。ここにも、私が賛同できる何かがある。長期的予言を可能にする必然的法則の作動に基づく歴史観、および、厳格な階級的位置を巡って構成される社会的行為者《エージェント》の概念の結果として、社会主義の伝統は、戦略への戦術の全面的服属を唱導した。今日では、しかし、未来は偶発的変動に開かれたものと見られるがゆえに、また、社会的アクターの不均質性が徐々に認識されてきているがゆえに、戦略と戦術の関係は逆転している。戦略は必然的に、より短期化し、戦術的介入の自律性が増大する。ところが、これによって、ハートとネグリは極端な（そして、私の見るところ、間違った）結論に導かれた。戦略は全面的に消滅し、その一方で、つながり合いを欠いた戦術的諸介入が唯一関心に値する《オンリー・ゲーム・イン・タウン》ものとなるというのである。ここでもまた、瞬間的かつ垂直的な諸闘争のみが戦闘的関与の対象として認められ、その一方で、それらの節合は神に（あるいは〈自然〉に）委ねられる。換言すれば、ここにあるのは、政治の完全な消滅《エクリプス》である。ハートとネグリのアプローチは、一九六〇年代のイタリア労働者主義《オペライズモ》の最悪の限界を証し立てている。

　さて、ジジェクのアプローチをハートとネグリのものと比較してみると、どちらの場合にも、彼らの理論的・政治的袋小路が同じ理論的な根底から派生しているのがわかる。すなわち、究極的には、何らかの形式の内在性――明らかに、それぞれの場合で異なる内在性ではあるが――に依拠しているということである。私が指摘したように、ジジェクの場合には、ヘーゲル型の論理的内在性である。このことは、社会的不均等性を社会的ア・プリオリという超越論的水準にまで移動させようとする彼の試みに反映されている。実際のところ、ジジェクの思想は、彼の初期著作には見られた前向きな展望すべてから退却してしまっている。名指しの問題を私は論じたが、この問題に対する彼の洞察に富むアプローチは、ひとたび名指しが、先行する超越論的な対象構成のうちに概念的限界――いかなる名指しも侵犯しえない限界――を見出してしまえば、鋭利さをほとんど失ってしまう。彼には、情動の根本的役割を支持することもできない。対象aへの根源的備給は、もし、何らかのア・プリオリな枠組みがそうした備給の対象となる実体を決定しているのだとすれば、存在しえない。最後に、否定性に関して言えば、ジジェクは自分の見解を変化させてきた。彼は、敵対性という還元不能な否定性に関する私の分析を熱狂的に歓迎した。彼はそれを、社会理論の領野における、ラカン的な〈現実的なもの《リアル》〉の再出現と見たのである。今では、彼は私に反対してこう論じる。敵対性の諸主体は、歴史のア・プリオリな組織形態からの指令によって決定される、と。これでは、〈象徴的なもの《シンボリック》〉は、〈現実的なもの《リアル》〉が作動しうる範囲を確立する究極的な枠組みだと言うのに等しい。これはまったくラカン的ではない。ジジェクの企図は折衷主義へと瓦解する。彼のお気に入りの山ほどのジョークや駄洒落、相互参照もそれを隠し切れてはいない。

ハートとネグリが用いる内在性は、ヘーゲル的ではなく、スピノザ゠ドゥルーズ的なものである。ジジェクのような、ラカンを巡る躊躇は彼らには共有されていないので、そのため、彼らはこの点では、首尾一貫して非折衷的たりえている。だが、まさしくそうした理由から、彼らの著作ではジジェク以上に、純粋に内在主義的なアプローチの諸限界が明白に示されている。先に述べたように、『〈帝国〉』の著者たちには、社会的敵対性の源泉に関して首尾一貫した説明はない。彼らにできることといえば、反抗への人民の自然かつ健全な傾動性を、いわばスピノザ的なコナトゥスとして、公準にすることくらいしかない。だが、この公準を根拠なき裁断《フィアット》として提示することは、彼らの理論に、幾つかの深刻な帰結を及ぼす。そのうちの幾らかは既に指摘した。第一に、彼らは、マルチチュードの内部で働く統一性への傾向を過度に単純化しがちである。彼らは、多分に勝利を過信した極度に楽観的な見解を、これらの傾向に関して抱く。もっとも、それらが潜勢的なのか現働的なのかは、彼らの議論に基づく限り、決して決定できないのだが。第二に、同じ理由で、彼らは、〈帝国〉内部で起こる諸対峙の重要性を薄めがちである。だが、第三に、そして最も重要な点として、彼らは、〈帝国〉からマルチチュードの権力へと導く断絶の本性に関して、首尾一貫した説明を与えることができない。もちろん、私が言っているのは、革命的断絶の未来学的な記述ではなく、もっと基本的な何かである。何が革命的断絶を構成するのか？　私の考えでは、この説明の失敗――社会・政治分析に深刻な影響を及ぼす――は、『〈帝国〉』に特有なものではない。そうではなく、断絶と連続性の間の未決の地盤においてつねに居心地悪く説明を保留する、そうした根源的で内在主義的なすべてのアプローチが孕むものである。ヘーゲルの弁証法は、これら二つの対極的な契機を一つの統一性に再統合しうる綜合を提供しようと試み、失敗したのだった。ジジェクの分析に見出される困難の大半も、この論点に差し戻されるだろう。

　これらの困難は、根源的内在性という地盤においては解決できない。したがって、必要なのは地盤の変化である。この変化は、けれども、十全に出来上がった超越性への回帰のうちには存在しえない。私の見るところ、社会という地盤が構造化されるのは、完全に内在的なものとしてでも、何らかの超越的構造の結果としてでもなく、失敗した超越性とでも呼べるものを通じてである。超越性は、社会的なものの中に、不在の現前として現われる。社会的なものは、何らかの構成的な欠如を軸として組織化されるのである。ここから、私たちの分析を形作ってきた主要なカテゴリー群にどのように移行できるかは、容易く見て取られる。不在の十全性、根源的備給、対象a、ヘゲモニー、等々。ここに、理論的カテゴリーとしてのマルチチュードと人民とが袂を分かつ究極的な地点があるのだ。それでは、「人民」の特有性を思考する、もう一つの今日的試み——私の見るところ、最も重要なものの一つ——に移ることにしよう。

ランシエール——人民の再発見

　ランシエールは、彼の「人民」概念をどのように構築するのか？　政治哲学と政治との決定的な不和を指摘することから、彼は始める。前者は、後者についての理論的検討ではなく、社会を分裂させる後者の諸効果を中立化しようとする試みだというのである。不和はどこにあるのか？　本質的には、次の事実のうちに、である。すなわち、適正で秩序付けられた共同体という理念は、その諸部分を一つの全体に服属させることに――諸部分を諸部分として数えることに――依拠するのだが、この数え上げにはある逆説的な部分があるという事実である。すなわち、部分でなくなることなしに、自らを全体として提示するような部分である。どうしてそうなるのか？ ランシエールの分析は、古代ギリシア哲学の共同体概念を考察することから始まる。彼がそこに見出すのは、算術的平等――商業的な交換や、刑法における処罰の割り当てを統御する――の概念に基づく諸個人間の関係と、幾何学的調和――全体の秩序構造《エコノミー》を踏まえて、各部分に特定の機能を帰属させる――の概念に基づくそれとの対立である。適正で秩序付けられた共同体とは、幾何学的原理が究極的な支配の役割を果たすそれであるはずだ。この可能性、機能に応じた行為者《エージェント》のこうした配分――すなわち、数え上げ――は、一つの変則項《アノマリー》によって遮断される。本質的に数えられないような、それだから、数えることという原理そのものを歪めるような何かの出現である。これが、デモス――「人民」――の出現である。部分でありながら、全体でもあろうとするものである。

『政治学』において、アリストテレスは、共同体の三つの価値 axiai を定めようとする。少数の者（オリゴイ）の富、貴族《アリストイ》の徳性ないし卓越性、全員に属する自由。ランシエールが指摘するように、ここでの困難は、この三つの原理が、首尾一貫した存在論的分類内部の領域的カテゴリー群ではないことである。富は客観的に規定可能なカテゴリーだが、徳性はあまりそうではないし、「人民の」自由に至っては、個別に規定できるような位置を持たない何かに踏み込んでしまっている。自由は、価値論的原理として、共同体全般の成員の属性であると同時に、人民という一つの特定の集団の唯一の規定的特徴――共同体における唯一の機能――でもある。それゆえ、ここにあるのは、ある個別性、その役割が普遍性の具現であるような個別性である。これが、適正な共同体という幾何学的モデル全体を歪める。ポプルスでもプレブスでもあるものとして私たちが記述してきた「人民」の両義性が、ランシエールが何について語っているか理解する仕方を準備してくれている。この地点に達してしまえば、ポリスと政治という彼の区別も十分に把握できる。ポリスが、すべての差異を、共同体という全体の内部における部分性に還元しようとする――あらゆる差異を単なる個別性として理解し、そして、普遍性の契機を、純粋で混淆なき審級（プラトンの哲人王、ヘーゲルの国家官僚制、マルクスのプロレタリアート）に差し戻そうとする――試みに関わるのに対して、政治の方は、根絶できない歪曲に、すなわち、同時に全体としても機能する部分に関わる。政治哲学の責務が伝統的に、政治をポリスに還元することだったのに対して、真に政治的な思想および実践は、政治という契機を、ポリス化した社会の枠組みへの隷属から解放することにある。

　ランシエールの分析は、二つの側面において、私自身のものにきわめて近付く。第一には、全体としても機能する部分を強調することである。ヘゲモニーの働きに宿る不均等性として私たちが特徴付けてきたものを、ランシエールの方は、ある数えられないものとして概念化する。数え上げという原理そのものを遮断し、そうして、この構成的な不可能性を軸に生起する一群の働きとして、政治的なものの出現を可能にするようなものである。第二に、階級ではない階級、普遍的な排除のような――排除の原理そのもののような――何かを特有の規定要件とする階級という、ランシエールの概念は、私が「空虚」と呼んできたものから程遠くはない。個別の諸闘争が、それら自身の個別性を超越する象徴的意味を備給されたときに果たす普遍的な機能を、彼は非常に鋭敏に知覚する。例えば、彼が参照するのは、ジャンヌ・ドロワン[*1]の事例である。一八四九年の国民議会選挙で投票を試みたとき、彼女は、その行動を通じて、普通選挙権《ユニヴァーサル》と、普遍的《ユニヴァーサル》なものからの性別に基づく排除との矛盾を暴露したのだった。同じように、不法移民労働者たちは、労働者としてのアイデンティティを剝ぎ取られ、純然たる民族的《エスニック》アイデンティティに還元されてしまうとき、彼らを数えられたものの部分としていたはずの政治的主体性の諸形式を剝奪されているのである。

私の分析は多くの点でランシエールのそれに近いが、異なる点が二つある。第一に、「空虚」を概念化する仕方である。ランシエールが適切にも論じているように、政治的な抗争は、「利害」を巡るいかなる抗争とも異なる。後者がつねに、数えられるものの部分性に支配されているのに対して、前者で賭けられているものは数え上げの原理そのものだからである。ここまでは、私は彼の議論を完全に是認する。だが、これが意味するのは、歴史的アクターとしての「人民」が進歩的なアイデンティティ〈《左派》〉の視点から見て）を軸に構成されるのをア・プリオリに保証するものは何もないということである。まさしく、問いに付されているのが、何が数えられているかという存在的な内容ではなく、数え上げという存在論的な原理そのものであるからこそ、この問いに付すことが身にまとう言説形式は、概して不確定となる。ランシエールは、政治の可能性を、私が思うに、あまりにも解放の政治の可能性と同一視しすぎている。他の選択肢――例えば、数え上げられない者たちは、ランシエールや私が政治的に提唱するであろうものとはイデオロギー的に相容れない仕方で（例えば、ファシズム的な方向で）、自らの数え上げ不可能性を構築するかもしれない――が考慮に入れられていないのである。ファシズムという選択肢が数えられるものの側の領域に全面的に含まれると考えるのは、歴史的にも理論的にも誤りだろう。一連の選択肢群を探究するためには、今のところランシエールが未だ踏み出していない、更なる一歩が必要となる。つまり、数え上げの不可能性から生じうる代表の諸形態を検討することである。不可能だが不可欠な諸対象は、代表という領野に接近する――疑いもなく、歪められた仕方で――経路をつねに見出すのである。
私の見解がランシエールと些か異なってくる第二の点は、「人民」の概念化にある。彼はこう主張する。

人民が共同体全体と同一化するのは、彼らが他の当事者たちから被った間違いの名においてである。いかなる部分〔分け前〕も持たない者――古代の貧民、第三身分、近代のプロレタリアート――は誰であれ、実際、全か無か以外にいかなる部分〔分け前〕も持ちえない。これに加えて、共同体が政治的共同体として――すなわち、根本的な係争、共同体の諸部分の、「権利」というよりも数え上げに関わる係争によって、分割されたものとして――存在するのは、いかなる部分〔分け前〕も持たない者たちというこの部分〔分け前〕の存在、全でもあるこの無の存在を通じてである。人民は、他の諸階級と並ぶ一つの階級ではない。共同体を損なう階級、それを正と不正の「共同体」として確立する間違いの階級なのである[13]。

人民という主体性の形成に関する限り、私はこの分析を是認できる。ランシエールが「人民」という形象を列挙する仕方は、きわめて啓示的である。論じられているのは、明らかに、社会学的記述、特定の位置にある社会的アクターではない。というのも、まさしく、「人民」という存在は、機能や場所のあらゆる幾何学的差異化を潰えさせてしまうからである。私たちが見てきたように、等価性の論理は、敵対的境界線の同じ側にいる限り、まったく異なる諸集団を横断する。ランシエールの記述するプロレタリアートの概念は、「人民」アイデンティティの非社会学的な性質を強調する。例えば、こうである。

プロレタリアートとは、手工業労働者でも労働階級でもない。数えられない者たちの階級なのだ。計算に入れられない者たちとして彼らを数えられるようにする宣言そのものの中にだけ、それは存在する。プロレタリアという名が定義するのは、多数の個人に等しく共有された一群の特性（手工業労働、工場労働、赤貧、等々）でも、そうした個人を成員とする原理を具現した集合体でもない。……「プロレタリア」という主体化が定義するのは、間違いの主体である（p.38〔邦訳七三－七四頁〕）。

けれども、ある両義性がランシエールにはあるせいで、彼の分析から引き出せるはずの重要な理論的諸帰結が限定されてしまう。プロレタリアートの概念と集団の社会学的な記述とのあらゆる関連を巧みに切断した後で、彼は突然、一定の社会学的譲歩を行い始めるのである。例えば、彼は政治の創設を階級闘争の創設と同一視する。確かに、彼は直ちに、この言明に修正を加える。「プロレタリアートは階級というよりも、あらゆる階級の解体であり、このことがその普遍性を構成する、そうマルクスは言うことになろう。……政治とは、本当は階級でない諸階級の間に係争を立ち上げることである。「真の」階級とは、社会の現実的な諸部分であって、諸機能に対応する諸カテゴリーであり、そうであるしかない」（p.18〔邦訳四五頁〕）。だが、この定式化はうまく行かないだろう。マルクスを参照しても、特段に役に立つわけではない。というのも、マルクスにとって、プロレタリアートの中心性は、そして、それがあらゆる階級の解体を画することは、まさに精確に社会学的な観点から記述された過程の、すなわち、資本主義下における社会構造の単純化の結果だからである。現実の労働者とプロレタリアとの関係は、ランシエールにとってそうである以上に遥かに密接なのである。そして、もちろん、ランシエールにとって階級闘争と政治が差異化しえないのに対して、マルクスにとっては、政治の消滅と国家の衰退は、階級なき社会の確立と同じ事柄である。マルクスにとっては、社会的同質性の増大がプロレタリアの勝利の前提条件だが、ランシエールにとっては、還元不能な異質性が人民の闘争の条件そのものである。

以上の考察から、どのような結論が引き出せるだろうか？　端的に、「階級闘争」の概念と、そして、それによる政治の論理と社会学的記述の折衷的な結合とを、越えて進む必要があるということだ。階級ではない階級間の闘争なのだと付け加えるだけのために階級闘争について語る意味は、私にはわからない。「階級」から「集合的意志」へという、グラムシにおける萌芽的な動きを完遂する必要がある。そのとき初めて、ランシエールの実り多い分析の潜在的諸帰結が十分に引き出されるであろう。

結論を下すときである。ここまで論じてきた三つのアプローチと私の企図を比較することで、その特有の性質や次元が、より明瞭になる。ジジェクに反対して、私が主張するのは、あらゆる政治的アイデンティティの重層的に決定された性質は、超越論的地平においてア・プリオリに確立されるものではなく、つねに、具体的な諸過程や諸実践の結果だということである。このことが、名指しおよび情動に構成的な役割を与える。『〈帝国〉』の著者たちに反対して、私が措定したのは、節合という契機は、過去に提唱された単純な諸定式——政党による媒介といった——より確かに複雑だとしても、その重要性や中心性を何一つ失わないということである。ランシエールとなると、回答はより困難になる。というのも、彼のアプローチの中心的な前提の幾つかを私も共有するからである。「人民」は、彼にとっても私にとっても、政治の中心的な主役である。そして、政治とは、社会的なものが、十全に出来上がった社会へと、明確に輪郭付けられた区別や機能によって定義された実在へと結晶化するのを妨げるものである。だからこそ、私の見るところ、社会的敵対性と集合的アイデンティティを概念化することがきわめて重要なのである。そして、「階級闘争」といった紋切り型でほとんど無意味な定式を越えて行く必要性が、大きく差し迫ったものとなる。

知的な仕事には倫理的な命法がある。レオナルド〔ダ・ヴィンチ〕はそれを、「執拗な厳格さ」と呼んだ。それが意味するのは、実践的な観点からすれば――そして、感情性をつねに強く帯びる政治という事象を論じるときには、とりわけ――、幾つかの誘惑に抵抗しなければならないということである。これは、単一の定式に圧縮できる。決して、言葉のテロリズムに屈することなかれ。フロイトが書いたように、臆病さに譲歩することを避けなければならない。「その道がどこに続くか、知れたものではない。最初は言葉の上で譲歩するのだが、それから、少しずつ内容面にまで及ぶのである」(14)。私たちの時代にこの臆病さが取る主要な形態の一つが、倫理的糾弾をもって分析に代えることである。ファシズムやホロコーストといった幾つかの主題は、とりわけ、この型の営為を被りがちである。もちろん、ホロコーストを糾弾することは何も間違っていない。問題が始まるのは、糾弾が説明に取って代わるときである。幾つかの現象が、合理的に把握可能ないかなる原因も欠いた逸脱と見られるとき、そうしたことは起こる。私たちがファシズムを理解し始めるのは、それを、いかなる合理的説明も越えた何かとしてではなく、現代社会に固有の内的可能性の一つとして見るときである。同じことが、肯定的な感情的含意を持つ用語についても起きる。〈左派〉でいえば、「階級闘争」、「最終審級における経済による決定」、「労働者階級の中心性」といった用語は、感情性を帯びたフェティシュとして機能する――或いは、最近まで機能していた。それらの言説的訴求力は減少していないかもしれないが、意味は次第に明白さを失っている。

私の見るところ、今日の政治的‐知的課題――そして、私は本書で、それに対して些少なりとも寄与しようとしてきた――は、この臆病さによって画された地平を、それの賞賛についても糾弾についても、乗り越えて行くことである。政治的カテゴリーとしての「人民」の回帰は、この地平の拡張への一つの寄与として理解できよう。他の諸カテゴリー――階級のような――について、それらが何のためにあるかを提示する手助けとなるからである。すなわち、それらは、諸要求を節合する偶発的かつ個別的な諸形式なのであって、諸要求自体の性質を説明してくれる究極的な核ではないのだ。こうした地平の拡大が、グローバル化した資本主義と私が呼んだものの時代における政治的関与の諸形式を考えるための、一つの前提条件である。私たちが生きる世界の社会的諸関係に固有の混乱は、過去におけるよりも根深い。そのため、過去の社会的経験を綜合した諸カテゴリーは、次第に時代遅れになりつつある。社会的諸要求の自律性、それらの節合の論理、それらから帰結する集合的諸存在の性質を再概念化することが必須である。この努力――必然的に集合的なものである――が、眼前の現実的な課題である。願わくば、私たちがそれと互角に向き合えんことを。

注

[原　注]

第1章　ポピュリズム——多義性と逆説

（1）Gino Germani, *Authoritarianism, Fascism and National Populism*, New Brunswick, NJ, Transaction Books, 1978, p.88.

（2）Margaret Canovan, *Populism*, London, Junction Books, 1981. この時点では、私はこの初期の包括的な研究にだけ言及している。本書の第二部で、カノヴァンの最近の著作を参照するつもりだが、これは数多くの新たなパースペクティヴを切り拓くものである。

（3）Ghita Ionescu and Ernest Gellner (eds.), *Populism: Its Meaning and National Characteristics*, London, Macmillan, 1969.

（4）Canovan, *Populism*, p.4.

（5）Ibid., p.13.

（6）Ibid., p.58.

（7）Ibid., p.294.

（8）Ibid., p.294.

（9）Ibid., pp.295-6.
（10）Donald MacRae, 'Populism as an Ideology', in Ionescu and Gellner (eds.), *Populism*, p.168.
（11）Ibid., p.164.
（12）Peter Wiles, 'A Syndrome, not a Doctrine: Some Elementary Theses on Populism', in Ionescu and Gellner (eds.), *Populism*, pp.163-79.
（13）Ibid., p.178.
（14）Kenneth Minogue, 'Populism as a Political Movement', in Ionescu and Gellner, *Populism*, pp.197-211.
（15）Ibid., p.198.
（16）Ibid., p.208.
（17）Ibid., p.209.
（18）Ibid., p.199.
（19）とりわけ pp.204-8 を参照。
（20）Ernesto Laclau and Chantal Mouffe, *Hegemony and Socialist Strategy: Towards a Radical Democratic Politics*, London and New York, Verso, 1985, Chapter 3〔西永亮・千葉眞訳『民主主義の革命――ヘゲモニーとポスト・マルクス主義』ちくま学芸文庫、二〇一二年、二一五－三二八頁〕を参照。
（21）Peter Worsley, 'The Concept of Populism', in Ionescu and Gellner (eds.), *Populism*, pp.212-50.
（22）Ibid., p.213.
（23）Ibid., p.245.
（24）Ibid., p.229.
（25）Ibid., pp.245-6.

第2章　ル・ボン――暗示と歪曲された表象

(1) Gustave Le Bon, *The Crowd*, New Brunswick and London, Transaction Publishers, 1995, with a new introduction by Robert A. Nye.〔原書は一八九五年にフランスで *Psychologie des foules*〔櫻井成夫訳『群衆心理』講談社学術文庫、一九九三年〕として公刊された。〕
(2) Ibid., p.124〔邦訳一二九－一三〇頁〕.
(3) Ibid., pp.124-5〔邦訳一三〇－一三一頁〕.
(4) Ibid., p.125〔邦訳一三一－一三二頁〕.
(5) Ibid., pp.126 and 129〔邦訳一三二、一三六－一三七頁〕.
(6) Ibid., pp.128-9〔邦訳一三五－一三六頁〕.
(7) Ibid., p.132〔邦訳一四〇－一四一頁〕.
(8) Ibid., p.146〔邦訳一六〇頁〕.
(9) Ibid., p.147〔邦訳一六一頁〕.
(10) Ibid., p.148〔邦訳一六二頁〕.
(11) ソシュールの事例は *Cours de linguistique générale, édition critique* by Tullio de Mauro, Paris, Payot, pp.224-5〔町田健訳『新訳　ソシュール一般言語学講義』研究社、二〇一六年、二二九－二三一頁〕からのものである。ソシュールのアプローチのこうした側面の分析については、Claudine Normand, *Métaphore et Concept*, Bruxelles, Éditions Complexe, 1976, pp.27-37 を参照。
(12) フロイトの〈鼠男〉研究のこの側面の分析は、Bruce Fink, *The Lacanian Subject*, Princeton, NJ, Princeton University Press, 1995, p.23〔村上靖彦監訳『後期ラカン入門――ラカン的主体について』人文書院、二〇一三年、四四－四五頁〕からのものである。言語学における形式主義と、シニフィアン／シニフィエの二元性から内実の問いを除去することとの関係性という問題の研究については、私の試論 'Identity and Hegemony: The Role of Universality in the Constitution of Political Logics', in Judith Butler, Ernesto Laclau and Slavoj Žižek, *Contingency, Hegemony, Universality: Contemporary Dialogues on the Left*, London and New York, Verso, 2000, pp.68-71〔竹村和子・村山敏勝訳『偶発性・ヘゲモニー・普遍性――新しい対抗政治への対話』青土社、二〇〇二年、九七－一〇〇頁〕を参照。

(13) *Benjamin Franklin's Autobiographical Writings*, selected and edited by Carl van Doren, New York, Viking Press, 1945, p.625〔渡邊利雄『フランクリン自伝』中公クラシックス、二〇〇四年、一九〇－一九一頁〕.

(14) Le Bon, *The Crowd*, pp.86-7〔邦訳八〇－八一頁〕.

(15) Sigmund Freud, *Group Psychology and the Analysis of the Ego* (1921), in James Strachey (ed.), *The Standard Edition of the Complete Psychological Works of Sigmund Freud*, London, Vintage, 2001, vol.18, p.89〔藤野寛訳「集団心理学と自我分析」『フロイト全集一七　一九一九－一九二二年　不気味なもの、快原理の彼岸、集団心理学』岩波書店、二〇〇六年、一五四頁〕.

(16) Le Bon, *The Crowd*, p.52〔邦訳三五－三六頁〕.

(17) Serge Moscovici, 'The Discovery of the Masses', in Carl F. Graumann and Serge Moscovici (eds.), *Changing Conceptions of Crowd Mind and Behavior*, New York-Berlin-Heidelberg-Tokyo, Springer-Verlag, 1986, p.11.

第3章　暗示、模倣、同一化

(1) H. A. Taine, *The Revolution*, London, Daldy, Isbister & Co., 1878, vol.I, pp.12-14〔岡田真吉訳『近代フランスの起源――仏蘭西革命史論』斎藤書店、一九四七－四八年〕.

(2) Ibid., pp.79-80.

（3）テーヌおよび彼の知的背景に関する情報について、私は特に、Susanna Barrows, *Distorting Mirrors: Visions of the Crowd in Late Nineteenth-Century France*, New Haven, CT, Yale University Press, 1981 および Jaap van Ginneken, *Crowds, Psychology and Politics, 1871-1899*, Cambridge, Cambridge University Press, 1992 に負うところが大きい。
（4）Barrows, *Distorting Mirrors*, p.43.
（5）Ibid., p.86.
（6）Van Ginneken, *Crowds, Psychology and Politics*, p.26.
（7）バロウズ（*Distorting Mirrors*, p.80）が思い出させてくれたように、*The Crowd in the French Revolution* (Oxford, Oxford University Press, 1959)〔前川貞次郎・野口名隆・服部春彦訳『フランス革命と群衆』ミネルヴァ書房、一九九六年〕でのジョージ・リューデの研究によれば、一七八九年の四月および七月の出来事においてアルコール依存症は瑣末な役割しか果たしていない。
（8）Van Ginneken, *Crowds, Psychology and Politics*, p.43.
（9）'Metaphors of Fear: Women and Alcoholics', in Barrows, *Distorting Mirrors*, pp.43-71 を参照。私はここから、以降の情報を得ている。
（10）Barrows, *Distorting Mirrors*, p.60.
（11）フランスにおける初期段階の催眠術に関する私の主要な情報源は、Dominique Barrucand, *Histoire de l'hypnose en France*, Paris, Presses Universitaires de France, 1967 および Henri F. Ellenberger, *The Discovery of the Unconscious: The History and Evolution of Dynamic Psychiatry*, New York, Basic Books, 1970〔木村敏・中井久夫監訳『無意識の発見――力動精神医学発達史』弘文堂、一九八〇年〕である。イタリアの犯罪学に関しては、Barrows, *Distorting Mirrors*; Van Ginneken, *Crowds, Psychology and Politics* を参照。群集理論研究者たちによる催眠術理論の受容に関しては、Erika Apfelbaum and Gregory R. McGuire, 'Models of Suggestive Influence and the Disqualification of the Social Crowd', in Carl F. Graumann and Serge Moscovici (eds.), *Changing*

Conceptions of Crowd Mind and Behavior, New York-Berlin-Heidelberg-Tokyo, Springer-Verlag, 1986を参照。

（12）Apfelbaum and McGuire, 'Models of Suggestive Influence and the Disqualification of the Social Crowd', in *Changing Conceptions of Crowd Mind and Behavior*, p.32.

（13）Ibid., p.44.

（14）Ibid., p.39.

（15）Ibid., p.45.

（16）*L'Uomo delinquente*, Part I, Chapter 5, p.137 (second edition, 1877). Van Ginneken, *Crowds, Psychology and Politics*, pp.61-2に引用。

（17）Barrows, *Distorting Mirrors*, pp.129-30を参照。

（18）Van Ginneken, *Crowds, Psychology and Politics*, Chapter 5を参照。

（19）一九八九年にプレス・ウニヴェルシテール・ドゥ・フランスから新版が公刊されている。

（20）Gabriel Tarde, 'Les foules et les sectes criminelles', in *L'Opinion et la foule*, Paris, Presses Universitaires de France, 1989, p.145（タルドからの引用はすべて私〔ラクラウ〕の翻訳による）〔稲葉三千男訳『世論と群集』未來社、一九六四年、一七一頁〕.

（21）Ibid., pp.146-7〔邦訳一七三頁〕.

（22）Ibid., p.148〔邦訳一七五頁〕.

（23）Ibid., p.173〔邦訳二一二頁〕.

（24）Ibid., p.175〔邦訳二一五－二一六頁〕.

（25）ここで、私は、Van Ginneken, *Crowds, Psychology and Politics*, pp.217-19の与える、これらの変化についての記述に従っている。強調しておくに値するが、タルドへのフロイトの言及は、この展開を考慮に入れていない点で、幾分か不当である。「集団心理学と自我分析」においてフロイトはこう主張する。「タルドは［暗示を］「模倣」と呼ぶ。だが、私たちとしては、模倣は暗示の概念の下に含まれ、実のところその結果の一つだと異議を唱える著者（Brugeilles, 1913）の方に同意せざるをえない」（Freud, Standard Edition, vol.XVIII, p.88〔邦訳一五三頁〕）。これは確かに、フロイトが参照する *Les Lois de l'imitation*〔池田祥英・村澤真保呂訳『模倣の法則』河出書房新社、二〇〇七年〕には当て嵌まるが、フロイトが自著を執筆した時期よりもずっと以前に公刊されていたタルドの後期著作についてはそうではない。

(26) Van Ginneken, *Crowds, Psychology and Politics*, pp.217-19.

(27) Tarde, 'Le public et la foule', in *L'Opinion et la foule*, p.31〔邦訳一二頁〕.

(28) Ibid., p.38〔邦訳二一頁〕.

(29) Ibid., p.39〔邦訳二三頁〕.

(30) タルドは「人種」という語を一九世紀的な意味で用いている。「イギリス人種」、「フランス人種」、「イタリア人種」等々。

(31) Tarde, 'Le public et la foule', p.41〔邦訳二五－二六頁〕.

(32) Ibid., p.46〔邦訳三四頁〕.

(33) Ibid., p.49〔邦訳三八頁〕.

(34) Ibid., p.70〔邦訳六七頁〕.

(35) Ibid.

(36) William McDougall, *The Group Mind*, Cambridge, Cambridge University Press, 1920, p.23.

(37) Ibid., p.25.

(38) Ibid., p.40.

(39) Ibid., p.45.

(40) Ibid., p.48.

(41) Ibid., pp.49-50.

(42) Ibid., pp.52-3.

(43) Ibid., p.54.

(44) Ibid., p.87.

(45) S. Freud, *Group Psychology and the Analysis of the Ego* (1921), in James Strachey (ed.), *The Standard Edition of the Complete Psychological Works of Sigmund Freud*, London, Vintage, 2001, Vol.18, p.69〔邦訳「集団心理学と自我分析」一二九頁〕. 以降の引用はすべてこの版からのものである。

(46) Ibid.

(47) 例えば、こう言われる。「さらに考察を進めれば、〔集団心理学は最古の心理学だという〕この言明がいかなる点で訂正を要するかがわかるだろう。個人心理学は、それどころか、集団心理学とちょうど同じくらい古いに違いない。つまり、最初から二種類の心理学が存在したのだ。集団の個々の構成員のそれと、父、首領、指導者のそれである。集団の構成員たちは、今日見られるのと同様、拘束に服属していたが、原初の群れ《ホルド》の父は自由だった。……首尾一貫して考えるならば、彼の自我はほとんどリビドー的拘束を受けなかったと想定するしかない。彼は自分以外の誰も愛さなかった、あるいは、他の人々を、自分の欲求に役立つ限りにおいてだけ愛した。彼の自我は、どうしても欠かせないもの以外は何も諸対象に与えなかった」(Ibid., p.123〔邦訳一九六－一九七頁〕)。

(48) Ibid., pp.90-1〔邦訳一五六頁〕.

(49) Ibid., p.102〔邦訳一七〇－一七一頁〕.

(50) Ibid., p.105〔邦訳一七三頁〕.

(51) Ibid., p.108〔邦訳一七七頁〕.

(52) Ibid.

(53) Ibid., pp.112-13〔邦訳一八三頁〕.

(54) Ibid., p.113〔邦訳一八三－一八四頁〕.

(55) Ibid.

(56) Ibid., pp.113-14〔邦訳一八四－一八五頁〕.
(57) Ibid., p.114〔邦訳一八五頁〕.
(58) Ibid., p.116〔邦訳一八五頁〕.
(59) Ibid., p.116〔邦訳一八八頁〕.
(60) Mikkel Borch-Jacobsen, 'La bande primitive', in *Le Lien affectif* Paris, Aubier, 1991, pp.13-31.
(61) Freud, p.86〔邦訳一八七－一八八頁〕.
(62) Ibid., p.129〔邦訳一五一頁〕.
(63) Ibid., p.134〔邦訳二〇四頁〕.
(64) Ibid., p.100〔邦訳二一一頁〕.
(65) Ibid〔邦訳一六七－一六八頁〕.

第4章 「人民」、空虚の言説的産出

(1) Ernesto Laclau and Chantal Mouffe, *Hegemony and Socialist Strategy*, London and New York, Verso, 1985, Chapter 3〔邦訳『民主主義の革命』二二五－二三八頁〕; Ernesto Laclau, '*New Reflections on the Revolution of Our Time*', in the book of the same title, London and New York, Verso, 1990〔山本圭訳『現代革命の新たな考察』第1章、法政大学出版局、二〇一四年〕; Ernesto Laclau, *Emancipation(s)*, London and New York, Verso, 1996 の随所。
(2) Laclau, *Emancipation(s)*, pp.36-46 に収録。
(3) Patricia Parker, 'Metaphor and Catachresis', in J. Bender and D. E. Wellbery (eds.), *The Ends of Rhetoric: History, Theory, Practice*, Stanford, CA, Stanford University Press, 1990 を参照。

(4) 'Populism: What's in a Name?', in F. Panizza (ed.), *Populism and the Mirror of Democracy*, London and New York, Verso, 2005.

(5)「民主的要求」概念の「民主的」という構成要素については、本章の補論を参照。

(6) George Rudé, *The Crowd in History: A Study of Popular Disturbances in France and England (1730-1848)*, New York-London-Sydney, John Wiley & Sons, 1964〔古賀秀男訳『歴史における群衆――英仏民衆運動史一七三〇－一八四八』法律文化社、一九八二年〕.

(7) Ibid., p.29〔邦訳三五－三六頁〕.

(8) Ibid., p.31〔邦訳三八－三九頁〕.

(9) Ibid., p.217〔邦訳二七〇頁〕.

(10) Ibid., p.224〔邦訳二八〇頁〕.

(11) Ibid., pp.224-5〔邦訳二八〇－二八一頁〕.

(12) Ibid., Chapter 8〔邦訳一五二－一六七頁〕.

(13) Daniel Guérin, *La lutte de classes sous la première République (1793-1797)*, Paris, Gallimard, 1946, 2 vols.

(14) Laclau and Mouffe, *Hegemony and Socialist Strategy*, Chapter 3〔邦訳『民主主義の革命』二一五－二二八頁〕を参照。

(15) ジョアン・コプチェクはこの議論を、'Sex and the Euthanasia of Reason', in *Read My Desire*, Cambridge (MA)/London, MIT Press, 1995, pp.201-36〔梶理和子・鈴木英明・下河辺美知子・村山敏勝訳「性と理性の安楽死」『わたしの欲望を読みなさい――ラカン理論によるフーコー批判』青土社、一九九八年、二四一－二九二頁〕において説得力をもって展開している。

(16) 私の論旨を明確にしておきたい。私たちが論じているのはあくまでも欠如の実定化である。これがそもそも可能になるのは、いかなる種類の主体化にも先行する何らかの一次的な欠如に根差すからである。

(17) Georges Lavau, *À quoi sert le PCF?*, Paris, Fayard, 1981 を参照。

（18）Yves Mény and Yves Surel, *Par le peuple, pour le peuple. Le populisme et les démocraties*, Paris, Fayard, 2000, p.230. 著者たちが参照するのは、ノナ・マイヤー（*Les Français qui votent FN*, Paris, Flammarion, 1999）の見出した事実である。労働者は、一九八八年の第一回投票で六一パーセントが、第二回投票では七〇パーセントがミッテランに投票したのに対して、一九九七年には三〇パーセントがル・ペンに投票した。三年前には一八パーセントだったのに、である。

（19）Chantal Mouffe, 'The "End of Politics" and the Challenge of Right-wing Populism', in F. Panizza (ed.), *Populism and the Mirror of Democracy* を参照。

（20）'Why do empty signifiers matter to politics' を参照。

（21）S. Freud, *Group Psychology and the Analysis of the Ego* (1921), in James Strachey (ed.), *The Standard Edition of the Complete Psychological Works of Sigmund Freud*, London, Vintage, 2001, vol.18, p.101〔邦訳「集団心理学と自我分析」一六九頁〕を参照。

（22）Gareth Stedman Jones, 'Rethinking Chartism', in *Languages of Class: Studies in English Working Class History 1832-1982*, Cambridge, Cambridge University Press, 1983〔長谷川貴彦訳『階級という言語――イングランド労働者階級の政治社会史一八三二－一九八二年』刀水書房、二〇一〇年〕.

（23）Ibid., p.157〔邦訳一六三頁〕.

（24）Ibid., p.169〔邦訳一七七頁〕.

（25）「中産階級の不満が、チャーティズムという形式を取る必然性はなかった。中産階級の意見の幾分かは、一八四一年の選挙で保守党に投票することによって、一八三〇年代のホイッグ党の独善的政策への不同意として表明されていた。だが、政府の極端な施策への危惧と嫌悪は、チャーティズムという不満の、威嚇的で叛乱に至りかねない性格への不安によって相殺された。そのため、既存の諸制度の維持・保護を公約する強力な政府に、選挙民は票を投じたのだった」（Ibid., p.176〔邦訳一八四頁〕）。

（26）Ibid., p.177〔邦訳一八五頁〕.

(27) Jacques Rancière, *Disagreement: Politics and Philosophy*, trans. Julie Rose, Minneapolis, University of Minnesota Press, 1999, pp.8-9〔松葉祥一・大森秀臣・藤江成夫訳『不和あるいは了解なき了解――政治の哲学は可能か』インスクリプト、二〇〇五年、二九‐三〇頁〕.

(28) Louis Althusser, 'Contradiction and Overdetermination', in *For Marx*, London, Penguin Books, 1969, pp.49-86〔河野健二・西川長夫・田村俶訳「矛盾と重層的決定」『マルクスのために』平凡社ライブラリー、一九九四年、一五〇‐二三五頁〕.

(29) Slavoj Žižek, *The Sublime Object of Ideology*, London and New York, Verso, 1989, pp.89-97〔鈴木晶訳『イデオロギーの崇高な対象』河出書房新社、二〇〇一年、一四一‐一五四頁〕.

(30) Saul Kripke, *Naming and Necessity*, Cambridge, MA, Harvard University Press, 1980〔八木沢敬・野家啓一訳『名指しと必然性――様相の形而上学と心身問題』産業図書、一九八五年〕.

(31) Žižek, *The Sublime Object of Ideology*, pp.94-5〔邦訳一四九‐一五〇頁〕.

(32) Ibid., p.95〔邦訳一五〇頁〕.

(33) Ibid., pp.95-6〔邦訳一五一頁〕.

(34) Ibid., p.97〔邦訳一五四頁〕.

(35) Paul de Man, 'The Politics of Rhetoric', in *Material Events: Paul de Man and the Afterlife of Theory*, Tom Cohen, J. Hillis Miller, Andrzej Warminski and Barbara Cohen (eds.), Minneapolis, University of Minnesota Press, 2001, pp.229-53.

(36) だからといって、そうした個別性の残滓がシニフィエの次元に属するわけではない。それは、節合された意味作用の一つの総体という複合物であり、そこには、シニフィアンとシニフィエの両者が含まれる。

(37) Joan Copjec, *Imagine there's no Woman: Ethics and Sublimation*, Cambridge, MA, MIT Press, 2003〔村山敏勝・鈴木英明・中山徹訳『〈女〉なんていないと想像してごらん』河出書房新社、二〇〇四年〕. コプチェクからの引用はすべてこの版からのものである。頁数は本文括弧内に与える。

（38）Ernesto Laclau, 'Constructing Universality', in Judith Butler, Ernesto Laclau and Slavoj Žižek, *Contingency, Hegemony, Universality: Contemporary Dialogues on the Left*, London and New York, Verso, 2000, pp.282-4〔邦訳『偶発性・ヘゲモニー・普遍性』三七三－三七六頁〕.

（39）Walter Benjamin, *Reflections: Essays, Aphorisms, Autobiographical Writings*, New York, Schocken Books, 1976, p.281〔野村修訳「暴力批判論」『暴力批判論――ヴァルター・ベンヤミン著作集1』晶文社、一九六九年、一一三頁〕.

第5章　浮遊するシニフィアン、社会的異質性

（1）Ernesto Laclau, 'Constructing Universality', in Judith Butler, Ernesto Laclau and Slavoj Žižek, *Contingency, Hegemony, Universality: Contemporary Dialogues on the Left*, London and New York, Verso, 2000, pp.302-5〔邦訳『偶発性・ヘゲモニー・普遍性』三九七－三九九頁〕.

（2）Michael Portillo, 'I'm Living Proof that Failure is Good for You', *The Sunday Times (News Review)*, 22 February 2004, p.9.

（3）Michael Kazin, *The Populist Persuasion: An American History*, Ithaca, NY, and London, Cornell University Press, 1995, p.250. アメリカのポピュリズム的政治の保守主義的転回に関する情報のほとんどを、私はこの有用な書物から得ている。私が参照したケヴィン・フィリップスの著書は、*The Emerging Republican Majority*, New Rochelle, NY, Arlington House, 1969 および *Mediacracy: American Parties and Politics in the Communications Age*, Garden City, NY, Doubleday, 1975 である。

（4）Kazin, *The Populist Persuasion*, p.251.

（5）Ibid., pp.192-3.

（6）Ibid., p.167.
（7）Ibid., p.168.
（8）Ibid., p.173.
（9）Ibid., Chapter 9 を参照。
（10）Ibid., pp.222-3.
（11）Ibid., p.224.
（12）Ibid., p.246.
（13）「尺度の無限」という名辞は、『大論理学』にも『エンチュクロペディー』にも現われない。これは、W・T・ステイス（*The Philosophy of Hegel*, New York, Dover Press, 1955）の提案したものである。このカテゴリーは質的無限にも量的無限にも厳密に対称的だから、この名が選択されたのは完璧に理に適っている。
（14）*Hegel's Science of Logic*, Atlantic Highlands, NJ, Humanities Press International, 1993, p.372〔山口祐弘訳『ヘーゲル　論理の学（一）存在論』作品社、二〇一二年、四〇三頁〕.
（15）Warren Breckman, *Marx, the Young Hegelians, and the Origins of Radical Social Theory*, Cambridge, Cambridge University Press, 1999, pp.149-50.
（16）Ibid., p.150.
（17）Peter Stallybrass, 'Marx and Heterogeneity: Thinking the Lumpenproletariat', in *Representations*, no.31, Special Issue: The Margins of Identity in Nineteenth-Century England (Summer 1990), pp. 69-95 (p.84).
（18）Ibid., p.83.
（19）Karl Marx, *The Class Struggles in France, 1848 to 1850*, in Karl Marx and Frederick Engels, *Collected Works*, vol.10, p.62, London, Lawrence & Wishart, 1978〔中原稔生訳『フランスにおける階級闘争』大月書店、一九六〇年〕.
（20）ストリブラスにより引用。'Marx and Heterogeneity', p.89.

(21)ストリブラスは、きわめて啓発的な一節を『国富論』から引用している。「家事使用人」を非生産的労働者として記述した後で、彼〔スミス〕は付け加える。「最も厳粛で最も重要な職業の幾つかと最も軽薄な職業の幾つかとが、同じ等級に並べられなければならない。牧師、法律家、医師、あらゆる種類の学者であり、役者、道化師、音楽家、オペラ歌手、オペラ舞踏家等である。これらのうちの低劣な方の労働も、他のあらゆる部類の労働を統制するのとまったく同じ原理に統制された、一定の価値を有する。そして、高尚で有用な方の労働も、後ほど同等量の労働を調達できるようなものを何も産み出さない。著述家の雄弁、弁論家の名演説にしても、音楽家の楽曲にしても、彼らすべての仕事は、それが産み出された瞬間に消え失せてしまう」(Stallybrass, 'Marx and Heterogeneity, p.27. スミスの引用は *The Wealth of Nations*, London, 1910, Book 2, Chapter 3, pp.295-6〔水田洋監訳・杉山忠平訳『国富論(二)』岩波文庫、二〇〇〇年、一一一頁〕)。

(22)Stallybrass, 'Marx and Heterogeneity', p.88.

(23)私が承知する限り、この主題についてはナンの試論が一つだけ英語に翻訳されている。'The End of Work and the "Marginal Mass" Thesis', *Latin American Perspectives*, Issue 110, vol.27, no.1, January 2000, pp.6-32. もちろん、スペイン語では、この重要な理論的アプローチを展開させた試論が他にも多数存在する。

(24)Ibid., p.11.

(25)この議論の初期の形態《ヴァージョン》については、Ernesto Laclau, *New Reflections on the Revolution of Our Time*, London and New York, Verso, 1990, pp.9-10〔邦訳『現代革命の新たな考察』二二一―二二四頁〕を参照。

(26)Frantz Fanon, *The Wretched of the Earth*, New York, 1968, p.130〔鈴木道彦・浦野衣子訳『地に呪われたる者』みすず書房、一九九六年、一二五頁〕. Stallybrass, 'Marx and Heterogeneity', p.89 に引用。ストリブラスが実に的確に指摘するように、ここでのファノンの立場は、無法者・犯罪者・盗賊の革命的潜在力を擁護するという点で、初期バクーニンのそれにきわめて近い。

(27)だからこそ、グラムシは、「統合国家」や、労働者階級が「国家に成ること」――国家権力の掌握ではなく――について語ったのである。彼は、経済闘争が政治闘争と異なるなどとはまったく考えていなかったので、ヘゲモニーの構築は工場で始まると主張したのだった。これと対蹠的な試み——政治闘争を領域化して、それを経済闘争から厳密に隔てようとする——については、スラヴォイ・ジジェクの以下の文章を見られたい。「左派政治の第二の形式——私はこれも拒否する——は、ある種の純粋政治として特徴付けることができる。主としてバディウに、さらに、少なくともラクラウとムフのある一定の見解に結び付くものであるとしてよいだろう）が定式化する（さらのは、バリバールもここに含めてよいだろう）のは、一種の純粋な解放的なものである。彼は自分がマルクス主義の血統に属すると力説するかもしれないが、基本的に明らかなように、彼の研究にマルクス主義的な政治経済学批判はまったく必要ない。……そして、フランス型の純粋かつ急進的な政治へのジャコバン的方向性と、よりアングロ・サクソン型の多文化主義的闘争への方向性は、互いに対立し合いながらなおも何かを共有している。闘争の根源的な場としての経済の消失である」（Slavoj Žižek and Glyn Daly, *Conversations with Žižek*, Cambridge, Polity, 2004, pp.144-5〔清水知子訳『ジジェク自身によるジジェク』河出書房新社、二〇〇五年、二〇三－二〇四頁〕）。経済の圏域における闘争の領野がバディウの仕事に全面的に不在だとここまで鈍感に主張されるのは多分に奇妙である（なお、バディウのいう政治が、私のいうものときわめて異なっていることは明確にしておかなければならない）。周知のように、政治的組織体《オルガニザスィヨン・ポリティーク》——バディウの運動——はほとんど排他的なまでに、労働者の闘争の急進化を中心に据えている。だとしたら、どこに誤解があるのか？　答は数頁後に訪れる。「そうだ、私たちは労働者の分け前のために何かしなければならないのだとか、そういった、通俗的な意味での経済のことを言いたいのではない。私がここで意図しているのは、もっと急進的な何かである。私が思うに、西欧マルクス主義の伝統に対する私のあらゆる批判にもかかわらず、ジェルジ・ルカーチとフランクフルト学派が展開したものには、今日かつてないほど現実的な一つの中心的着想がある。経済は社会的諸圏域の中の単なる一つではないという着想である。マルクスの政治経済学批判——商品フェティシズム等々の批判——の基本的な洞察は、経済は一種の原超越論的《プロト》な社会的位置にあるというものだ。……ここにおいて再び私は、ポストモダンの呪文《マントラ》——ジェンダー、民族《エスニック》闘争、ジェンダー、その他何でも、ついでに階級——と袂を分かつ。階級は一連の諸々のうちの一つではない。階級とは、もちろん、反資本主義的な経済闘争のことである」（Žižek and Daly, *Conversations with Žižek*, pp.146-7〔邦訳二〇六頁〕）。これ以上明確にしようがないだろう。経済は、「一種の原超越論的な位置」（「原《プロト》」は単なる婉曲語法である）を与えられた、一つの自己決定的な圏域なのである。言うまでもなく、私が定義してきたような意味での異質性は厳密に排除されなければならない。けれども、お分かりのように、異質性がなければ敵対性も闘争もありえない。驚くべきことではないが、ジジェクは、経済の圏域における解放の政治から、多文化的な諸闘争だけでなく、自分たちの状況を改善しようとする労働者たちの闘争も排除しなければならなくなる。彼の経済観を踏まえる限り、彼の論難は、あれこれの種類の闘争に対するものではなく、「闘争」の概念そのものに対するものなのである。この文章の末尾で、彼は確かに帽子から「反資本主義的経済闘争」という兎を取り出してはいるが、これは単なる身振りでしかない。そのような闘争の例を彼はただの一つたりとも提供できていない。これは驚くべきことではない。ひとたび何らかの客観的な領域的範囲を、「根源的」敵対性が出現する必然的な領野として規定してしまった以上、彼は異質性の概念を擁護できない。それは定義上、範囲的な境界画定を転覆させるものなのだ。私は「結論」で、この論点に立ち戻るつもりである。

（28）Georges Bataille, 'The Psychological Structure of Fascism', in Fred Botting and Scott Wilson (eds.), *The Bataille Reader*, Oxford, Blackwell, 2000, pp.122-46〔片山正樹訳「ファシズムの心理構造」『ドキュマン』二見書房、一九七四年〕. 引用の頁数は本文中に示す。

（29）ジェフリー・メールマン（*Revolution and Repetition: Marx/ Hugo/ Balzac*, BerkeleyUniversity of California Press, 1977〔上村忠男・山本伸一訳『革命と反復——マルクス／ユゴー／バルザック』太田出版、一九九六年〕）が説得力をもって論じたところでは、異質性という要素と、そして、それが階級代表の概念と手を切ったこととが、全体化しようとする弁証法の野望を挫折へと導く。ストリブラス（'Marx and Heterogeneity', pp.80-2）は、異質性から始めることで、マルクスは弁証法的な型の同質化する運動を再導入できるのだと反論した。私としては、同質化の契機にその本来の重みをメールマンがおそらく与えられていないという点には同意するものの、異質性が弁証法的全体化を無効にするという点で彼の主張は正しいと思う。同質化する諸傾向がどれほど重要だとしても、異質性を通過した後においては、私たちが論じているのは明らかに、本質的に非弁証法的な同質性なのである。

第6章 ポピュリズム、代表、民主主義

（1）Ernest Barker, *Reflections on Government* (1942)〔足立忠夫訳『現代政治の考察――討論による政治』勁草書房、一九六八年〕. Hanna Fenichel Pitkin, *The Concept of Representation*, Berkeley-Los Angeles-London, University of California Press, 1967, p.109〔早川誠訳『代表の概念』名古屋大学出版会、二〇一七年、一四四頁〕により引用。

（2）以下に本段落および次段落で論じられるのは、'Power and Representation', in *Emancipation(s)*, London and New York, Verso, 1996において詳細に提示した議論の要約である。

（3）Pitkin, *The Concept of Representation*〔邦訳『代表の概念』〕.

（4）Ibid., p.106〔邦訳一四〇－一四一頁〕.

（5）Ibid., pp.106-7〔邦訳一四一－一四二頁〕.

（6）Ibid., p.107〔邦訳一四二頁〕.

（7）Ibid., p.111〔邦訳一四六頁〕.

（8）この点が、私のアプローチをハートとネグリのそれから隔てるものである。これについては、後段の「結論」で議論する。

（9）これらの様々なモデルについては、Chantal Mouffe, *The Democratic Paradox*, London and New York, Verso, 2000〔葛西弘隆訳『民主主義の逆説』以文社、二〇〇六年〕の随所で詳細に議論されている。

（10）私の引用は、ルフォールの試論'The Question of Democracy'〔本郷均訳「民主主義という問題」『現代思想』

Vol.23-12、青土社、一九九五年、四〇－五一頁〕, in *Democracy and Political Theory*, Minneapolis, University of Minnesota Press, 1988, pp.9-20 からのものである。引用の頁数は本文中に示す。
(11) *The Democratic Paradox*〔邦訳『民主主義の逆説』〕.
(12) Ibid., p.2〔邦訳六頁〕.
(13) Ibid., pp.2-3〔邦訳七頁〕.
(14) Ibid., pp.95-6〔邦訳一四七－一四八頁〕.

第7章　ポピュリズムの遍歴譚《サーガ》

(1) Yves Surel, 'Berlusconi, leader populiste?', in *La Tentation populiste au cœur de l'Europe*, sous la direction de Olivier Ihl, Janine Chêne, Éric Vial, Ghislain Waterlot, Paris, La Découverte, 2003, pp.113-29.
(2) H. G. Betz, *Radical Right-Wing Populism in Western Europe*, New York, St. Martin's Press, 1994.
(3) Surel, 'Berlusconi', p.116. Yves Mény and Yves Surel, *Par le peuple, pour le peuple. Le Populisme et les démocraties*, Paris, Fayard, 2000 も参照。
(4) Surel, 'Berlusconi', p.127.
(5) Andreas Schedler, 'Anti-Political-Establishment Parties', *Party Politics*, vol.2, no.3, 1996, pp.291-312.
(6) Guy Hermet, *Les populismes dans le monde. Une histoire sociologique XIXe-XXe siècles*, Paris, Fayard, 2001, pp.181-92 を参照。同様のテーゼが擁護されている。
(7) Ibid., pp.185-6.
(8) Ibid., p.190.
(9) William Brierley and Luca Giaconetti, 'Italian National Identity and the Failure of Regionalism', in Brian Jenkins

and Spyros A. Sofos (eds.), *Nation and Identity in Contemporary Europe*, London, Routledge, 1996, pp.172-97.

(10) とりわけ、ベッティーノ・クラクシのイタリア社会党。

(11) 同盟について、私が参考にしたのは以下である。Brierley and Giacometti, 'Italian National Identity and the Failure of Regionalism'; Christophe Bouillaud, 'La Lega Nord, ou comment ne pas réussir à être populiste (1989-2002)', in Ihl, Chêne, Vial and Waterlot, *La Tentation populiste au cœur de l'Europe*, pp.130-45; I. Diamanti, *La Lega. Geografia, storia e sociologia di un nuovo soggetto politico*, Rome, Donzelli, 1993; R. Mannheimer (ed.), *La Lega Lombarda*, Milan, Feltrinelli, 1991; R Biorcio, *La Padania promessa. La storia, la idea e la logica d'azione della Lega Nord*, Milan, Il Saggiatore, 1997.

(12) ジャンフランコ・フィーニの率いる国民同盟は、第二次世界大戦直後にジョルジョ・アルミランテが創設したネオ・ファシズム組織、イタリア社会運動の後裔である。今日では、ファシズム的過去との絆の大半を断っている。同盟《レーガ》とは違って、強い地域的偏向性はない。ファシズムの伝統に由来する勢力に相当するので、強力な中央集権国家を志向する。

(13) Brierley and Giacometti, 'Italian National Identity and the Failure of Regionalism', p.184.

(14) Ibid., p.186.

(15) Ibid.

(16) Bouillaud, 'La Lega Nord', passim.

(17) Biorcio, *La Padania promessa*; Diamanti, *La Lega* を参照。

(18) Bouillaud, 'La Lega Nord', pp.142-4.

(19) Surel, 'Berlusconi', passim.

(20) Ibid., p.123.

(21) Jenkins and Sofos, *Nation and Identity in Contemporary Europe* の諸章、および Hermet, *Les populismes dans le monde*, Chapter VIII を参照。

(22)とはいえ、この主張には幾つかの留保が必要である。一定規模の原住民人口を抱える諸国では、幾つかの点で民族《エスニック》ポピュリズムに接近した土着文化主義《ネイティヴィズム》が存在した。
(23)Hermet, *Les populismes dans le monde*, pp.253-4 を参照。
(24)Ibid., p.255.
(25)Ibid., p.268.
(26)Spyros A. Sofos, 'Culture, Politics and Identity in Former Yugoslavia', in Jenkins and Sofos, *Nation Identity in Contemporary Europe*, pp.251-82 を参照。
(27)「政権側はセルビア正教の儀式の復活を奨励した。例えば、コソヴォ盆地《ポリエ》におけるセルビア人やモンテネグロ人の集団洗礼である。また、ラザル公の遺骨とされるものを、一連の聖地や修道院を経ながら行進して回り、コソヴォ盆地に再埋葬するというのもそうだ。敗者たる公が、セルビアがトルコに敗れ彼自身も落命した場所へ帰還することで、円環の完成、「新たな始まり」の印象が与えられた。いずれの儀式も、自らの尊厳を取り戻し再主張しようとするセルビア民族《ネイション》の意志を象徴的に確証するものとなった」(Ibid., p.279, n.35)。
(28)Ibid., pp.268-9.
(29)Jürgen Habermas, *The Inclusion of the Other: Studies in Political Theory*, Cambridge, MA, MIT Press, 1998, p.225〔高野昌行訳『他者の受容——多文化社会の政治理論に関する研究』法政大学出版局、二〇〇四年、二五六－二五七頁〕.

第8章 「人民」の構築にとっての障碍と限界

(1)二〇世紀アメリカのポピュリズムに関する文献はほとんど無尽蔵にあるが、イデオロギー面での先入観に左右されて、解釈上の変動を何度も経てきた。この議論に関する優れた要約としては、Margaret Canovan,

Populism, London, Junction Books, 1981, pp.46-51 を参照。この時代についての私自身の読解はとりわけ、Lawrence Goodwyn, *Democratic Promise: The Populist Moment in America*, New York, Oxford University Press, 1976 および Michael Kazin, *The Populist Persuasion*, Ithaca, NY, and London, Cornell University Press, 1998 の影響を受けている。以下におけるこれら三つの著作への参照頁は本文括弧内に与える。

（2）John D. Hicks, *The Populist Revolt: A History of the Farmers' Alliance and the People's Party*, Lincoln, University of Nebraska Press, 1970, pp.435-9 に、この文書は再掲されている。

（3）Paul Dumont, 'The Origins of Kemalist Ideology', in Jacob M. Landau (ed.), *Atatürk and the Modernization of Turkey*, Boulder, CO, Westview Press, 1984, pp.21-44 を参照。

（4）Ibid., p.31.

（5）Ibid., p.32 に引用。

（6）Ibid., p.33 に引用。

（7）Ibid., p.34.

（8）Ibid., p.29 に引用。

（9）Ibid., p.36.

（10）こうした主題や、また、この論題に関わる文献の的確な検討については、Dietrich Jung and Wolfango Piccoli, *Turkey at the Crossroads: Ottoman Legacies and a Greater Middle East*, London and New York, Zed Books, 2001 を参照。

（11）Ibid., p.44 を参照。

（12）S. Mardin, 'Ideology and Religion in the Turkish Revolution', *International Journal of Middle East Studies* (2), pp.197-211 を参照。

（13）Jung and Piccoli, *Turkey at the Crossroads*, pp.79-80 に引用。

（14）Ibid., p.79. 著者たちの引用するサヤリの著作は、'Political Patronage in Turkey', in E. Gellner and J. Waterbury (eds.), *Patrons and Clients in Mediterranean Societies*, London, Duckworth, 1977, pp.103-14である。

(15) Erik J. Zürcher, *Turkey: A Modern History*, London and New York, I. B. Tauris, 1998, p.231を参照。

(16) ペロンの表明手法に関しては、Silvia Sigal and Eliseo Verón, *Perón o muerte: Los fundamentos discursivos del fenómeno peronista*, Buenos Aires, Legasa, 1985を参照。G. H. Castagnola, *Body of Evidence: Juan Domingo Perón's Discourse during His Political Exile (1955-1972)*, PhD thesis, Department of Government, University of Essex, October 2000も参照。

(17) Castagnola, *Body of Evidence*, p.63.

(18) Ibid., p.79.

(19) Ibid.,pp.138-9.

(20) Margaret Canovan, 'Trust the People! Populism and the Two Faces of Democracy', *Political Studies*, Vol.47, Issue 1, 1999, pp.2-16.

結 論

(1) Edward Wong, 'Iraqi Nationalism Takes Root, Sort Of', *New York Times*, 25 April 2004, section 4, p.1.

(2) Ibid., p.16.

(3) Alenka Zupančič, *Ethics of the Real: Kant, Lacan*, London and New York, Verso, 2000〔冨樫剛訳『リアルの倫理——カントとラカン』河出書房新社、二〇〇三年〕.

(4) Ibid., p.11〔邦訳二五頁〕. ジュパンチッチはここでカントを参照するのだが、彼女は、この論点に関するカントの立場をラカンのそれと同一視している。「行為への移行というラカン自身の考え方そのものが、そうしたカント的身振りに基づいているのではないか?」

（5）Ibid., p.204〔邦訳二三二頁〕.

（6）Ibid., p.255〔邦訳二八七頁〕.

（7）こうした議論は、状況や運動の類型学の方向に進むことになるだろう。『ポピュリズムの理性』が目指すものはもっと限定的である。すなわち、ポピュリズムの理性の基本的な働き方を規定することである。

（8）私が主に参照するのは、Judith Butler, Ernesto Laclau, and Slavoj Žižek, *Contingency, Hegemony, Universality: Contemporary Dialogues on the Left*, London and New York, Verso, 2000〔邦訳『偶発性・ヘゲモニー・普遍性』〕におけるジジェクの発言である。以下の引用頁は本文括弧内に示す。私たちがこの本を書く際に定めた手続きに基づいて、私は、ジジェクの最後の担当箇所を、既に自分のものを書いた後で一度だけ読むことができた。そのため、この本の文脈の中では、私の著作に対する彼からの最後の批判に応答する機会がなかった。それゆえ、以下が、ある程度までは、私の返答となる。とはいえ、それが及ぶのは、ジジェクの批判全体ではなく、本書の主要な論題に関連する側面だけである。

（9）この誤読はかなり陰険なものだと言わざるをえない。というのも、他の諸著作では、ジジェクは私の議論を完璧に理解しているからである。例えば、彼は賛意を込めてこう言う。「エルネスト・ラクラウとシャンタル・ムフの功績は、『ヘゲモニーと社会主義の戦略』〔邦訳『民主主義の革命』〕において……そうした敵対性の概念に――原初の「外傷《トラウマ》」の承認に、象徴化・全体化・象徴的統合に抵抗する不可能な核の承認に――基づいて、社会的領野の理論を発展させたことである。……彼らが力説するところによると、私たちは、根源的な解決を目指すという意味で「根源的《ラディカル》」であってはならない。私たちはつねに、合間に、借り物の時間に生きている。あらゆる解決は暫定的かつ一時的であり、根本的不可能性の一種の延期なのである」（*The Sublime Object of Ideology*, London and New York, Verso, 1989, pp.5-6〔邦訳『イデオロギーの崇高な対象』一四頁〕）。

（10）Slavoj Žižek and Glyn Daly, *Conversations with Žižek*, Cambridge, Polity, 2004, p.149〔邦訳『ジジェク自身によるジジェク』二〇九頁〕.

(11)『偶発性・ヘゲモニー・普遍性』での議論を通じて、私は繰り返しジジェクに、彼にとって解放の主体とは誰で、彼が提案する一般的な戦略上の路線が何なのか、特定するよう求めた。討論が、より政治的な、つまり、あまり「形而上学的」でない領域で進むようにしたかったのである。いかなる返答も与えられなかった。

(12) Michael Hardt and Antonio Negri, *Empire*, Cambridge, MA, Harvard University Press, 2000〔水嶋一憲・酒井隆史・浜邦彦・吉田俊実訳『〈帝国〉――グローバル化の世界秩序とマルチチュードの可能性』以文社、二〇〇三年〕.

(13) Jacques Rancière, *Disagreement: Politics and Philosophy*, trans. Julie Rose, Minneapolis, University of Minnesota Press, 1999, p.9〔邦訳『不和あるいは了解なき了解』三〇頁〕. 以下の引用頁は本文括弧内に示す。

(14) Sigmund Freud, *Group Psychology and the Analysis of the Ego*, in *The Standard Edition of the Complete Psychological Works of Sigmund Freud*, ed. and trans. James Strachey *et al.*, London, Hogarth Press, 1953-1974, vol.18, p.91〔邦訳「集団心理学と自我分析」一五八頁〕.

〔訳　注〕

第1章

＊1 アメリカ南部および西部の農民運動を母胎として一八九一年に結成された第三政党。ポピュリスト党とも呼ばれる。連邦議会に議員を送り込むなど躍進したが、九六年大統領選挙で支援した民主党候補ブライアンの敗北を機に党勢力は分裂、急速に退潮に向かった。アメリカ人民党運動の経緯については、本書第八章で詳述される。

＊2 イギリスのC・H・ダグラス（Clifford Douglas 1879-1952）の説く社会信用原理（ベーシック・インカムの理論的源流の一つとも考えられる）の実現を目指してイギリス、カナダ、オーストラリア等で社会信用党が結成されたが、政権獲得に至ったのはカナダ西部だけだった。特にアルバータ州では、社会信用党は一九三五年から七一年まで与党として政権を担った。

＊3 George Wallace（1919-1998）アメリカの政治家。アラバマ州知事を計四期務める。一九六八年、民主党政権の人種隔離撤廃政策に反対して、アメリカ独立党から大統領選挙に出馬した。本書第五章での記述も参照。

＊4 Andrew Jackson（1767-1845）アメリカ合衆国第七代大統領（在任一八二九－三七）。民主党所属としては初めての大統領。西部開拓農民や東部労働者を支持基盤として、「ジャクソニアン・デモクラシー」と呼ばれる草の根民主主義を進展させた。一方で、インディアン強制移住法を制定し、先住民に対する過酷な処置を進めた。任期中の強権的姿勢は「アンドリュー一世」と揶揄された。

＊5 水平派（平等派）は、イギリス清教徒革命期の急進的党派。ジョン・リルバーンを指導者として、平等な政治体制の実現を掲げ、兵士やロンドン民衆に支持を拡げる。当初はクロムウェル派にも近く、共和国樹立に協力するが、国王の処刑後、クロムウェル独裁政権との対立を深め、弾圧される。真正水平派（ディガーズ＝掘り耕す人々）は、水平派の掲げた政治的平等を更に推し進め、土地の共有や賃労働廃止を呼び掛けた。

＊6 チャーティズムは、一九世紀イギリスにおける普通選挙権獲得運動。合法的な手段を通じた改革を目指す穏健な道徳派（ロンドン労働者協会を中心とするイングランド南部の勢力）と、急進的な改革を要求する北部の実力派を中心に、全国各地で「人民憲章（People's Charter）」を採択し、「国民の請願」としてこれを認めるよう議会に迫った。しかし、これが下院で否決されると、運動方針を巡って道徳派と実力派の対立が生じ、運動は停滞していく。本書第四章での論述も参照。

＊7 ナロードニキの流れを汲んで一九〇一年に結成された、ロシア帝政期の革命政党。ロシア語の頭文字をとって「エス・エル」と略称される。

＊8 アイルランドのイギリスからの完全独立を目指して一九〇五年に結成された組織。「私たち自身」を意味する

アイルランド語 Sinn Fein を掲げ、一九一八年の選挙で勝利、二二年のアイルランド自由国の成立に寄与した。

＊9 戦間期にルーマニアで興隆した極右の反ユダヤ主義民族運動の中心的組織。コルネリウ・コドレアヌ（Corneliu Codreanu 1899-1938）の指導の下、反ユダヤ人法の制定、軍事独裁制の実現等を求めて活動した。

＊10 Lázaro Cárdenas (1895-1970)　メキシコ第四四代大統領（在任一九三四－四〇）。労働組合と農民組織を全国組織に育て、自らの政党（制度的革命党ＰＲＩ）の支持基盤とする。大統領として農地改革や石油国有化等を実施し、国民の熱狂的支持を得る。スペイン内戦時に人民戦線政府側を一貫して支持したこと、ソ連を追放されたトロツキーを受け入れたこともよく知られている。

＊11 Haya de la Torre (1895-1979)　ペルーの政治家。学生運動指導者として国外追放の処分を受けていたが、一九二四年、メキシコでアメリカ人民革命同盟（Alianza Popular Revolucionaria Americana: APRA）を創設、三〇年に帰国した後政党化を果たす。四八年に起きた軍事反乱の指導者として責任を追及され、コロンビア大使館に庇護を求めた。この事件は、外交的庇護が慣習国際法として成立しているかどうかが初めて問われた事件として有名である。

＊12 ＣＣＦは Co-operative Commonwealth Federation の略で、協同連邦党と訳される。社会主義者や農民が中心となり、一九三二年に結成される。四四年、カナダ中西部のサスカチュワン州議会選挙で勝利し、北米初の革新政権を樹立。全国に先駆けて普通健康保険制度を導入した。

＊13 南フランスの文房具店主ピエール・プジャード（Pierre Poujade 1920-2003）が一九五三年に始めた税制改革反対運動に端を発する、排外主義的愛国主義運動。祖国に背く行為をしたと考えられるすべての者（その中には、チュニジアを手放したマンデス・フランスらの政治家、多国籍企業、知識人、等が含まれる）を攻撃の対象とし、アルジェリア戦争で疲弊した五〇年代末から六〇年代初めのフランスで一定の支持を得た。ル・ペンもこの運動の担い手の一人である。

＊14 Fernando Belaúnde Terry (1912-2002)　ペルーの大統領（在任一九六三－六八、一九八〇－八五）。人民行動党を創設し、一九六三年に大統領に就任。農業改革を試みるも、軍部のクーデタで失脚しアメリカに亡命。後

の民政移管時に再び大統領に選出された。

＊15 Julius Kambarage Nyerere (1922-1999)　タンザニア独立運動の指導者。一九六一年の独立とともに首相、次いで初代大統領となり、農業の集団化等の社会主義的政策を実施した。

＊16「マニフェスト・デスティニー」は、元々は、アメリカの西部開拓を正当化する標語。一八四五年にジョン・オサリヴァン (John O'Sullivan 1813-1895) が『デモクラティック・レヴュー』誌上で、テキサス併合を支持する立場から初めて用いた。その後、アメリカの帝国主義的膨張を、神の摂理により与えられた使命として合理化する論拠となっていく。

第3章

＊1 動物磁気説の提唱者メスメルは、一七七八年にウィーンからパリに移り、貴族や資産家など多くの有力者の支持を集めた。彼の信奉者たちは、弁護士ニコラ・ベルガスの発案に基づいて、磁気療法を普及させるための組織「調和協会」をフランス各地に設立した。間もなくメスメリズムへの批判が高まり多くの弟子が離反、調和協会は分裂し、メスメルは八五年にパリを去った。メスメルの存在が忘れ去られた後も、動物磁気説の支持者たちは活動を続け、メスメリズムの催眠効果に心霊現象を結び付ける様々な団体が乱立した。

＊2 William McDougall (1871-1938)　イギリス出身の心理学者。一九二〇年に渡米。当時の心理学の主流であった内観主義・行動主義から距離をおき、進化論的・目的論的立場を取った。本能や「集団の心」の概念を重視して、社会心理学の理論を展開した。フロイトも「集団心理学と自我分析」でマクドゥーガルに言及している。

＊3 Édouard Drumont (1844-1917)　フランスの作家。一八八六年に上梓した『ユダヤのフランス』で有名となり、愛国的新聞『リーブル・パロール』主筆として、政財界を侵食し支配するユダヤ人を攻撃する論陣を張

る。反ドレフュス派を代表する論客であり、下院議員としても活動した。

第4章

＊1 一七七五年四月にパリ周辺で勃発した食糧暴動。「小麦粉戦争」と呼ばれる。前年に財務総監に任命されたテュルゴーの打ち出した自由主義的な穀物流通改革が、凶作とも相俟って、穀物価格の高騰をもたらした。これに不安を掻き立てられた民衆が各地で騒擾を起こし、パリにも波及した。

＊2 一七八〇年に起きた、ロンドン史上最大の民衆暴動。それまでカトリック教徒の軍務就役を禁止していた法律が、ノース政権下で人員不足解消を理由に撤廃されたのに反対して、プロテスタントが起こした暴動。ジョージ・ゴードン卿（Lord George Gordon 1751-1793）の呼び掛けに応えて五万人以上が参加したと言われる。

＊3 フランス革命期に西部ヴァンデ地方を中心に起きた、カトリック王党派の農民反乱。一時は参加者が数十万規模に膨れ上がり、共和国軍側を苦しめた。一七九四年頃までに大規模反乱としては終息する。自らの陣営を白服、敵対する共和国側を青服と言って区別したことで知られる。

＊4 独立自主管理労働組合「連帯」。一九八〇年にポーランドで結成された、社会主義国では初の、党から独立した労働者による自主的かつ全国規模の労働組合。グダニスク造船所の電気技師だったレフ・ヴァウェンサ（Lech Wałęsa 1943-）を議長とし、ポーランドの民主化運動において主導的な役割を担った。

＊5 Benjamin Disraeli（1804-1881） イギリスの政治家。改宗ユダヤ人の家系ながらトーリー党（保守党）内で頭角を現し、一八六八年および一八七四年から八〇年の二度にわたって首相を務めた。内政面では「トーリー・デモクラシー」と呼ばれた社会政策、外交面では積極的な帝国主義的進出政策を推し進めた。政治活動の傍ら、小説や政治評論も執筆している。

＊6 Partido Revolucionario Institucional. メキシコ革命の成果を継承・制度化し様々な政治勢力を糾合する目的で、一九二九年に国民革命党（Partido Nacional Revolucionario: PNR）として結成された政党。四六年に制度的革命党に改称。多様な社会階層やイデオロギー的傾向性を党内に抱え込んだ包括政党として、二〇〇〇年の大統領選で政権を失うまで、七〇年間にわたり与党として国政を支配した。第一章訳注＊10も参照。

＊7 Béla Balázs（1884-1949） ハンガリーの映画理論家。映画の出現から二〇世紀前半におけるその発展までを直接経験し、マルクス主義的立場から映画分析を行う。西洋文化において長らく概念的なものの下に位置付けられていた視覚的なものの復権を実現した芸術形式として映画を捉え、この形式を支える技法としてのクローズ・アップに注目した。著書に『視覚的人間』、『映画の理論』等がある。

＊8 Adhemar de Barros（1901-1969） サンパウロ市長、サンパウロ州知事を歴任。汚職体質を糾弾される一方で、社会インフラ整備に貢献した。

第5章

＊1 James Harold Wilson（1916-1995） イギリスの政治家。与党労働党の党首として、一九六四年から七〇年までと一九七四年から七六年までの二度にわたり、政権を担当した。

＊2 ケネディ暗殺を承けて政権を引き継いだ第三六代大統領リンドン・ジョンソン（在任一九六三‐六九）は、「偉大な社会（Great Society）」を掲げ、社会福祉の拡充や公民権の確立等、リベラルな政策を推し進めた。

＊3 おおよそ北緯三七度以南、ヴァージニアやフロリダから南カリフォルニアにかけての、アメリカ南部の温暖な地域を指す。政治評論家ケヴィン・フィリップス（Kevin Phillips 1940-）は一九六九年の著書『台頭する共和党多数派』の中でこの呼称を提唱し、保守勢力の苗床としてアメリカ政治の動向の新たな中心となることを予測した。

＊4 John T. Flynn (1882-1964)　アメリカのジャーナリスト。Ｆ・Ｄ・ローズヴェルトおよびアメリカの第二次世界大戦参戦を批判したことで知られる。

＊5 Patrick Scanlan (1894?-1983)　カトリック教会ブルックリン教区の機関紙「タブレット」の編集主幹。

＊6 Ignatius Donnelly (1831-1901)　ミネソタ州出身の作家。人民党議員として活動した。

＊7 Thomas E. Watson (1856-1922)　ジョージア州出身の政治家。一八九〇年代に人民党の党首を務める。

＊8 一九四一年にＦ・Ｄ・ローズヴェルト大統領が提唱した、民主主義の根幹を成す原理。具体的には、表現の自由、信仰の自由、欠乏からの自由、恐怖からの自由を指す。

＊9 James Burnham (1905-1987)　アメリカの転向反共主義者。冷戦が始まると対ソ強硬論を唱えた。『経営者革命』の著者としても知られる。

＊10 Whittaker Chambers (1901-1961)　アメリカの作家・編集者。一九二〇年代より共産主義者として活動するが、三八年に共産党と訣別、保守派に転じる。第二次大戦中より、アメリカ政府内部に共産主義勢力が潜んでいることを指摘、マッカーシズムの台頭を準備した。

＊11 Max Eastman (1883-1969)　アメリカの作家・政治活動家。ジョン・デューイの弟子。初め社会主義の熱心な提唱者であったが、大恐慌を経験した後、経済的自由主義の擁護者となる。著書に『自由を侵害する社会主義』等がある。

＊12 Will Herberg (1901-1977)　アメリカの社会思想家・宗教社会学者。一九二〇年代にはアメリカ共産党員であったが、五〇年代にマルクス主義を放棄、宗教的保守主義の立場からアメリカ社会の分析を行う。公民権運動を急進的・暴力的な運動として批判した。

＊13 Willmoore Kendall (1909-1967)　アメリカの政治思想家。若い頃にはトロツキストであり、スペイン市民戦争にも参加したが、後に共産主義を放棄した。『アメリカ政治の伝統と象徴』等の著作がある。

＊14 Eugene Lyons (1898-1985)　アメリカのジャーナリスト。フーヴァー大統領の伝記作者として知られる。熱心な共産主義者であったが、一九二〇年代後半から三〇年代前半にかけてのモスクワ滞在中にスターリン体

制に幻滅し、帰国後反共主義の論陣を張る。
*15 James Rorty (1890-1973) アメリカのジャーナリスト。一九三〇年代から五〇年代にかけて活躍。医療問題からマッカーシズムまで幅広い領域を扱う。現代アメリカを代表する思想家リチャード・ローティは彼の子息。
*16 L. Brent Bozell Jr. (1926-1997) アメリカのカトリック作家。一九七〇年代以降、保守主義の活動家として、過激な反中絶運動を展開した。
*17 William F. Buckley Jr. (1925-2008) アメリカの作家・TVコメンテイター。戦後アメリカ保守主義運動の牽引者。一九五五年、以後のアメリカ保守主義運動を支えることになる雑誌『ナショナル・レヴュー』を創刊した。
*18 Russell Kirk (1918-1994) アメリカの歴史家・政治理論家。第二次大戦後のアメリカ保守主義を、指針を欠いた不明瞭なものと捉え、これに明確な方向性を与えるべく英米保守思想の伝統を辿って、エドマンド・バークの重要性を指摘した。著書に『保守主義の精神』等がある。
*19 第一章訳注*3参照。
*20 本書原書の刊行は二〇〇五年である。前年(二〇〇四年)一一月に行われたアメリカ大統領選挙は、共和党の現職ジョージ・W・ブッシュと民主党のジョン・ケリーの対決となり、激戦の末、僅差でブッシュ(子)が再選を果たした。
*21 第一次世界大戦勃発後のフランスにおいて、大統領レイモン・ポアンカレの呼び掛けに呼応して形成された、国内諸勢力間(特に、労働運動・社会主義運動と政府との間の)の協力関係。
*22 Paul Sweezy (1910-2004) アメリカのマルクス経済学者。一九四九年に『マンスリー・レヴュー』を創刊。経済学者として生涯を通じ独占および恐慌のメカニズムの研究を行うとともに、様々な社会運動に関与した。
*23 Oskar Lange (1904-1965) ポーランドの経済学者。社会主義経済計算論争の主役の一人。中央計画と市場原

理とを組み合わせることで高度の経済効率性を実現しうると主張した。

第6章

＊1　コーポラティズムは、個人主義的・自由主義的社会観に反対し、国家や社会といった共同体の有機体的協働を重視する政治思想。特に、ムッソリーニの国家ファシスト党は、経営者や労働者の各種職能団体を国家権力の支配下に再編成して、統制経済体制を確立した（「国家コーポラティズム」）。

第7章

＊1　一八八七年に発覚した、共和国大統領ジュール・グレヴィ（Jules Grévy 1807-1891）の娘婿ダニエル・ヴィルソン（Daniel Wilson 1840-1919）による売勲スキャンダル。

＊2　Palmiro Togliatti（1893-1964）　一九二一年にグラムシらとイタリア共産党（Partito Comunista Italiano: PCI）を創設。コミンテルン代表としてスペイン内戦を現地で指導、第二次大戦中は祖国の反ファシズム闘争をモスクワから指揮する。イタリア降伏後に帰国し、共産党を「サレルノの転換」（議会主義による改革を支援し、暴力革命を否定する路線）に導く。一九四五－四六年には連立内閣に参加し、副首相・法務相等を歴任。一九五六年の第八回党大会で構造改革路線を打ち出し、ソ連型社会主義とは異なるユーロコミュニズムへの道を開いた。

＊3　Josip Broz Tito（1892-1980）　ユーゴスラヴィア共産党の最高指導者。第二次大戦中はナチス・ドイツに対するパルチザン闘争を指揮、戦後に建設されたユーゴスラヴィア連邦共和国の大統領として、脆弱な多民族国

家を強力な指導力でまとめ上げた。ソ連型社会主義と一線を画する自主管理型社会主義の建設を目指し、外交面でも、東西両陣営に属さない第三世界の非同盟路線を主導した。

＊4　コンフェッショナリズムは、元来はプロテスタント諸会派において、信仰無差別論に反対して、自身の信仰や教義の防衛義務を主張する立場を指した。その後、より広義に、宗教上の宗派的対立が政治的抗争の形をとる状態を表わす語として用いられるようになる。

＊5　一九九〇年代にイタリア検察が、政界に蔓延する汚職を一掃すべく実施した強制捜査。社会党党首ベッティーノ・クラクシを含む四百名以上の国会議員が摘発される。キリスト教民主党（Democrazia Cristiana: DC）出身の首相アンドレオッティはマフィアとの関係を追及されて退任に追い込まれ、クラクシはチュニジアに亡命した。

＊6　Partito Sardo d'Azione. サルデーニャ島（特別自治州）を地盤とする地域政党。第一次大戦後の一九二一年、作家・軍人のエミリオ・ルッス（Emilio Lussu 1890-1975）により創設された。

＊7　Union Valdôtaine. 北西部ヴァッレ・ダオスタ特別自治州を地盤とする地域政党。フランス語系住民を支持基盤とする。

＊8　Südtiroler Volkspartei（ドイツ語）/ Partito Popolare Sudtirolese（イタリア語）. 北東部トレンティーノ＝アルト・アディジェ特別自治州（ドイツ語を母語とするドイツ系住民が多数派を占める）を地盤とする地域政党。

＊9　Liga Veneta. 北東部ヴェネト州（州都ヴェネツィア）を地盤とする地域政党。一九七八年結成。北部同盟に合流する主要前身政党の一つ。

＊10　Umberto Bossi (1941-)　北部同盟の初代書記長。イタリア共産党の運動家であったが、一九八〇年代以降地方分権運動に転じ、ロンバルディア同盟を創設、次いで北部同盟を組織する。

＊11　パダニア（パダーニャ）は、イタリア北部のポー川流域の平原の呼称。一九九六年、ボッシは、「パダニア連邦政府」の樹立を宣言して北部イタリアの独立を表明したが、中央政府や諸外国からは黙殺され不発に終わった。

＊12 José María Aznar López (1953-)　スペインの政治家。国民党所属。一九九六年から二〇〇四年まで首相を務め、新自由主義的な一連の改革路線を推し進めた。

＊13 ベルルスコーニの長女が会長を務める巨大メディアグループ。国内最大の民放局メディアセットを傘下に持つ。セリエAの強豪ACミランの親会社でもある。

＊14 Getúlio Dornelles Vargas (1882-1954)　ブラジルの政治家。一九三七年に大統領選挙を軍事行動によって中止させ、議会を解散して独裁を行う。この時期の政治をエスタード・ノーヴォ（新国家体制）と呼ぶ。第二次大戦後のクーデタで失脚。一九五一年にブラジル史上初の民主的選挙によって大統領の座に復帰するが、五四年にピストル自殺。

＊15 Hipólito Yrigoyen (1852-1933)　一九一六年にアルゼンチンで行われた最初の男子普通選挙で大統領に選出された。

＊16 José Batlle y Ordóñez (1856-1929)　コロラド党から立候補して一九〇三－〇七年、一九一一－一五年の二度、ウルグアイの大統領を務めた。二大政党間の内戦を収拾し、安定した政治体制の下、一連の社会保障政策を実施した。

＊17 Francisco Ignacio Madero González (1873-1913)　メキシコ革命の指導者。開明的地主として、長期間続いていたディアス独裁体制の打倒を全国に呼び掛け、メキシコ革命を先導した。大統領在任は一九一一－一三年。

＊18 Arturo Fortunato Alessandri Palma (1868-1950)　都市中間層を支持基盤として大統領選挙に勝利。大統領在任は一九二〇－二四年、一九二五年、一九三二－三八年。二四年のクーデタにより政権を追われ亡命するが、二五年のカウンター・クーデタの際に復職し、議会権限の限定を実現した後、再び亡命する。三二年に三度目の大統領に就任、二〇年代末の大恐慌の影響を受けて混乱していたチリ経済を安定させた。

＊19 Ruy Barbosa (1849-1923)　法律家で政治家。奴隷制廃止に尽力。大統領選に二度立候補した（一九一〇、一九一九年）が敗れた。

＊20 Carlos Ibáñez del Campo (1877-1960)　大統領を二期、警察軍カラビネーロス・デ・チレ初代長官を歴任。

一九二四年のクーデタでアレッサンドリを倒したものの、翌二五年には彼を大統領職に復帰させた。二七年から大統領として独裁的な支配を行ったが三一年にアメリカに亡命、後に帰国して五二年から五八年にかけて再び大統領を務めた。

＊21 Alexandru Ioan Cuza (1820-1873)　一八六二年に、自身が両方の公位に就いていたワラキア公国とモルダヴィア公国を統一し、ルーマニア公国を成立させる。六六年に起こった貴族の反乱で退位し、ハイデルベルクに亡命した。

＊22 Karl Eitel Friedrich Zephyrinus Ludwig (1839-1914)　一八六六年にルーマニア公となり、同年のルーマニア憲法採択、七七年の独立宣言を指導。八一年に初代ルーマニア国王カロル一世として即位した。

＊23 Alexandru Averescu (1859-1938)　一九一〇年代末から二〇年代後半にかけて三度ルーマニア首相を務めた。

＊24 Carol al II-lea (1893-1953)　二度の結婚の後、王位継承権を放棄して西欧に亡命。一九三〇年に突如帰国して、息子のミハイ一世を退位させ王位に就く（在位一九三〇‐四〇）。個人独裁的な統治を推し進めた。

＊25 Ion Victor Antonescu (1882-1946)　一九四〇年にカロル二世を退位させ、自らは首相に就任する。当初は鉄衛団と連携したものの、四一年には鉄衛団の反乱を鎮圧して軍事独裁体制を確立。ヒトラーと結び枢軸国側に立って独ソ戦に参戦した。

＊26 第一章訳注＊9参照。

＊27 Józef Piłsudski (1867-1935)　第二次ポーランド共和国建国者（一九一八年）。一度政界を引退したが、二六年にクーデタを起こして独裁を行う。その目標は多民族融和国家としてのポーランドの実現であった。

＊28 Александър Стоименов Стамболийски (1879-1923)　ブルガリア農民人民同盟の指導者。一九二〇年より首相を務め、農業改革を実施した他、ソ連との外交関係の樹立に尽力する等したが、二三年の右派によるクーデタで失脚、誘拐され殺害された。

＊29 Vojislav Šešelj (1954-)　大セルビア主義を掲げるセルビア急進党の創設者・党首。旧ユーゴスラヴィア内戦時には民兵組織「白い鷹」を設立。

＊30 クロアチア防衛軍（Hrvatske obrambene snage）。クロアチア権利党の軍事組織で一九九一年から一九九二年まで存続。略称の「ＨＯＳ」は、第二次大戦時ナチス傀儡政権の軍隊「クロアチア武装軍（Hrvatske oružane snage）」のそれと同じ。

＊31 Alija Izetbegović（1925-2003） 一九七〇年に「イスラーム宣言」と題した声明書を発表。ボシュニャク人活動家として反体制活動に従事し投獄される。釈放後、民主行動党を設立。ボスニア＝ヘルツェゴヴィナ初代大統領（在任一九九〇－九六）。

第8章

＊1 南北戦争期にドル紙幣と金属（金または銀）の兌換は一時的に停止されていたが、戦争終結後の再開にあたって「金本位制か、金銀複本位制か」（つまり、銀が正貨として認められるべきか）を巡って激しく論争が繰り広げられた。

＊2 禁酒党は、酒類の販売・消費に反対して一八六九年に結成されたアメリカの第三政党。

＊3 グリーンバック党は、一八七六年に結成されたアメリカの第三政党。南北戦争後の政府の通貨収縮政策に反対し、紙幣の増発を要求した。「グリーンバック」は、南北戦争中に発行された不換紙幣（裏面が緑色）の通称。

＊4 一八六九年に秘密結社として設立されたアメリカの労働団体。八一年に秘密性を払拭して以降、全国的に勢力を拡大する。八六年のヘイマーケット事件（シカゴ市内でのストライキとデモをきっかけに発生した暴動）を境に急速に衰退し、同年に結成されたアメリカ労働総同盟（American Federation of Labor: AFL）に勢力を奪われていった。

＊5 アメリカの私立探偵社。大統領候補リンカーンの暗殺を防いだアラン・ピンカートンらによって設立される。労使対立が激しくなる一九世紀後半、組合員の監視やスト破りの実行部隊として活動した。

＊6 William Jennings Bryan（1860-1925）　民主党の候補者として計三回大統領選に出馬したが、いずれも敗れた。大衆民主主義に絶大な信頼を寄せ、精力的に全国を遊説して回ったことで知られる。

＊7 William McKinley（1843-1901）　アメリカ合衆国第二五代大統領（在任一八九七－一九〇一年）。共和党所属。金本位制、保護関税政策を推し進めるとともに、ハワイ併合・フィリピン併合・米西戦争等の帝国主義的外交を遂行した。一九〇一年の再選直後に暗殺される。

＊8 Ziya Gökalp（1876-1924）　トルコの思想家・社会学者。デュルケームらフランス実証主義社会学の影響を受け、トルコ社会学の創始者となる。トルコ語とトルコ文化を基軸としたオスマン帝国のトルコ化を唱導し、共和国初期の国民アイデンティティ形成に大きな影響を与えた。

＊9 Mahmut Esat Bozkurt（1892-1943）　トルコの法律家・政治家。

＊10 チェルケス人（アディゲ人）は、北西コーカサス語族に属するチェルケス語を母語とする民族。一九世紀のロシア帝国の侵略・迫害により多くのチェルケス人が黒海東北沿岸部の居住地を追われ、オスマン帝国領内に流入した。

＊11 ラズ人は、トルコ東部の黒海沿岸からグルジア国境にかけて居住する少数民族。

＊12 ポマク人は、オスマン帝国支配下でイスラーム教に改宗したブルガリア人の後裔。

＊13 タンズィマート（恩恵改革）は、一八三九年のギュルハネ勅令発布から七六年のオスマン帝国憲法（ミドハト憲法）制定に至る、オスマン帝国の一連の近代化・西洋化政策。この時期をタンズィマート期と称する。

＊14 イェニチェリは、オスマン帝国の常備歩兵軍団。一七世紀以降、事実上の世襲化が進むと特権階級化・軍閥化し、一九世紀には反改革勢力の牙城と化していた。一八二六年にマフムド二世が西洋式の新軍隊の創設を宣言したのを受けて反乱を起こすが、直ちに鎮圧され、イェニチェリは廃止された。

＊15 タンズィマート期の改革の不徹底性に不満を抱いた知識人らが一八六五年に結成した秘密結社。

＊16 一九〇八年の立憲革命。秘密結社「統一と進歩委員会」所属の青年将校らが武装蜂起し、アブデュルハミド二世に専制政治を放棄させた。これにより、一八七八年以来停止されていたミドハト憲法が再開され、オス

マン帝国は第二次立憲制期に移行する。

＊17 青年トルコ人革命を主導した「統一と進歩委員会」の略称。

＊18 Mustafa İsmet İnönü (1884-1973)　トルコ共和国第二代大統領（在任一九三八－五〇）。首相職にも合計一〇度就いている。

＊19 Ali Adnan Ertekin Menderes (1899-1961)　一九五〇年に行われたトルコ初の実質的な自由選挙で勝利し、首相となる。政教分離原則の緩和、NATO加盟等の政策を実現。六〇年に起きた軍部のクーデタで逮捕され、翌年刑死した。

＊20 Arturo Frondizi (1908-1995)　ペロニスタ（正義党）の最大の対抗勢力である急進市民同盟の指導者。大統領を務めたのは一九五八年から六二年まで。

＊21 Arturo Umberto Illia (1900-1983)　急進市民同盟出身の大統領（在任一九六三－六六）。軍事クーデタで追放される。

＊22 Juan Carlos Onganía Carballo (1914-1995)　一九六六年にクーデタで政権を奪取。物価の安定、対外収支の均衡回復等、経済面で成果を上げたが、軍と対立して退陣を余儀なくされた。

＊23 Pedro Eugenio Aramburu (1903-1970)　一九五五年のクーデタでペロンを失脚させた後、陸軍参謀総長を経て大統領に就任（在任一九五五－五八）。

＊24 Roberto Marcelo Levingston (1920-2015)　陸軍出身。大統領在任は一九七〇－七一年。

＊25 Alejandro Lanusse (1918-1996)　一九七一年の無血クーデタでレヴィングストン政権を打倒して大統領に就任。七三年に民政移管を果たして辞任した。

結論

＊1 Jeanne Deroin（1805-1894） フランスの女性解放運動家・ジャーナリスト・教育者。パリの労働者階層の出身で、サン・シモン派の運動に参加し、女性の権利の確立を掲げて論陣を張った。四九年には、当時女性に選挙権・被選挙権が認められていなかった選挙に立候補するものの落選。五二年にイギリスに亡命した。なお、本文には、ドロワンが「投票」を試みたとあるが、これは「立候補」の誤りであろう。

解説――『ポピュリズムの理性』に寄せて

山本　圭（政治学）

はじめに

待望の翻訳、と言っていい。昨今の政治情勢、すなわち欧州や米国、さらには南米におけるポピュリズムの台頭を前に、少なくないリベラル知識人が眉をひそめ嘆息するといった知的ポジションに安住するなか、思想的かつ理論的射程をもった本書『ポピュリズムの理性』の刊行は、繰り返すが、待ち望まれたものにちがいない。原著が刊行された二〇〇五年と現在では、政治情勢の著しい変化は否めないとしても――。

著者を手短に紹介しておこう。エルネスト・ラクラウ（一九三五－二〇一四）は、アルゼンチン生まれの政治理論家であり、英国に亡命したあと、エセックス大学で長く教鞭を振るった。日本語訳のある代表的な著作としては、『資本主義・ファシズム・ポピュリズム』（横越英一監訳、柘植書房、一九八五年〔*Politics and Ideology in Marxist Theory* (1977)〕）、『現代革命の新たな考察』（拙訳、法政大学出版局、二〇一四年〔*New Reflections on the Revolution of Our Time* (1990)〕）にくわえ、公私にわたるパートナーであったシャンタル・ムフとの共著『民主主義の革命』（西永亮・千葉眞訳、ちくま学芸文庫、二〇一二年〔*Hegemony and Socialist Strategy* (1985)〕）は、本邦でもひろく読者を獲得した。同時代のフランス現代思想の思想家たちに比べると、決して多産な書き手ではなかったかもしれない。しかし、彼の政治思想の射程が、政治理論や民主主義論をはじめ、マルクス主義や精神分析、さらに言説分析やメディア論まで、様々なディシプリンを横断するものであったことから、その影響力は、とりわけ欧州や南米においては、日本の読者が想像するよりはるかに大きいといってよい。

本書『ポピュリズムの理性』は、依然としてその外延がはっきりしないポピュリズムを、様々な政治現象を貫いて現れる一箇の政治的論理として析出し、さらにそれをデモクラシーに不可欠なものとして提示する。この挑発的な理論は、ギリシャのシリザの躍進に一役買ったことで、思わぬ政治的危急性《アクチュアリティ》を獲得し、ポピュリズムを警戒する昨今の主流の言説とは真逆のプロジェクトへと合流するだろう。この路線はしばしば「左派ポピュリズム」ともいわれるが、現在では、スペインのポデモス、フランスのメランション、アメリカのサンダース、そして英国のコービンの出方に注目が集まっていることは、よく知られるところである。

1 「ポピュリズムの理論をめざして」(1977)

本書の位置付けを理解するためにも、まずは本書の前身にあたる『資本主義・ファシズム・ポピュリズム』を振り返っておくべきだろう。一九七七年に刊行されたこの著作には、「ポピュリズムの理論をめざして」という章が収められている。まずはここから始めたい。

アルゼンチンでペロニズムの台頭を目のあたりにしたラクラウにとって、ポピュリズムは政治の本性――〝政治的なもの〟――への扉をひらく秘密の鍵と映った。しかしこれは、それが鍵であることは直感的に分かるのだが、その使い方が分からない、そのような奇妙な鍵だったようだ。

〈ポピュリズム〉という概念はわかりにくいものだが、繰り返し使用されている。現代政治の分析にこれほど広く用いられている用語もまれなら、これほど定義の曖昧な用語もまれである。ある運動やイデオロギーをさして、それをポピュリズム的なものであるとわれわれがよぶとき、何について言及しようとしているのか直感的にはわかっているのだが、この直感を概念に置き換えることはまことに厄介なことである。[1]

このような厄介な概念にアプローチするために、この時期のラクラウはアルチュセール派の「審問」の概念に依拠しながら、とりわけ二つの審問に注目している。すなわち、ひとつは生産様式レベルでの矛盾を表現する「階級的審問」であり、もう一つは生産関係における矛盾ではない別の矛盾、つまりは「政治的・イデオロギー的支配関係の総体により知覚される矛盾[2]」を表現する「人民＝民主主義的審問」である。従来、ポピュリズム言説はある特定の階級利害の表出として捉えられてきた（「還元主義」）が、ラクラウのテーゼは、それを階級的審問と人民＝民主主義的審問との特異な「節合《アーティキュレーション》」の結果と捉えるものである。

ラクラウは人民＝民主主義的審問の節合の性格に応じて、二つのポピュリズムを区別している。それが、「支配階級のポピュリズム」と「被支配階級のポピュリズム」である。前者に典型的なのはファシズムであり、それは人民＝民主主義的審問を節合しているものの、支配階級に対する敵対的モメント（契機）を中和化する。これに対し、「被支配階級のポピュリズム」は、人民＝民主主義的矛盾を拡大させ、支配階級とぶつかるものだ。そして、当時のコンテクストにおいて、この矛盾を最大限展開しうるのは「社会主義」にほかならず、「ポピュリズムなくして社会主義はなく、またポピュリズムの最高形態は社会主義以外にはありえない[3]」、そう定式化されたのであった。

このような二つのポピュリズムの区別は、これ以降積極的に展開されることはなかったが、こんにちでもなお、あるいは左－右のポピュリズムが対峙するこんにちではいっそう、一考に価するように思われる。

2　『民主主義の革命』（1985）から『ポピュリズムの理性』へ（2005）

本書『ポピュリズムの理性』は、「ポピュリズムの理論をめざして」からおよそ三〇年後に刊行された、エルネスト・ラクラウという思想家の原点かつ到達点といえる。そのため、当然の如く、理論的な連続性と非連続性を確認することができ、総じてより複雑かつ繊細な理論に仕上がっている。したがって、本書は必ずしも易しい書物ではないし、いくつもの重要概念が、ほとんど断りもなく次から次へと差し挟まれる（言説、ヘゲモニー、等価性の論理と差異の論理、敵対性……）ため、ここで少し敷衍しておく必要があるだろう。

やはりムフとの共著『民主主義の革命』がブレイクスルーであったろう。本書はマルクス主義を脱構築し、新自由主義へゲモニーに対抗するための、左派の理論書かつ戦略書として執筆された。彼らの批判によれば、階級主義と経済決定論に固執する伝統的なマルクス主義の考え方によっては、こんにちの多様な政治的要求（「新しい社会運動」とざっくり括られてきたもの）の重要性を見落としてしまう。そこで、アントニオ・グラムシのヘゲモニー論を非‐階級主義的な節合実践へと洗練させ、結節点（大まかに言って、本書の「空虚なシニフィアン」に相当する）を中心に、「等価性の連鎖」、すなわち「私たち」という集合的アイデンティティを構築する方途を描き出したのである。

このようなヘゲモニー戦略をもとに、彼らが打ち出した政治的マニフェストが「ラディカル・デモクラシー」である。これは、日常的な服従関係を抑圧関係（敵対関係）として可視化させ（こんにちでは #MeToo 運動がそれだ）、平等や正義にむけた諸要求を、民主主義というシニフィアンを中心に結びつけるヘゲモニー戦略である。これが左派の課題かつ方向性として提示されたのだ。

左派にとってのオルタナティヴは、みずからを民主主義革命の領域に全面的に位置づけ、抑圧に抗するさまざまな闘争のあいだに等価性の連鎖を作り上げていくことにこそある。それゆえに左派の課題は、自由民主主義的イデオロギーを否認することにあるのではなく、むしろ逆に根源的で複数主義的なデモクラシーの方向にそれを深化させ拡充していくことにある。[4]

こうして、ポスト・マルクス主義とラディカル・デモクラシーは、ポスト構造主義の理論とマルクス主義の語彙をあざやかに結びつけ、対抗戦略を示すことに成功した。これにより、『民主主義の革命』は、代議制民主主義の機能不全に応答するものとして、アカデミアの内外で大きなインパクトをもって受けとめられたのだ。

『民主主義の革命』以後のラクラウの理論的展開において、一点だけ付記しておきたい。それは精神分析への傾倒である。[5] 精神分析のジャーゴンは、本書『ポピュリズムの理性』の至るところで確認できる——群衆の系譜学におけるフロイトの位置付けをはじめ、ジョアン・コプチェクの援用、そして対象aと根源的備給の概念など。ポピュリズムが集合的なアイデンティティ、すなわち「人民」を構築する論理であるとして、その把握には、精神分析の知見を欠かすことはできない。本書においてラクラウは、彼のヘゲモニー論を対象aのロジックと同一視するほどであり、こうしたアプローチは、他の数多あるポピュリズム論からラクラウのそれを弁別する最大の点といってよい。

3　ポピュリズムの「理性」？

ところで、『ポピュリズムの理性』とは、なんと奇妙なタイトルだろう。ポピュリズムは理性とは対極のもので、激情に駆られた人々の不条理の表出そのものではないか、そんな声が聞こえてきそうである。なるほど、ポピュリズムは確かに、過渡的なもの、逸脱したもの、イレギュラーなものとして一般に観念されている。[6] だからこそ、ある政治現象について、それがポピュリズムか否かといった〝おしゃべり〟が続いているのだろう。ここでポピュリズムは、正規の政治理論や政治分析の常套を逸脱する、病理的なケースとされている。

本書のタイトルは、このような侮蔑的態度を反省するよう私たちに迫る。〈正常なもの〉と〈病理的なもの〉という二分法を立て、ポピュリズムをつねに後者のカテゴリーへと押し込んでしまう、そのような政治学的偏見こそが問題なのだ。だとすると、ポピュリズムを説明することの困難さは、この予断に起因するといってよい。私たちはそもそも、ポピュリズムをそれそのものとして理解しようとしていない——。

ポピュリズム独自の論理と合理性を捉える心構えができれば、私たちはこれ以上、〈本当のポピュリズム探し〉にかかずらう必要はなくなる。じっさいラクラウは本書の企図を次のように述べている。

> 私が試みるのは、ポピュリズムの真の指示対象を見出すことではなく、その反対である。すなわち、ポピュリズムには指示対象としての統一性が存在しないと示すことである。というのも、それは、境界画定可能な一つの現象にではなく、多くの現象を横断して効果を及ぼす一つの社会論理に帰属するものなのだから。ポピュリズムとは、きわめて単純に言えば、政治的なものを構築する一つの仕方なのである。（本書一四頁）

ポピュリズムは、それとして名指すことのできる対象ではない。それは個別的な要求から等価性の連鎖を、ヘゲモニー的な普遍性を、統一的な人民を構築する政治的論理そのものである。そのため、これは決して例外的な運動ではない。むしろ政治について考えればどこかで必ずそれに行き当たり、いつのまにか横切ってしまっているような、あらゆる政治現象を貫いてあるものだ。そのかぎりで、「ポピュリズムの理性」とは、「政治的理性」そのものにちがいない。こうしてポピュリズムは、政治学の伝統において周辺に追いやられてきたところから、一挙に舞台の中央へと躍り出る。かつてフロイトにとって夢が無意識への王道であったのと同様、「ポピュリズムこそが、政治的なものそれ自体の存在論的な構成について何かを理解するための王道」(一〇〇頁)になるのだ。

ポピュリズムの概念は、民衆のリズムにのるための、新しい政治的思考を要請している。したがって、これは、民主主義の常識にも挑戦するものだ。ラクラウにとって、ポピュリズムはデモクラシーの腐敗でも、それと対立するものでもなく、むしろ両者はかなりのところ一致する。「ポピュリズムという語から、通常一緒に連想されるような侮蔑的な含みを取り去ることができれば、ラディカル・デモクラシーはつねに「ポピュリズム的」である」[7]。このような言葉が、多くの人々を戸惑わせたことは事実である。しかし、原著の刊行から一〇年余りを経、この定式化の重みがあらためて問われているように思う。

ところで、このポピュリズム論のいささか生々しい実践的帰結についても付言しておくべきだろう。欧州の研究者、とりわけラクラウ＝ムフ界隈の人々はあまり言及しようとしないのだが、晩年のラクラウは自身の理論にもとづいて、アルゼンチンのポピュリスト政権、クリスティーナ・キルチネル(およびネストル・キルチネル)への支持を表明していた[8]。フェデリコ・フィンケルシュタインによると、ラクラウはキルチネル主義に、明確な友‐敵の区別をもうけ、政治的フロンティアを構築するよう助言していたようだ。しかし、ポピュリスト政権を支える「有機的知識人」となった結果、政権の汚職疑惑についても、シドロモドロの擁護を余儀なくされた。これに対し、フィンケルシュタインは率直にこう述べている。「彼自身の理論モデルの複雑さからすると、それをキルチネル主義のもつ曖昧さに合うよう単純化し、適合させているのには、戸惑うばかりである」[9]。このような権力との不用意な距離感は、理論一般と現実政治の架橋に伴う不可避のものか、それとも左派であれ、右派であれ、特殊ポピュリズム論が行き着く宿命的な隘路だろうか。左派ポピュリズムの〝グル〟が晩年にみせた顛末については、十分に心に留めておくべきだろう。

4 ポピュリズムと多元主義を再考する

それでは、本書の意義を現在の論争的布置のどこに位置付けることができるだろう？ ポピュリズムについてはすでに、欧州やその他の地域で台頭した個別的な分析や、その規範的な評価をめぐって、多くの議論が展開されている。そのようななか、政治学者のあいだでおおまかな合意ができた点のひとつに、「ポピュリズムと多元主義の相性の悪さ」があるように思われる。

このコンセンサスの功労者であるヤン＝ヴェルナー・ミュラーは、ポピュリズムの民主的な効用を説く見解に警鐘を鳴らし、「ポピュリズムの核心的な主張は、反多元主義の道徳化された一形態である」[10]とする。ミュラーによれば、ポピュリズムにお約束の手法とは、一部の人民でもって人民全体に代えることにほかならない。つまり、ポピュリストを支持する一部の人たちだけが代表されるべき人民であって、その他の人々については等閑視するか、あるいは排除すべき敵と認定してしまうだろう。ミュラーは、このようなポピュリズム政治が跋扈すれば、民主主義社会に不可欠な社会の多元性が毀損されると危惧している。そうして彼は、多数派形成のための競争原理をとる現行のリベラル・デモクラシー体制を擁護するのである。[11]

このような「相性の悪さ」は果たして本当だろうか？　ミュラーとともに、「シュンペーター＝ダール枢軸」（マクファーソン）[12]に留まるとするなら、つまりは競争的な多元主義からすればそうなのかもしれない。しかし、ラディカル・デモクラシーが支持する「根源的な多元主義」からすればどうだろうか？[13]　これは「伝統的な多元主義」とは明らかに異なったものである。マーク・ヴェンマンが整理しているように、「伝統的な多元主義」においては、国家のような固定化された領域内部での閉じられた多様性が前提とされていた。[14]他方で、「根源的な多元主義」では、既存の枠組みそれ自体に挑戦する新しい差異を導くことで、伝統的な前提条件を攪乱し、新しいアイデンティティと承認を求める多元性が想定されているのだ。

ポピュリズムが可能にするのは、まさにこうした「垂直的な多元主義」である。これは、それまで排除されていた人々を、もしくは不可視化されていた声を可視化する、そのようなポリティクスのことだろう。だとすると、ポピュリズムを反‐多元主義的とする議論は部分的に修正される必要がある。ポピュリズムは確かに、現行の差異を擁護する「リベラルな多元主義」とは相性が悪いものの、新しい差異を創り出すもう一つの多元主義とは両立しうる。『ポピュリズムの理性』は、ポピュリズムを、それまでは排除されていた異質なものが、同質的な政治のアリーナに干渉する論理を描いている点で、多元主義の否定者であるどころか、かえってそれを最大限肯定するものとして位置付けられるだろう。

5　左派ポピュリズムのために

本書の議論は、現在「左派ポピュリズム」のプロジェクトへと合流している。確かにこれは「再生に向けた困難な道のり」（ホール）[15]であり、私もその懸念は共有する。じっさい、そちらへの一歩を躊躇する材料は十分すぎるほどである。

だが、この方向性は、決して孤独なものではない。ラクラウの遺志を継ぎ、この路線を展開しているのが、シャンタル・ムフ『左派ポピュリズムのために』（*For a Left Populism*, Verso, 2018）（二〇一九年一月に明石書店より日本語訳が刊行予定）である。ムフは、新自由主義がもたらしたポスト政治的情況が「ポピュリスト・モーメント」を生み出していると診断する。しかし、多くのリベラルが危惧するように、この情況は左派にとって危機であるだけではない。むしろ彼女はこれを、新自由主義以後の新たなヘゲモニー編成にむけたチャンスと捉え、民主主義を根源化すべく、左派ポピュリズム戦略を展開しなければならないと主張するのだ。とはいえ、繰り返し注意されているように、左派ポピュリズム戦略は自由民主主義からの切断を意味しない。むしろ、かつてなくリベラル勢力が衰退し、極右ポピュリズムが台頭するなか、左派ポピュリズムは民主主義を回復するための起死回生の政治戦略、いわば左のＴＩＮＡ（There is No Alternative）として提出されている。

あるいは、より運動に近いところではナオミ・クラインが、真に進歩的なポピュリズム政治の可能性に期待をかけている。クラインによれば、複数の危機が重なるタイミングを捉え、ショック・ドクトリンを逆手にとることができれば、「人々の暮らしを大幅に向上させ、貧富の差を埋め、給料の良い低炭素の雇用を数多く創出し、草の根から民主主義を再活性化する政策を推進できるのではないか」[16]。クラインはこれを「民衆からのショック療法」とも呼んでいるが、気候変動危機は、経済的な公正さを求める闘いのみならず、人種主義やミソジニーに抗する人々を結びつけ、多様な運動からなる政治的連合を生み出すに至っているという。これこそまさに、左派ポピュリズムが構築する等価性の連鎖そのものだろう。

このような動向をよそに、本邦ではいまなお、ポピュリズムは「大衆迎合主義」や「扇動政治」と翻訳され、あまつさえ「衆愚政治」とみなされることも珍しくない。そこに昨今の政治情勢も手伝い、「ポスト・トゥルース」や「反知性主義」をめぐる言説が節合され、ポピュリズムはあらゆる非合理性の結節点に仕立て上げられている。このような情況にあって、『ポピュリズムの理性』の日本語訳の刊行は、紛いもなく反時代的なものだ。しかし根源的《ラディカル》であるとは、えてして反時代的なものだろう。自由民主主義のお約束の着地点に居直ることなく、政治からの疎外を、排除を、無力化を直視し、民主主義の理想が本源的に含んでいる楽観に、もう一度身を委ねようとするならば――。

注

1 Ernesto Laclau, *Politics and Ideology in Marxist Theory: Capitalism–Fascism–Populism*, London: NLB, 1977, p.143〔『資本主義・ファシズム・ポピュリズム――マルクス主義理論における政治とイデオロギー』(横越英一監訳、柘植書房、一九八五年)一四三頁〕.

2 Ibid, p.108〔同右、一〇八頁〕.

3 Ibid, pp.196-197〔同右、二〇一頁〕.

4 Ernesto Laclau and Chantal Mouffe, *Hegemony and Socialist Strategy: Towards a Radical Democratic Politics*, London and New York: Verso, 1985, p.176〔『民主主義の革命――ヘゲモニーとポスト・マルクス主義』(西永亮・千葉眞訳、ちくま学芸文庫、二〇一二年)三八二頁〕.

5 拙稿「ラディカル・デモクラシーと精神分析」『思想』(岩波書店)二〇一八年九月号、七-二二頁。

6 「ポピュリズム」や「ピープル」という語が否定的なニュアンスを帯びるようになった歴史的経緯の分析については、Marco D'Eramo, "Populism and the New Oligarchy," *New Left Review*, 82: 5-28, 2013.

7 Ernesto Laclau, "The Future of Radical Democracy" in Lars Tønder and Lasse Thomassen (eds.), *Radical Democracy: Politics between Abundance and Lack*, Manchester: Manchester University Press, 2005, p.259.

8 Ernesto Laclau, "El legado de Néstor Kirchner," *Página 12*, November 4, 2010.

9 Federico Finchelstein, *From Fascism to Populism in History*, Oakland, CA: University of California Press, 2017, p.214.

10 ヤン゠ヴェルナー・ミュラー『ポピュリズムとは何か』(板橋拓己訳、岩波書店、二〇一七年)二八頁。

11 このような見解は、本邦で広く読まれているもう一つの関連本、カス・ミュデ゠クリストバル・ロビラ・カルトワッセル『ポピュリズム――デモクラシーの友と敵』(永井大輔・髙山裕二訳、白水社、二〇一八年)のものでもある。デモクラシーとポピュリズムの関係を検討した章のなかで、彼らは「ポピュリズムでは、「(汚れなき)人民の意志」を縛るものは何もあってはならないと考え、多元主義という概念を、ひいては少数派の権利とならんでそれを守るはずの「制度的保証」をも、基本的に受け付けない」（一二四頁）と述べる。

12 C・B・マクファーソン『民主主義理論』（西尾敬義・藤本博訳、青木書店、一九七八年）一三二頁。

13 Laclau, "The Future of Radical Democracy," pp.256-262.

14 M. A. Wenman, "William E. Connolly: Pluralism without Transcendence," *The British Journal of Politics and International Relations* 10(2): 156-170, 2008.

15 Stuart Hall, *The Hard Road to Renewal: Thatcherism and the Crisis of the Left*, London: Verso, 1988.

16 ナオミ・クライン『NOでは足りない――トランプ・ショックに対処する方法』（幾島幸子・荒井雅子訳、岩波書店、二〇一八年）二八四頁。

訳者あとがき

本書は、Ernesto Laclau, *On Populist Reason*, Verso, 2005 の全訳である。

著者ラクラウの略歴およびその思想的展開における本書の位置付けについては、山本圭氏の的確な解説を参照されたい。

＊

ところで、『ポピュリズムの理性』とは、なんと奇妙なタイトルだろう。ポピュリズムは理性とは対極のもので、激情に駆られた人々の不条理の表出そのものではないか、そんな声が聞こえてきそうである。（本書三七八－三七九頁）

まさしく、山本氏が解説で指摘されている通りであろう。本書の原著の出版から十数年を経て（さらには著者ラクラウの死去からも数年を経て)、本邦でも、「ポピュリズム」の語は人口に膾炙し、ある種の政治的状況を記述・解説する概念として一般に広く用いられるようになった。移民排斥を声高に掲げる諸政党のEU各国議会への公然たる進出、アメリカでのトランプ政権の成立、イギリス国民投票でのEU離脱(ブレグジット)の選択、等々。「ポピュリズム」的な事態が報道で目に触れない日は(そして、それに憂慮の念が表明されるのを耳にしない日は)ほとんどないといってもよい。かつては必要だった「大衆迎合主義」等の補足説明すら次第に省略されつつある。「ポピュリズム」を題名に冠した書物の出版も相次ぐ。

だが、ある人物や組織、事象について「○○はポピュリズムである」と指摘されるとき、そうして、それによって何ごとかが説明されたように見えるとき、そこでは本当は何がなされているのだろうか。この言明は、「客観的な」事実認識を行う「事実確認的(コンスタティヴ)」な文でありながら、それと同時に(その裏面で)、「したがって、それを真剣に受け取る必要はない(受け取ってはならない)」という価値判断を下す「行為遂行的(パフォーマティヴ)」な文でもあるのではないだろうか。「ポピュリズムである」という記述は、その対象を、侮蔑と非難と(若干の)憐憫が加えられるべき標的として自動的に位置付けてしまうものではないのか。それに対して唯一まともになすべきことがあるとすれば、この病理への適切な治療法を何とか案出することであると、そう聴き手に思わせてしまうものとなってはいないか。そうだとすれば、ポピュリズムは不条理な逸脱現象として、それ自身の理由(リーズン=理性・言い分)をあらかじめ剝奪されてしまっているのではないか。

従来のポピュリズム概念に対して著者ラクラウが抱く深刻な違和感は、このようなものであろう。そして、これはまた、われわれの多くが、「ポピュリズム」を持ち出す説明に直感的に感じ取る「居心地の悪さ」の背景にあるものかもしれない。ラクラウにとって、ポピュリズム概念の重要性は、絶対的なまでに否みようのないものである。だが、一方で、この概念のうちの何かが、右で述べたような「行為遂行的」価値判断を導いていると思われるのもたしかだ。この概念を用いると、問いを発したと同時に即座に答に辿り着いてしまう。何かしら思考を短絡させてしまう仕組みがそこに組み込まれているようなのである。この短絡の仕組みを解除（＝解明）して、問いと答を引き離すための、ラクラウの曲折に満ちた長い苦闘、その結晶が本書『ポピュリズムの理性』である。

実際には、「ポピュリズムの理性（リーズン）」というこの挑発的な表現が直接用いられている箇所は、本書「結論」の本文と注の数箇所だけである。ラクラウの意図は、もちろん、単に従来の価値観を転倒して、徒らに「ポピュリズム」の価値を称揚しようなどというものではない。あくまでも、「ポピュリズムとは何か？」という問いに真摯に留まり、そこに「政治的なもの」の秘密に迫る鍵を見つけようというのが本書の企図である。だが、この「問いに留まる」ことが、なぜかポピュリズムという現象に関しては異様に困難であるらしい（だが、これは、もしかしたら真に重要な論点に関しては必然的に出来する事態であり、逆に言えば、「真に重要な」論点かどうかを判定するメルクマールですらあるのかもしれない）。問いを答に短絡させてしまうこと、「倫理的糾弾をもって分析に代えること」（三三一頁）を慎重に避けて、この困難な事象の核心に迫るために、本書『ポピュリズムの理性』は、分析される対象と分析する視点とを複雑に（ときには、両者の見分けがつかなくなるほど）絡み合わせながら、ほとんど必然的なまでに錯綜した道筋を辿ることになる。おそらく、本書が（特に第二部の「理論篇」が）少々「難解」であることは否めない。だが、これは、対象自体に留まろうとする意志から要請される必然的な「錯綜」であり「難解さ」なのではないだろうか。

本書の構成を簡単に整理しておこう。錯綜した道筋（けれども、本質的には、ラクラウの論理展開は一貫しており明快なのだが）を見通す一助となれば幸いである。

第一部「大衆への侮蔑」は、ポピュリズム論の現状確認であると同時に、それへの違和感を何とか概念化しようとするラクラウの分析枠組みの批判的「系譜学」である。第一章でポピュリズムに関する先行研究が概観されるが、そうした既存の文献にラクラウが見出すのは、右で見た奇妙な短絡である。そして、それを生み出す暗黙の前提として剔抉されるのが、合理／非合理、正常／病理、個人／集団という二元論ないし二元性の伏在である。ポピュリズムは、各対の後者のカテゴリーに属するものとして、その結果、本来の政治的現象からはみ出した欄外の残余として扱われる。だが、これでは、ポピュリズムをそれ自身の論理に即して考えることからますます遠ざかっていくばかりではないのか。

この隘路を回避するパースペクティヴを見出すために、第二章・第三章で視線を転ぜられる先が、この二元論／二元性の生成史・系譜学の方向である。ポピュリズムへの蔑視は、社会心理現象の発見・解明に随伴した一九世紀以降の「大衆への蔑視」と相同なのではないか。こうして、イポリット・テーヌからギュスターヴ・ル・ボンを経てフロイトに至る群集心理研究の系譜が辿られる。だが、この系譜は、ラクラウの見るところ、病理としての群集という予断から徐々に離脱して、集団的事象をその固有の論理に即して解明する視座へと向かう、段階的な前進であった。そして、フロイトの集団心理学を決定的な媒介として、ラクラウは、先の二元性（「論理」と「非論理」）を、社会的なものの領域を生成する二つの「社会論理」として徹底的に改鋳し、自身の分析枠組みとする方向へ踏み出すことになる。

第二部「「人民」を構築する」は、いわば「理論篇」であり、本書の中核部分である（そして、おそらく最も難解な部分であろう）。フロイトを手掛かりに得られた二つの「社会論理」が「差異の論理」と「等価性の論理」として精緻化され、それを背景に、「集合的アイデンティティ形成の本性と論理」（一一頁）の解明が進められる。「人民主体」がなぜ、どのようにして成立するのか（これはラクラウにとって、「なぜ政治があるのか」というのと、実質的に同一の問いである）。構造言語学、分析哲学、ラカン派精神分析（ラカン、ジジェク、コプチェクらの議論が次々と参照される）を援用しながら、「差異の論理」と「等価性の論理」の絡み合いが描き出される。そうして、「人民」という集合的主体がどのように形成されるのか、さらに、そのようなアイデンティティ形成がなぜ政治にとって不可避なのか、曲折する執拗な論理展開を辿りながら解明が進められる。敵対性の境界、空虚なシニフィアン、浮遊するシニフィアン、等価性の連鎖、名指しの遡及的効果、根源的備給の供与源としての情動、社会の構成因としての「異質性」、等々。こうした理論装置群の各々を解説することは「あとがき」の範囲を完全に越えており、読者各位の読解に委ねるより外ない。だが、こうした装置群の背後に、ラクラウがグラムシから受け継いだ「ヘゲモニー」概念が（いわば通奏低音として）あることは確認しておきたい。それそのものとしてはマジックワードとして機能しかねない（その語を持ち出しただけで何かが説明されたような幻惑効果をもたらしかねない）「ヘゲモニー」の概念を、いかにして分析手段として精緻化するか、それもまた、ここで問われているのである。

第三部「ポピュリズムの諸形態」は、いわば「応用演習篇」といったところだろうか。第二部で彫琢された諸概念を踏まえて、近現代政治史上の様々な事件（広い意味で「ポピュリズム」に関わる）が論述される。実際、ここで繰り広げられる諸々の分析は、それだけ取り上げて読んでみても十分にことも無駄ではないだろう（一部の事例は、第二部の理論的展開の中で言及されるものである）。参考までに、本書で論じられた主要な歴史的事例の「目次」をここにまとめておくことをお薦めしたい。第二部の理論的錯綜に道筋を見失いかけた読者も、是非、これらの分析を一読されること「面白い」。

・一九世紀イギリスのチャーティスト運動（二二七－二三二頁）
・二〇世紀後半のアメリカ右派の台頭と共和党の右傾化（一八二－一八九頁）
・フランス第三共和政下のブーランジェ事件（二三九－二四三頁）
・第二次大戦後のイタリア政治史：共産党のヘゲモニー戦略と、（北部）同盟の興亡（二四四－二五四頁）
・アメリカ人民党（二六八－二七七頁）
・ケマル・アタテュルクのトルコ革命（二七七－二八五頁）
・アルゼンチンのペロン運動（二八五－二九三頁）

近現代史上におけるポピュリズムの最典型例ともいえる最後のペロニスモの事例は、また、アルゼンチンからイギリスに亡命した著者ラクラウの個人史に属するものでもある。若き日の彼を魅惑し当惑させたこの歴史的事象を何とか理解可能なものにしたいという理論的苦闘が、本書『ポピュリズムの理性』に至る長い道のりを準備したのだった。

本書は、「ポピュリズムとは何か？」という問いに正面から取り組む「理論書」である。その理論的構想の全体像を再構成するといったことは、訳者の力量も、「あとがき」に与えられた紙幅も大幅に超過したものであるがゆえに断念するしかないが、一点だけ敷衍しておきたい。

「等価性の論理」の対立項となる「差異の論理」は本書の重要概念の一つだが、ここで言われている「差異（性）」の概念は必ずしも理解し易いものではない。一見したところ、様々に異なる多様性（の増大）により秩序を解体する方向に進む契機を意味しているようにも思われる。だが、ラクラウがこの概念に込めているものは全く逆である。ソシュールの構造言語学等を念頭に置きながら著者が言おうとしているのは、階層的に（＝差異的に）秩序付けられた布置の中に、各々の存在者が然るべき位置を割り当てられた、そういった整然と組織化された世界のことである。そこでは、個々の存在者は互いに異なるがゆえに、その差異を通じて、他の存在者と安定した関係を取り結ぶ。他との差異が確立・明示されているからこそ、他との関係や距離感を安定化・制度化することができるのである。訳者は、例えばここに、アリストテレス＝トマス的な神学的宇宙（コスモス）を連想したくもなる。存在の大いなる連鎖。神慮により然るべく整序された世界の階層。或いは、もちろん、本書で繰り返し言及されるような、調和に満ちたユートピア社会の理想を念頭に思い浮かべてもよい。いずれにしろ、そのように階層的・制度的（＝差異的）に確保された秩序から排除されているのは、あらゆる軋轢・抗争・敵対性の可能性である。つまり、一言でいえば「政治」の可能性である（伝統的なマルクス主義が人類史の到達点として夢想した「政治の廃絶」も、もちろん、ここに通ずる）。

ラクラウはこうした「差異の論理」を、社会を形成する論理の一つの極として認めるが、しかし、それが単独で全面的に貫徹されることは絶対的にありえないとも繰り返し強調する。随所で絶えず湧き起こる軋轢が、既存の制度化された差異のシステム内で表現可能・対処可能である必然性は全くないからである。例えば、公式に制度化された「多様性（ダイヴァーシティ）」の称揚に漂う窮屈さと嘘臭さを考えてみてもよいだろう。

「差異」のユートピアは、すべてが有機的に調和し整序された社会である。そこでは、「すべて」に、各々の役割に応じた居場所がある。だが、それだからこそ、この「すべて」は一つの「全体」を構成しえない。「全体」を縁取る限界がないからである。「すべて」を、一つの「全体」として外から捉える視点がありえないからである。ここにおいて、本書のキーワード（ラクラウ思想のキーワードでもある）「異質なもの（ヘテロジニアス）」が決定的な重要性をもって介入してくる。「一つ」が形成されるとしたら、それは、実は社会がつねに既にひび割れているからに外ならない。「すべて」に取り込むことができない「異質なもの」がつねに浸潤してきて、それが差異の階層的秩序を脱臼させてしまうのである。そのとき、敵対性の境界が構築され、等価性の連鎖が形成されるかもしれない。そうして、「等価性の論理」が前面に躍り出て、（境界の向こう側に「敵」を排除＝構成しながら）人民アイデンティティという新たな「一つ」の構築が作動し始めるかもしれない。もちろん、こうしたプロセスの発動や成功を保証するものは何もない。その運命は全面的に状況に委ねられている。だからこそ、それは「ヘゲモニー闘争」として記述するより外ないのである。とはいえ、ここで問われているのが、「一」の形成の論理であることは確認しておいてもよいだろう。何か（例えば、人民という「主体」）が「一つ」の全体として成立するとはどのようなことか。なぜ、そのようなことが可能であり、そしてまた、不可避なのか。その意味でいえば、ラクラウの問いは、西欧思想の最も本源的な問題に対して、全く新たな角度から迫るものだと見ることもできるかもしれない。

本書のキーワードとなる訳語について、二点ほど補足しておこう。

"heterogeneous"および"heterogeneity"は、原則として、それぞれ「異質な」、「異質性」と訳出した。ただし、文脈に応じて「不均質な」、「不均質性」という訳を充てた箇所も一定数ある。複数の要素が混在する状況において、「ヘテロ」という接頭辞は、個々の要素に関して互いに他とは性質が異なる様子を表わす一方で、それと同時に、全体としての集合の性質が均一性を欠く様子を表わすものとしても用いられる。これに対して、日本語の「異質」、「不均質」という語は、言及・形容されている対象が、「異質」の場合には個々の要素（AはBやCとは「異質」である）、「不均質」の場合には全体集合（A、B、C……からなる集合は「不均質」である）ということをそれぞれ暗黙裏に限定してしまうように思われる。「ヘテロ（ジニアス）」が網羅する意味の範囲を、「異質」、「不均質」はそれぞれ部分的にしか表現していないようなのである。例えば、本書第五章のタイトルにもある"social heterogeneity"を「社会の異質性」と訳すと、「社会（という一つの対象）が、それとは別の何かに対して異質である」というニュアンスが出てしまうだろう。実際には、ここで主張されているのは、「社会を形作るそれぞれの要素は互いに性質が噛み合っていない（それゆえ、本当は、社会という一つの「集合」を画定できていない）」という事態である。後者のような状況では、場合に応じて「不均質な」という語を充てるのが妥当かと思われる（ただし、第五章の章タイトルは、キーワードということも考慮して「社会的異質性」とした）。もしかしたら、日本語で「ヘテロ」の語感に近いのは「雑」（「雑多」、「雑種」等）かもしれない。とはいえ、「異質（性）」という語が（ラクラウの用語の訳として）ある程度定着していること、"homogeneous"（「同質」）との対照が見て取られるべきであること等も鑑みて、前述のように、主に「異質（性）」と訳出し、文脈に応じて一部「不均質（性）」と訳し分ける方針を採った。

また、"difference"、"differential"、"differentiality"、"differentiation"は、原則として、それぞれ「差異」、「差異的な（差異の）」、「差異性」、「差異化」と訳出した。ただし、これらの語は主として、先に見たような「階層的・有機的に整序された状況」に言及する場面で用いられることが多い。日本語としての「差異」に、一読してこうしたニュアンスを読み取ることは（文脈的な流れを欠く箇所では）困難なのではないかと、訳者は懸念する。例えば、「社会の差異化」といった表現は、一見すると、「社会が従来の状態から変容して流動的になり、脱構造化する」といった事態を意味しているように取られかねない（実際には逆で、「社会の各要素が全体構造のうちに各々の安定した位置を見出して、階層的に秩序付けられる」という意味である）。このような文脈では、有機的な組織編成の確立といった含意で「社会の分化」と訳出した方がよいだろう。また、ソシュール言語学の文脈では、諸記号の「差異性」ではなく、「示差性」とした方が論旨を取り易いように思われる。このように、文脈に応じて「差異」以外の語を充てる判断を下した箇所も一定数ある。

"heterogeneous"および"difference"はいずれも本書のキーワードであり、統一した訳語を充てるのが本来の形とも思われるが、右のような事情を勘案した末、敢えて複数の日本語で訳し分けるという措置を採った。また、同じ原語に対応することを示唆するために適宜ルビを補った。読者各位の了承を乞う次第である。

＊

最後に、邦訳の成立の経緯について簡単に記しておきたい。本書の翻訳はもともと澤里が取り組んだ仕事であった。だが、ある程度作業が進んだ段階で、澤里は病に倒れた。二年間の過酷な闘病生活の中でも訳出を進め、何とか出版の見込みが立ち始めた矢先に、しかし、ついに本訳書の完成を見ないまま澤里は帰らぬ人となった。遺された訳稿を河村が引き継ぎ訳了したのが、今回上梓される本邦訳である。したがって、翻訳の骨格は澤里の手によるものだが、全体の語調を整えたり論旨を明確にしたりするために河村が大幅に手を加えた箇所もある（こうした措置が、澤里の硬質な訳文の鋭利さを損なっていないことを願うばかりであるが）。共訳という形を取る次第である。

本邦訳の成立にあたっては、編集を担当された小林洋幸氏、担当を引き継がれた遠藤隆郎氏に多大なご助力をいただいた。お二人の激励と的確で緻密なサポートがなければ、完成に辿り着くのは難しかった。記して感謝したい。一冊の書物が世に出る裏側でいかに「編集」という作業が重大な役割を担っているか、今更ではあるがあらためて痛感している。

また、山本圭氏（いまや、わが国におけるラクラウ研究の第一人者と言っても何ら過言ではないだろう）から、明晰かつ高密度な解説を寄稿していただいたことも望外の喜びである。ラクラウにとっての「ポピュリズム」の問題圏の位置付けを摑む見取り図として、是非参照していただきたい。

論題の危急性や分析の射程距離を考えれば、本書は、本来ならばもっと早く日本語圏の読者の手元に届けなければならなかった著作である。日本語訳の完成が遅れたことについては読者各位のご寛恕を乞うより外ない。

だが、この遅れによって本書の意義が薄れたとは思われない。今日、私たちはもはや、ポピュリズムと、その可能性（良きにつけ、悪しきにつけ）から目を逸らすわけにはいかないだろう。「倫理的糾弾をもって分析に代える」ことで目を逸らさなかったふりをするわけにもいかないだろう。たしかに、心しなければならない。「汝が深淵を覗き込むとき、深淵もまた汝を覗き返す」（ニーチェ）のだから。しかも、この深淵は、生半可な深淵ではないのだから。だが、もしもこの深淵にしか秘密への扉が見出されないのだとしたら、どうだろうか。そこにこそ、「政治的なもの」の起源、世界の起源（ほとんどクールベ的な意味での）があるのだとしたら。本書の「不穏さ」と「危険性」には十分に目を配りながら、その上で、ポピュリズムの可能性（それが「左」のものであるよう制御することはできないかもしれないと、著者は繰り返し警告するが）を直視していかなければならない。

訳者を代表して　河村一郎

ワ行

マ行

マクガイア，グレゴリー・R.（McGuire, Gregory R.）　60
マクドゥーガル，ウィリアム（McDougall, William）　67, 75-80, 87, 93, 94
マクレイ，ドナルド（MacRae, Donald）　25-27
マッキンリー，ウィリアム（McKinley, William）　275, 276
マルクス，カール（Marx, Karl）　313, 319, 320, 326, 329. 330
「若き――」　27
国家について　150
『資本論』　132
ストリプラスによる分析　197, 198
政治経済について　38
ナンによる議論　199, 200
『フランスにおける階級闘争』　197
『ブリュメール 18 日』　197, 198
プロレタリアートについて　195, 196
歴史について　193
ミノーグ，ケネス（Minogue, Kenneth）　29, 31-33
ミル，ジョン・スチュアート（Mill, John Stuart）　142
ミロシェヴィッチ，スロボダン（Miloševićc, Slobodan）　262
ムフ，シャンタル（Mouffe, Chantal）　33, 174
民主主義／ポピュリズムについて　225-229
メニ，イヴ（Mény, Yves）　126, 237
毛沢東　28, 169, 205, 246, 255
モスコヴィッシ，セルジュ（Moscovici, Serge）　53

ヤ行

ユーロー，ハインツ（Eulau, Heinz）　217
ユング，カール・グスタフ（Jung, Carl Gustav）　221, 314
ヨネスク，ギツァ（Ionescu, Ghita）　21, 29

ラ行

ライオンズ，ユージン（Lyons, Eugene）　186
ラヴォー，ジョルジュ（Lavau, Georges）　125
ラカン，ジャック（Lacan, Jacques）　121, 144-148, 151, 156-161, 191, 289
昇華　158
→対象 a、ポワン・ド・キャピトンも参照
ラッシュ，クリストファー（Lasch, Christopher）　184
ラッセル，バートランド（Russell, Bertrand）　142
ラヌーセ，アレハンドロ（Lanusse, Alejandro）　293
ランゲ，オスカル（Lange, Oskar）　200
ランシエール，ジャック（Rancière, Jacques）　133, 210, 324-331
リボー，テオデュール（Ribot, Théodule）　58
リューデ，ジョージ（Rudé, George）　108-110
ルソー，ジャン＝ジャック（Rousseau, Jean-Jacques）　79, 214

ビオルチオ，I.（Biorcio, I.） 253
ピトキン，ハンナ・フェニケル（Pitkin, Hanna Fenichel） 216-218, 221
ヒトラー，アドルフ（Hitler, Adolf） 238
ヒネケン，ヤープ・ファン（Ginneken, Jaap van） 60, 71
ファノン，フランツ（Fanon, Frantz） 204-207
ブイヨー，クリストフ（Bouillaud, Christophe） 253
フィリップス，ケヴィン（Phillips, Kevin） 182, 183
フェリ，エンリコ（Enrico, Ferri） 64
プジャード，ピエール（Poujade, Pierre ） 28
ブライアン，ウィリアム・ジェニングス（Bryan, William Jennings） 274
プラトン（Plato） 326
フランクリン，ベンジャミン（Franklin, Benjamin） 51
ブリソ，ジャック・ピエール（Brissot, Jacques Pierre） 61
フリン，ジョン・T.（Flynn, John T.） 184-186
ブルジョワ，レオン（Bourgeois, Léon） 278
フルニアル，アンリ（Fournial, Henry） 68
ブレックマン，ウォーレン（Breckman, Warren） 194
フロイト，ジークムント（Freud, Sigmund） 43, 52, 75, 93, 127, 165, 289, 312, 314, 331
　社会-政治分析　93-95
　集団／指導者について　83-91
　「集団心理学と自我分析」 81-91
　〈鼠男〉について　49
　無意識の発見　161
フロンディシ，アルトゥーロ（Frondizi, Arturo） 290
ヘーゲル，G. W. F.（Hegel, G. W. F） 323, 326
　国家について　150
　歴史について　191
ペケル，レジェプ（Peker, Recep） 280
ベッツ，H. G.（Betz, H. G.） 236
ベラウンデ・テリー，フェルナンド（Belaúnde Terry, Fernando） 28
ベルガス，ニコラ（Bergasse, Nicholas） 61
ベルネーム，イポリット（Bernheim, Hippolyte） 61, 62, 65
ベルルスコーニ，シルヴィオ（Berlusconi, Silvio） 251, 253-255
ペロン，フアン（Perón, Juan） 23, 40, 238
　→ペロン主義も参照
ベンヤミン，ヴァルター（Benjamin, Walter） 170
ボズクルト，マフムート・エサト（Bozkurt, Mahmut Esat） 279
ボーゼル，ブレント（Bozell, Brent） 186
ボッシ，ウンベルト（Bossi, Umberto） 250, 251
ホッブズ，トマス（Hobbes, Thomas） 126, 141
ボルク＝ヤコブセン，ミケル（Borch-Jacobsen, Mikkel） 86, 87
ポルティーヨ，マイケル（Portillo, Michael） 181

Michael) 143
タルド，ガブリエル（Tarde, Gabriel）
62, 63, 80, 93, 94
「公衆と群集」 71-75
「犯罪群集と犯罪結社」 68-71
チェンバーズ，ウィテカー（Chambers, Whittaker） 186
チャウシェスク，ニコラエ（Ceauşescu, Nicolae） 261
ディアマンティ，R.（Diamanti, R.）
253
ディズレーリ，ベンジャミン（Disraeli, Benjamin） 117
ティトー，ヨシップ・ブロズ（Tito, Josip Broz） 246, 247, 262
テーヌ，イポリット（Taine, Hippolyte）
13, 54, 55, 57-59, 64, 66, 92-94
フランス革命について 92
デ・バロス，アデマール（de Barros, Adhemar） 170
デュモン，ポール（Dumont, Paul） 278
デュルケーム，エミール（Durkheim, Émile） 278
ドゥルーズ，ジル（Deleuze, Gilles）
158, 318, 323
ド・ゴール，シャルル（De Gaulle, Charles） 238, 255
→ド・ゴール主義も参照
ド・マン，ポール（de Man, Paul） 148
トリアッティ，パルミーロ（Togliatti, Palmiro） 244, 246-248
トロツキー，レオン（Trotsky, Leon）
173, 286
ドロワン，ジャンヌ（Deroin, Jeanne）
326

ナ行

ナン，ホセ（Nun, José） 199-201
ニエレレ，ジュリウス（Nyerere, Julius）
28
ニクソン，リチャード（Nixon, Richard）
182, 187, 188
ニーチェ，フリードリヒ（Nietzsche, Friedrich） 318
ネグリ，アントニオ（Negri, Antonio）
318-323

ハ行

バーカー，アーネスト（Barker, Ernest）
213-215
バックリー Jr.，ウィリアム・F.
（Buckley Jr, William F.） 186
バタイユ，ジョルジュ（Bataille, Georges） 198
「ファシズムの心理構造」 210
バディウ，アラン（Badiou, Alain） 101
ハート，マイケル（Hardt, Michael）
318-323
バーナム，ジェームズ（Burnham, James） 186
ハーバーグ，ウィル（Herberg, Will）
186
ハーバーマス，ユルゲン（Habermas, Jürgen） 221, 227, 264, 265
ハーメット，ギー（Hermet, Guy） 260
バラージュ，ベラ（Balázs, Béla） 158
バルビン，リカルド（Balbín, Ricardo）
290
バロウズ，スザンナ（Barrows, Susanna）
57, 58

ゲラン，ダニエル（Guérin, Daniel） 116
ケルゼン，ハンス（Kelsen, Hans） 88
ゲルナー，アーネスト（Gellner, Ernest） 21, 29
ケンドール，ウィルモア（Kendall, Wilmoore） 186
コプチェク，ジョアン（Copjec, Joan） 142, 155-160, 301, 312, 315
「ナルシシズム、斜めから見て」 158-159
「不撓不屈の墓――『アンティゴネー』論」 156-158
コベット，ウィリアム（Cobbett, William） 128

サ行

サッチャー，マーガレット（Thatcher, Margaret） 114, 181
サール，ジョン（Searle, John） 143
サン・シモン（Saint-Simon） 299
シェシェリ，ヴォイスラヴ（Šešelj, Vojislav） 263
シェドラー，アンドレアス（Schedler, Andreas） 237, 239
シゲーレ，スキピオ（Sighele, Scipio） 64
ジジェク，スラヴォイ（Žižek, Slavoj） 142, 144-149, 152, 309-318, 322
ヘーゲルと―― 317
ジャクソン，アンドリュー（Jackson, Andrew） 24, 270-272
ジャクソン，ジョン・ヒューリングス（Jackson, John Hughlings） 58
シャルコー，ジャン＝マルタン（Charcot, Jean-Martin） 58, 61, 62, 65
ジュパンチッチ，アレンカ（Zupančič, Alenka） 304, 305
シュレル，イヴ（Surel, Yves） 126, 236, 237, 239, 243, 253-255
シュンペーター，ヨーゼフ（Schumpeter, Joseph） 221
ショー，ジョージ・バーナード（Shaw, George Bernard） 165
ショーペンハウアー，アルトゥル（Schopenhauer, Arthur） 127
ステッドマン・ジョーンズ，ギャレス（Stedman Jones, Gareth） 127-130
ジョンソン，サミュエル（Johnson, Samuel） 195
シルズ，エドワード（Shils, Edward） 36
スウィージー，ポール（Sweezy, Paul） 200
スターリン，ヨシフ（Stalin, Joseph） 28, 286
ストリブラス，ピーター（Stallybrass, Peter） 195-198, 205
スピノザ，バールーフ・デ（Spinoza, Baruch de） 321, 323
スミス，アダム（Smith, Adam） 198
ソシュール，フェルディナン・ド（Saussure, Ferdinand de） 48, 49, 100, 101, 122, 143, 154
ソフォス，スパイロス（Sofos, Spyros） 262

タ行

ダ・ヴィンチ，レオナルド（da Vinci, Leonardo） 331
ダウンズ，アンソニー（Downs, Anthony） 221
ダメット，マイケル（Dummett,

■人名索引

ア行

アヴェレスク，アレクサンドル（Averescu, Alexandru）　261
アタテュルク，ムスタファ・ケマル（Atatürk, Mustafa Kemal）　258, 277, 279-285
→ケマル主義も参照
アプフェルバウム，エリカ（Apfelbaum, Erika）　60
アリストテレス（Aristotle）　325
アルチュセール，ルイ（Althusser, Louis）　137
イーストマン，マックス（Eastman, Max）　186
イゼトベゴヴィッチ，アリヤ（Izetbegovic, Alija）　263
ヴァルガス，ジェトゥリオ・ドルネレス（Vargas, Gétulio Dornelles）　255, 257
ヴァンドール，アウグスト（Vandor, Augusto）　291, 292
ウィトゲンシュタイン，ルートヴィヒ（Wittgenstein, Ludwig）　24, 32, 149, 163, 228
ウォレス，ジョージ・C.（Wallace, George C.）　23, 187, 188
オークショット，マイケル（Oakeshott, Michael）　295
オルテガ・イ・ガセット，ホセ（Ortega y Gasset, José）　165

カ行

カーク，ラッセル（Kirk, Russell）　186
カジン，マイケル（Kazin, Michael）　183, 184, 187
人民党についての分析　270-274
カノヴァン，マーガレット（Canovan, Margaret）　21-25, 295
カラ，ジャン・ルイ（Carra, Jean Louis）　61
カール公（ホーエンツォレルン＝ジグマリンゲン家）（Karl, Prince of Hohenzollern）　260
カルデナス，ラサロ（Cárdenas, Lázaro）　28
ガンディー，モーハンダス・カラムチャンド（Gandhi, Mohandas Karamchand）　28
カント，イマヌエル（Kant, Immanuel）　157, 309, 312
キケロ（Cicero）　105
ギョカルプ，ズィヤ（Gökalp, Ziya）　278
クザ公，アレクサンドル（Cuza, Prince Alexandru）　260
グッドウィン，ローレンス（Goodwyn, Lawrence）　275-277
クラズナー，スティーヴン・D.（Krasner, Stephen D.）　302
グラムシ，アントニオ（Gramsci, Antonio）　28, 90, 126, 150, 153, 160, 174, 208, 226, 276, 313, 330
イタリアと――　244
マルクス主義における認識論的分断としての――　161
ヘゲモニー理論　174, 175
クリプキ，ソール（Kripke, Saul）　143-145

タ行

ナ行

ハ行

サ行

索　引

■事項索引

【著者紹介】
エルネスト・ラクラウ（Ernesto Laclau）
1935年、アルゼンチン生まれ。政治理論家。イギリスに亡命後、長年にわたりエセックス大学で教授を務める。2014年死去。ポスト・マルクス主義の立場から、ヘゲモニー論や言説分析を取り入れ、マルクス主義の大胆な刷新を試みた。
邦訳書に、『民主主義の革命――ヘゲモニーとポスト・マルクス主義』（シャンタル・ムフとの共著、西永亮・千葉眞訳、ちくま学芸文庫、2012年）、『現代革命の新たな考察』（山本圭訳、法政大学出版局、2014年）、『偶発性・ヘゲモニー・普遍性――新しい対抗政治への対話』（ジュディス・バトラー、スラヴォイ・ジジェクとの共著、竹村和子・村山敏勝訳、青土社、2002年）などがある。

【訳者紹介】
澤里岳史（さわさと たけし）
1968年生まれ。政治哲学。2016年死去。
主な著書に、『グローバル化する市民社会』（共著、御茶の水書房、2006年）、主な訳書に、J. ハーバーマス、J. デリダ、G. ボッラドリ『テロルの時代と哲学の使命』（共訳、岩波書店、2004年）、エティエンヌ・バリバール『真理の場所／真理の名前』（共訳、法政大学出版局、2008年）、G. アガンベン、A. バディウ他『民主主義は、いま？――不可能な問いへの８つの思想的介入』（共訳、以文社、2011年）など。

河村一郎（かわむら いちろう）
1967年生まれ。科学哲学。
主な訳書に、デイヴィッド・ライアン『監視社会』（青土社、2002年）、ポール・ヴィリリオ『民衆防衛とエコロジー闘争』（共訳、月曜社、2007年）、G. アガンベン、A. バディウ他『民主主義は、いま？――不可能な問いへの８つの思想的介入』（共訳、以文社、2011年）など。

ポピュリズムの理性

2018年12月25日　初版第1刷発行

著　者——エルネスト・ラクラウ
訳　者——澤里岳史・河村一郎
発行者——大江道雅
発行所——株式会社 明石書店
〒101-0021 東京都千代田区外神田6-9-5
電　話　03-5818-1171
FAX　03-5818-1174
振　替　00100-7-24505
http://www.akashi.co.jp
装　幀——明石書店デザイン室
印　刷——モリモト印刷株式会社
製　本——モリモト印刷株式会社

（定価はカバーに表示してあります）
ISBN978-4-7503-4698-4